Blockchain-Technologie für Controlling-Informationen

Timo Strathmann

Blockchain-Technologie für Controlling-Informationen

Auswirkungen der Verwendung am Beispiel von Verrechnungspreisen

 Springer Gabler

Timo Strathmann
Wirtschaftswissenschaften
Johannes Gutenberg-Universität Mainz
Mainz, Deutschland

Dissertation des Fachbereichs Rechts- und Wirtschaftswissenschaften der Johannes Gutenberg-Universität Mainz, 2024, u. d. T.: Timo Strathmann: „Einfluss der Blockchain-Technologie auf die Erfüllung der Anforderungen an Informationen im Rahmen des Controllings am Beispiel von kostenorientierten Verrechnungspreisen"
D077

ISBN 978-3-658-49476-6   ISBN 978-3-658-49477-3   (eBook)
https://doi.org/10.1007/978-3-658-49477-3

Die Deutsche Nationalbibliothek verzeichnet diese Publikation in der Deutschen Nationalbibliografie; detaillierte bibliografische Daten sind im Internet über https://portal.dnb.de abrufbar.

Planung/Lektorat: Karina Kowatsch
Springer Gabler ist ein Imprint der eingetragenen Gesellschaft Springer Fachmedien Wiesbaden GmbH und ist ein Teil von Springer Nature.
Die Anschrift der Gesellschaft ist: Abraham-Lincoln-Str. 46, 65189 Wiesbaden, Germany

Abstract[1]

Die Digitalisierung bringt kontinuierlich neue Technologien hervor, darunter die kontrovers diskutierte Blockchain-Technologie. Ihr wird disruptives Potenzial nachgesagt, da sie Vertrauen schaffen, gespeicherte Informationen vor Manipulation schützen und Informationsasymmetrien abbauen kann – Eigenschaften, die auch im Controlling von zentraler Bedeutung sind. Trotz dieser Potenziale ist der Verbreitungsgrad der Blockchain-Technologie in der Controlling-Praxis bislang gering, was insbesondere auf Unsicherheiten und Wissensdefizite zurückzuführen ist. Während erste Literaturbeiträge mögliche Anwendungen im Kontext von Verrechnungspreisen thematisieren, fehlen bisher umfassende, kritische Analysen aus der Perspektive des Controllings.

Ziel dieser Arbeit ist es, die Nutzenpotenziale der Blockchain-Technologie entlang von Informationsprozessen im Controlling zu untersuchen, deren Einfluss auf die Anforderungen an Controlling-Informationen zu bewerten und praxisrelevante Rückschlüsse am Beispiel kostenorientierter Verrechnungspreise zu ziehen. Hierzu werden drei zentrale Forschungsfragen beantwortet. Die erste Forschungsfrage beleuchtet die Potenziale einer privaten Blockchain in unternehmensinternen Informationsprozessen. Die Analyse zeigt, dass Blockchain in der Informationsbeschaffung, -bereitstellung und -speicherung signifikante Vorteile

---

[1] Um die Lesbarkeit dieser Arbeit zu gewährleisten, wird auf geschlechtsneutrale Formulierungen weitgehend verzichtet. Sämtliche personenbezogenen Bezeichnungen, die im generischen Maskulinum verwendet werden, beziehen sich gleichermaßen auf alle Geschlechter (männlich, weiblich, divers). Die gewählte Sprachform dient ausschließlich der sprachlichen Vereinfachung und impliziert keine Wertung oder Benachteiligung eines bestimmten Geschlechts.

bietet, insbesondere in digitalisierten und automatisierten Prozessen. Die zweite Forschungsfrage untersucht die Auswirkungen der Blockchain auf spezifische Anforderungen an Controlling-Informationen. Hierbei konnten positive Effekte auf die Vollständigkeit, Manipulationsfreiheit, Fehlerfreiheit und Nachprüfbarkeit von Informationen identifiziert werden, während potenziell negative Auswirkungen auf die Zeitnähe zu berücksichtigen sind. Die dritte Forschungsfrage widmet sich der Verwendung Blockchain-basierter Informationen in der Verrechnungspreisfestlegung. Es zeigt sich, dass zwar wertvolle Potenziale bestehen, jedoch fallabhängige Herausforderungen vor einer Implementierung sorgfältig geprüft werden müssen. Die Ergebnisse der Arbeit liefern einen wesentlichen Beitrag zur Forschung und Praxis, indem sie ein tieferes Verständnis für die Einflüsse der Blockchain-Technologie auf Controlling-Informationen schaffen und zukünftige Anwendungen vorbereiten.

Inhaltsverzeichnis

Abkürzungsverzeichnis

AWS	Amazon Web Services
BaaS	Blockchain-as-a-Service
BEPS	Base Erosion and Profit Shifting
BFT	Byzantine Fault Tolerance
BI	Business Intelligence
Bitkom	Bundesverband Informationswirtschaft, Telekommunikation und neue Medien
BMWK	Bundesministerium für Wirtschaft und Klimaschutz
BSI	Bundesamt für Sicherheit in der Informationstechnik
CFT	Crash Fault Tolerance
CRM	Customer Relationship Management
DAG	Directed Acyclic Graph
dBFT	Delegated Byzantine Fault Tolerance
DLT	Distributed Ledger Technologie
DPoS	Delegated-Proof-of-Space
DSGVO	Datenschutz-Grundverordnung
ERP	Enterprise Resource Planning
FASB	Financial Accounting Standards Board
G20	Gruppe der Zwanzig wichtigsten Industrie- und Schwellenländer inkl. der Europäischen Union
IASB	International Accounting Standards Board
ICV	Internationaler Controller Verein
IDC	International Data Corporation
IEEE	Institute of Electrical and Electronics Engineers

IFRS	International Financial Reporting Standards
IGC	International Group of Controlling
IoT	Internet of Things *(Internet der Dinge)*
IWD	Der Informationsdienst des Instituts der deutschen Wirtschaft
M2M	Maschine-zu-Maschine
NEM	New Economy Movement
NIST	National Institute of Standards and Technology
OECD	Organisation for Economic Co-operation and Development *(Organisation für wirtschaftliche Zusammenarbeit und Entwicklung)*
P2P-Netzwerk	Peer-to-Peer-Netzwerk
PBFT	Practical Byzantine Fault Tolerance
PoA	Proof-of-Authority
PoC	Proof-of-Capacity
PoET	Proof-of-Elapsed-Time
PoI	Proof-of-Importance
PoR	Proof-of-Reputation
PoS	Proof-of-Stake
PoSpace	Proof-of-Space
PoStorage	Proof-of-Storage
PoW	Proof-of-Work
PoX	Proof-of-X *(Sammelbegriff für nachweisbasierte Konsensmechanismen)*
RPCA	Ripple Protocol Consensus Algorithm
SCP	Stellar Consensus Protocol
SHA	Secure Hash Algorithm
TpS	Transaktionen pro Sekunde

Abbildungsverzeichnis

Tabellenverzeichnis

Problemstellung

1

1.1 Relevanz der Blockchain-Technologie im Controlling

Die Digitalisierung zählt heute zu den zentralen Treibern des wirtschaftlichen und gesellschaftlichen Wandels und durchdringt nahezu alle Lebensbereiche.[1] In der Wirtschaft zeigt sie sich in einem höheren Automatisierungsgrad und einer verstärkten Vernetzung in der Produktion.[2] Häufig als „vierte industrielle Revolution" oder „Industrie 4.0" bezeichnet, überwindet dieser technologische Fortschritt traditionelle Branchen- und Wirtschaftsgrenzen und schafft Raum für innovative Geschäftsmodelle, Kommunikationsformen und Arbeitsweisen.[3] Digitale Technologien verändern die Gestaltung von Arbeitsprozessen, die Produktentwicklung und das Dienstleistungsangebot grundlegend und eröffnen den Unternehmen neue Potenziale zur Effizienzsteigerung.[4] Darüber hinaus fördern sie innovative Kommunikationswege und Formate des Informationsaustauschs, die das unternehmerische Umfeld nachhaltig prägen.[5] Die fortschreitende Digitalisierung geht mit einem exponentiellen Datenzuwachs einher.[6] Nach Schätzungen der International Data Corporation (IDC) wird die globale Datenmenge von

---

[1] Vgl. BMWK (2022).

[2] Vgl. Pistorius (2020), S. 5.

[3] Vgl. Schwab (2016).

[4] Vgl. Hacker et al. (2019), S. 103; Reindl et al. (2019), S. 109; Ulbich / Wedel (2019), S. 178.

[5] Vgl. Hädicke (2023); von Neuem (2022).

[6] Vgl. Vorndran (2024), S. 2.

T. Strathmann, *Blockchain-Technologie für Controlling-Informationen*,
https://doi.org/10.1007/978-3-658-49477-3_1

126,32 Zettabyte im Jahr 2023 auf 284,3 Zettabyte im Jahr 2027 ansteigen.[7] Zu den wichtigsten Faktoren für das Wachstum der Datenmengen zählen die verstärkte Nutzung mobiler Endgeräte und Sensoren, die fortschreitende Vernetzung durch das Internet und die zunehmende Leistungsfähigkeit moderner Rechensysteme.[8] Aus den generierten Daten werden wertvolle Informationen gewonnen, welche wiederum die Grundlage für innovative Dienstleistungen oder Produkte für Konsumenten sind. Informationen werden auch als „Rohstoff des 21. Jahrhunderts"[9] bezeichnet, da sie für Unternehmen zum Wettbewerbsvorteil werden können.[10]

Die Beschaffung, Aufbereitung und Verteilung von Informationen im Unternehmen gehört zu den zentralen Aufgaben des Controllings.[11] Die Bereitstellung entscheidungsrelevanter Informationen dient dabei der Entscheidungsunterstützung und Verhaltenssteuerung von Entscheidungsträgern.[12] In dezentral geführten Unternehmen werden Entscheidungen zunehmend an die Entscheidungsträger (z. B. Bereichsmanager) delegiert.[13] Dabei verfolgen die dezentralen Bereichsleiter häufig eigene Interessen, die im Widerspruch zu den übergeordneten Zielen des Unternehmens stehen können.[14] Zudem verfügen dezentrale Bereiche typischerweise über einen Informationsvorsprung in Bezug auf ihren spezifischen Verantwortungsbereich im Vergleich zur Unternehmensleitung, so dass Informationsasymmetrien vorliegen.[15] Dieser Informationsvorsprung birgt das Risiko, dass dezentrale Akteure ihre eigenen Ziele über die Gesamtziele des Unternehmens stellen und die asymmetrisch verteilten Informationen zu ihrem Vorteil nutzen.[16] Die Kombination aus Informationsasymmetrien und potenziellen Interessenkonflikten macht eine effektive Verhaltenssteuerung erforderlich, um die Handlungen

---

[7] Vgl. Wang / Liu / Xie (2023). Ein Zettabyte entspricht einer Milliarde Terabyte. Vgl. IWD (2024).

[8] Vgl. Gandomi / Haider (2015), S. 137–138.

[9] Lawrenz / Fischer (2023), S. 54.

[10] Vgl. Ullrich et al. (2023), S. 366.

[11] Vgl. Wiltinger / Hempel / Deimel (2022), S. 6; Franz (2017), S. 71; Taschner (2013), S. 29–30.

[12] Vgl. Fischer / Möller / Schultze (2015), S. 29; Ewert / Wagenhofer (2014), S. 6; Weißenberger (2004), S. 5–6.

[13] Vgl. Fischer / Möller / Schultze (2015), S. 30.

[14] Vgl. Brown et al. (2017), S. 31.

[15] Vgl. Weber / Schäffer (2020), S. 222; Fischer / Möller / Schultze (2015), S. 474; Ewert / Wagenhofer (2014), S. 583–584, 605.

[16] Vgl. Hannan / Rankin / Towry (2006), S. 892.

dezentraler Einheiten mit den Unternehmenszielen in Einklang zu bringen.[17] Darüber hinaus können Zielkonflikte und Informationsasymmetrien das Risiko einer Manipulation im Sinne bewusster, opportunistischer Verzerrungen mit sich führen. Eine Manipulation von Informationen kann in einer verminderten Gesamtzielerreichung resultieren.[18] Daher besitzt die Vermeidung von Manipulationen einen hohen Stellenwert für Unternehmen.[19]

Eine digitale Technologie, die den Schutz vor Manipulationen von Informationen sicherstellen und darüber hinaus zum Abbau von Informationsasymmetrien beitragen soll, ist die Blockchain-Technologie.[20] Sie erlangte große Bekanntheit durch die Veröffentlichung des Bitcoin-Whitepapers im Jahr 2008.[21] Eine Blockchain stellt eine Kette von Datenblöcken dar, welche mittels kryptografischer Verfahren vor Manipulationen geschützt ist.[22] Die Daten werden transparent und unveränderlich in chronologischer Reihenfolge gespeichert.[23] Blockchain baut dabei auf einem verteilten Peer-to-Peer-Netzwerk auf und kommt ohne zentralen Intermediär aus.[24] Durch die Gewährleistung der Datenintegrität und durch die Manipulationssicherheit des Datenbestands soll Blockchain Vertrauen zwischen Parteien schaffen.[25] The Economist bezeichnete die Blockchain daher bereits im Jahr 2015 als „The trust machine"[26]. Die Technologie wird von vielen Experten als disruptiv angesehen, da sie traditionelle Geschäftsmodelle grundlegend verändern könnte.[27]

In der Praxis ist eine große Diskrepanz zwischen dem erwarteten Nutzen, welcher der Blockchain-Technologie zugeschrieben wird, und ihrem tatsächlichen Verbreitungsgrad zu beobachten. So gaben in einer vom Bitkom Research

---

[17] Vgl. Fischer / Möller / Schultze (2015), S. 30; Ewert / Wagenhofer (2014), S. 8; Küpper et al. (2013), S. 289; Wagenhofer (1997), S. 64.

[18] Vgl. Horváth / Gleich / Seiter (2020), S. 308; Ewert / Wagenhofer (2014), S. 514–515; Küpper et al. (2013), S. 99–100; Wieland (2007), S. 103–104.

[19] Vgl. Chong / Wang (2019), S. 275.

[20] Vgl. Kremer (2022); Beinke et al. (2020), S. 139; Urban (2020), S. 20.

[21] Vgl. Linke / Strahringer (2020), S. 174; Hirschfelder / Schlecht / Buchwald (2018), S. 105.

[22] Vgl. Fill / Härer / Meier (2020), S. 11–12; Portmann (2020), S. V.

[23] Vgl. Fenwick / Wrbka (2020), S. 49; Lehner / Schützeneder / Sametinger (2020), S. 66.

[24] Vgl. Adam (2022), S. 2; Fill / Härer / Meier (2020), S. 4.

[25] Vgl. Bogensperger / Zeiselmair / Hinterstocker (2018), S. 68; Brück / Nikiforow / Wagener (2018), S. 908.

[26] The Economist (2015).

[27] Vgl. Eickemeyer et al. (2020), S. 219; Fenwick / Wrbka (2020), S. 50; Nofer et al. (2017), S. 186. Eine gegensätzliche Auffassung vertreten *Iansiti / Lakhani (2017)*. Vgl. Iansiti / Lakhani (2017), S. 120.

durchgeführten Studie aus dem Jahr 2024 70 % der 606 befragten deutschen Unternehmen an, dass sie der Blockchain-Technologie eine sehr große oder eher große Bedeutung für die Wirtschaft zuschreiben. Dagegen gaben nur 23 % der Befragten an, eine Verwendung von Blockchain im Unternehmen zu planen oder zu diskutieren. Lediglich 3 % der Befragten hatten Blockchain zum Befragungszeitpunkt bereits im Einsatz.[28] Im Bereich des Rechnungswesens ist der Verbreitungsgrad noch geringer. In einer Studie von KPMG aus dem Jahr 2024 gaben nur 1 % der befragten Unternehmen an, die Blockchain-Technologie bereits im Rechnungswesen zu nutzen. Weitere 4 % führen erste Pilotprojekte durch, 13 % planen oder diskutieren den Einsatz.[29] Die große Diskrepanz zwischen zugeschriebener Bedeutung und tatsächlicher oder geplanter Nutzung der Blockchain-Technologie könnte u. a. an der Unwissenheit über die Technologie liegen. So gaben in der KPMG-Studie 12 % der Befragten an, dass ihnen der Mehrwert der Blockchain-Technologie für das Rechnungswesen unbekannt ist. Bei keiner anderen abgefragten Technologie ist die Unkenntnis größer.[30]

Aktuelle Studien, die die Auseinandersetzung mit der Blockchain-Technologie oder den konkreten Verbreitungsgrad aus Sicht des Controllings beleuchten, liegen derzeit nicht vor.[31] In der Literatur existieren dagegen bereits mehrere Beiträge, in denen der Blockchain-Technologie im Controlling-Kontext verschiedene

---

[28] Vgl. Wintergerst (2024), S. 9. Im Zeitraum KW 48/2023 bis KW 04/2024 wurden Unternehmen in Deutschland mit mind. 20 Beschäftigten befragt. Die Zielpersonen der Befragung waren die Geschäftsführung und Vorstand der Unternehmen. Vgl. Wintergerst (2024), S. 17.

[29] Vgl. KPMG (2024), S. 17. In der Studie wurden 232 Personen aus Unternehmen in Deutschland, Österreich und der Schweiz im Zeitraum April bis Juni 2023 befragt. Die Befragten waren überwiegend CFOs, Finanzvorstände, kaufm. Leiter oder Leiter Rechnungswesen. Vgl. KPMG (2024), S. 9.

[30] Vgl. KPMG (2024), S. 17. KPMG führt jährlich die Studie zur „Digitalisierung im Rechnungswesen" durch. Im Zeitraum 2019 bis 2022 ist der Anteil der Unternehmen, die die Blockchain bereits flächendeckend oder in Pilotprojekten nutzen von 5 % um jährlich ein Prozentpunkt auf 2 % gesunken. Vgl. KPMG (2023), S. 21–22. Im Jahr 2023 stieg der Wert erstmals wieder auf 5 % an. Vgl. KPMG (2024), S. 18.

[31] In einer Studie des Bitkom Research aus dem Jahr 2021 gaben 73 % der befragten Unternehmen an, sich mit der Blockchain-Technologie für Finanzen, Rechnungswesen und Controlling auseinanderzusetzen. Die veröffentlichen Ergebnisse lassen jedoch keinen Rückschluss auf eine Differenzierung der Bereiche zu. Zudem unterscheidet die Studie nicht zwischen der diskutierten, der geplanten und der tatsächlichen Nutzung. Vgl. Faupel / Weber (2021), S. 13.

konkrete Einsatzpotenziale nachgesagt werden.[32] Allgemein lassen sich Potenziale überall dort verorten, wo mehrere Parteien mit unterschiedlichen Interessen sowie unterschiedlichen Informationsständen zusammenarbeiten und Anreize zu manipulativem Verhalten vorliegen. Ein potenzieller Anwendungsfall von Blockchain wird daher u. a. bei Verrechnungspreisen im Controlling gesehen.[33] Verrechnungspreise sind Wertansätze für Leistungen wie Produkte, Zwischenprodukte oder Dienstleistungen, die innerhalb des Unternehmens erbracht und von anderen organisatorisch abgegrenzten Unternehmensbereichen bezogen werden.[34] Verrechnungspreise aus Sicht des Controllings zeichnen sich demnach durch eine Zusammenarbeit von zwei oder mehreren Bereichen sowie der Involviertheit einer übergeordneten Zentrale bzw. Unternehmensleitung aus und setzen damit im Mehrpersonenkontext an. Sie haben einen direkten Einfluss auf den jeweiligen Bereichsgewinn, welcher als Bemessungsgrundlage für ein finanzielles Anreizsystem fungieren kann.[35] Daher ist die Zusammenarbeit der Bereiche durch Bereichsegoismen geprägt und kann Interessens- bzw. Zielkonflikte nach sich ziehen.[36] Weiterhin hat jeder Bereichsleiter in der Regel jeweils mehr und bessere Informationen über seinen Bereich, so dass Informationsasymmetrien vorliegen können.[37] Im Regelfall sind daher Rahmenbedingungen vorzufinden, in denen die Blockchain-Technologie mit den ihr nachgesagten Eigenschaften einen potenziellen Lösungsansatz darstellen könnte. Konkret könnte die Technologie zur Verminderung von Informationsasymmetrien, zur Schaffung von Transparenz sowie zur Vermeidung manipulativen Verhaltens eine entscheidende Rolle spielen.

---

[32] S. u. a. die Beiträge von Brück / Nikiforow / Wagener (2018), Hirschfelder / Schlecht / Buchwald (2018) und Tisson / Rieck (2018).

[33] Vgl. Brück / Nikiforow / Wagener (2018), S. 908–909, 911; Tisson / Rieck (2018), S. 15–16.

[34] Vgl. Ewert / Wagenhofer (2014), S. 567.

[35] Vgl. Reichmann / Kißler / Baumöl (2017), S. 782; Velthuis et al. (2017), S. 42; Ewert / Wagenhofer (2014), S. 569.

[36] Vgl. Fischer / Möller / Schultze (2015), S. 474; Ossadnik (2009), S. 253.

[37] Vgl. Weber / Schäffer (2020), S. 222; Fischer / Möller / Schultze (2015), S. 474; Ewert / Wagenhofer (2014), S. 583–584, 605.

1.2   Forschungslücken und Zielsetzungen

Diese Arbeit soll einen Beitrag dazu leisten, die Unsicherheit über die Blockchain-Technologie im Controlling zu reduzieren und die Nutzungspotenziale in Bezug auf manipulationsfreie, transparente und verlässliche Informationen für Controlling-Zwecke kritisch zu beleuchten. Das übergeordnete Ziel der Arbeit lautet daher, den Einfluss der Verwendung von Blockchain auf Controlling-Informationen zu untersuchen. Je nach Verwendungszweck werden dabei unterschiedliche Informationen benötigt, die aus verschiedenen Quellen stammen und in unterschiedlicher Form vorliegen können. Um präzisere Aussagen über den Einfluss von Blockchain zu treffen, werden die Ergebnisse exemplarisch anhand von kostenorientierten Verrechnungspreisen aus Sicht des Controllings verdeutlicht.

In der Controlling-Literatur hat die Blockchain-Technologie bisher nur eine geringe Bedeutung erlangt, was sich auch in der begrenzten Anzahl an Veröffentlichungen widerspiegelt. Die nachfolgende Tabelle 1.1 bietet einen Überblick über die bisherigen Publikationen zur Blockchain-Technologie mit Bezug zum Controlling und/oder Rechnungswesen. Das Potenzial der Blockchain-Technologie für das Controlling wird in der gesichteten Literatur insgesamt als groß eingeschätzt und deckt sich somit mit der Erwartungshaltung aus der Praxis.[38] Auf Basis der angeführten sowie weiterer gesichteten Literaturbeiträge, lassen sich allerdings auch mehrere Forschungslücken erkennen. Nachfolgend werden drei für diese Arbeit wesentliche Forschungslücken dargestellt und daraus drei Forschungsfragen abgeleitet, welche allesamt in dieser Form bisher nicht adressiert wurden.

---

[38] Vgl. u. a. Brück / Nikiforow / Wagener (2018), S. 912; Hirschfelder / Schlecht / Buchwald (2018), S. 114–115; Informatik Aktuell / Sandner (2017), 01:00–01:35; Tisson / Rieck (2018), S. 16. Letztere attestieren der Blockchain „in den kommenden Jahren fundamentale Auswirkungen auf die Geschäftswelt" (S. 16) und daraus resultierend einen wachsenden „Anpassungsdruck auf das Controlling" (S. 16). Die Erwartungshaltung aus der Praxis belegen u. a. die bereits oben referierten Studienergebnisse von *Wintergerst (2024)*.

Tabelle 1.1 Forschungsüberblick zum Thema Blockchain-Technologie im Controlling[39]

Verfasser (Jahr)	Fokus der Arbeit
Demirhan (2020)	Einsatz von Blockchain bei Verrechnungspreisen aus steuerlicher Perspektive
Tönnissen / Beinke / Teuteberg (2020)	
Zhang et al. (2019)	
Tönnissen / Teuteberg (2018)	
Brück / Nikiforow / Wagener (2018)	Überblick über Einsatzmöglichkeiten von Blockchain im Controlling
Hirschfelder / Schlecht / Buchwald (2018)	
Tisson / Rieck (2018)	
Große / Gürpinar / Henke (2021)	Blockchain im Lichte der Prinzipal-Agenten-Theorie
Franke / Gao Fritz / Stenzel (2023)	Blockchain im Rahmen der Informationsbereitstellung
Mateo-Cortés / Arias-Antúnez / Cazorala-López (2023)	Blockchain als Informationssystem für Finanzdaten
Leibfried / Petry (2019)	Blockchain in der Finanzberichterstattung
Faustino Bauer / Schulte / Schwab (2019)	Blockchain im (externen) Rechnungswesen
Fülbier / Seitz / Gilbert (2019)	

In einer Blockchain lassen sich Informationen speichern, die für Controlling-Zwecke genutzt werden können. Laut einer Studie von Deloitte aus dem Jahr 2021 gaben 45 % der Unternehmen, dass der sichere Informationsaustausch der wichtigste Blockchain Use Case in ihrem Projekt oder der Organisation ist, was der Höchstwert unter allen abgefragten Anwendungsfällen der Blockchain-Technologie war.[40] Trotz der potenziellen Vorteile, die Blockchain in diesem Kontext bieten könnte, ist die wissenschaftliche Auseinandersetzung mit den Potenzialen der Technologie entlang des gesamten Informationsprozesses bislang begrenzt. Zwar untersuchen *Franke / Gao Fritz / Stenzel (2024)* die Anwendung von Blockchain für die Informationsbereitstellung in Unternehmensnetzwerken, doch eine systematische Untersuchung der Einsatzmöglichkeiten von Blockchain im Rahmen eines umfassenden, unternehmensinternen Informationsprozesses,

---

[39] Eigene Darstellung.

[40] Vgl. Budman et al. (2021), S. 18. Befragt wurden 1.280 Personen aus 10 Ländern, darunter 320 Personen aus dem Finanzdienstleistungssektor. Vgl. Budman et al. (2021), S. 2, 4.

von der Bedarfsermittlung bis zur Verwendung, fehlt bisher in der Literatur. Vor diesem Hintergrund ergibt sich die erste Forschungsfrage:

Forschungsfrage 1: *Welche Einsatzpotenziale bietet die Blockchain-Technologie entlang eines ganzheitlichen, unternehmensinternen Informationsprozesses und wie kann der Informationsprozess durch den Einsatz von Blockchain beeinflusst werden?*
Die Nutzung von Blockchain im Rahmen des Informationsprozesses kann für das Controlling von besonderer Bedeutung sein, da das Controlling Informationen zur Entscheidungsunterstützung und Verhaltenssteuerung verwendet. Obwohl Blockchain-basierte Informationen potenziell wertvoll für Controlling-Zwecke sein könnten, wurde ihre Nützlichkeit in der einschlägigen Literatur bislang nicht umfassend analysiert. Um die Eignung von Blockchain-basierten Informationen für das Controlling bewerten zu können, müssen spezifische Anforderungen an Controlling-Informationen berücksichtigt werden. In der Fachliteratur existieren zahlreiche Anforderungen und Anforderungskataloge, die sich hinsichtlich der adressierten Rechnungszwecke, der Anzahl der formulierten Anforderungen und ihrer Definition stark unterscheiden.[41] Vor diesem Hintergrund besteht ein Forschungsbedarf, einen hinreichend konkretisierten Anforderungskatalog für Controlling-Informationen zu entwickeln, der auf die Controlling-Zwecke zugeschnitten ist.[42] Darauf aufbauend soll untersucht werden, inwieweit die Verwendung der Blockchain-Technologie Einfluss auf die Erfüllung dieser spezifischen Anforderungen nimmt. Diese Forschungslücke führt zur Formulierung der zweiten Forschungsfrage:

Forschungsfrage 2: *Welche Anforderungen sind aus Sicht des Controllings an die Nützlichkeit von Informationen zu stellen und wie beeinflusst die Verwendung von Blockchain die Erfüllung dieser Controlling-spezifischen Anforderungen?*
Der Schwerpunkt der bisherigen Forschungsarbeiten zum Einsatz von Blockchain im Finanz- und Rechnungswesen liegt auf Aspekten wie der Nachprüfbarkeit von Informationen im Rahmen der Einhaltung von Rechnungslegungsvorschriften, der Durchführung von Finanztransaktionen sowie der Nutzung von Blockchain in der

---

[41] Vgl. Horváth / Gleich / Seiter (2020), S. 192–193; Weber / Schäffer (2020), S. 98–99; Reichmann / Kißler / Baumöl (2017), S. 70–71; Ewert / Wagenhofer (2014), S. 7, 20, 325–330, 392–396; Küpper et al. (2013), S. 19, 192, 215–217, 220; Kosiol (1968), S. 245–247. Siehe hierzu auch Bantz (2019), S. 35.

[42] Die Ausarbeitung des Anforderungskatalogs erfolgte im Rahmen eines gemeinsamen Forschungsprojektes zusammen mit Wittkömper. Vgl. dazu Wittkömper / Strathmann (2021). Dieser erarbeitete Anforderungskatalog ist weiterhin Untersuchungsgegenstand in Vorndran (2024).

Lieferkette und deren Auswirkungen auf das Supply-Chain-Controlling. Untersuchungen, welche konkret die Controlling-Zwecke oder klassische Controlling-Instrumente in den Vordergrund stellen, sind hingegen selten. Es gibt jedoch erste Ansätze, die mögliche Einsatzbereiche von Blockchain im Controlling aufzeigen. Beispielsweise sehen *Brück / Nikiforow / Wagener (2018)* und *Tisson / Rieck (2018)* ein potenzielles Anwendungsgebiet der Blockchain u. a. bei Verrechnungspreisen. Existierende Beiträge zum Einsatz von Blockchain bei Verrechnungspreisen, wie etwa von *Tönnissen / Teuteberg (2018)*, *Demirhan (2020)* und *Tönnissen / Beinke / Teuteberg (2020)*, fokussieren sich jedoch primär auf steuerliche Aspekte der Verrechnungspreisgestaltung. Eine Analyse des Potenzials von Blockchain-basierten Informationen für die Festlegung von Verrechnungspreisen zur Erfolgsermittlung und zur Koordination der am innerbetrieblichen Leistungsaustausch beteiligten Abteilungen fehlt bisher. Um diese Forschungslücke zu schließen, untersucht die vorliegende Arbeit die Auswirkungen der Verwendung von Blockchain auf die Festlegung von Verrechnungspreisen. Dabei liegt der Fokus der Arbeit auf kostenorientierten Verrechnungspreisen. Dafür wird zunächst in einem ersten Schritt überprüft, inwiefern der in Bezug auf Forschungsfrage 2 aufgestellte Anforderungskatalog auf Informationen zur Verrechnungspreisbildung angewendet werden kann. Anschließend werden Rückschlüsse auf die Auswirkungen der Blockchain auf die Erfüllung dieser Anforderungen im Kontext der Verrechnungspreisfunktionen abgeleitet. Daraus ergibt sich die dritte Forschungsfrage:

Forschungsfrage 3: *Inwiefern lassen sich die Anforderungen an die Nützlichkeit von Informationen aus Sicht des Controllings auf die Nützlichkeit von Informationen im Rahmen ihrer Verwendung zur Verrechnungspreisfestlegung übertragen und welche Auswirkungen hat der Einsatz von Blockchain-basierten Informationen auf die Festlegung kostenorientierter Verrechnungspreise?*

Diese Arbeit leistet einen wertvollen Beitrag zur Forschung, indem sie bestehende Forschungslücken im Bereich des Controllings aufdeckt und Ansätze zur Schließung dieser Lücken bietet. Sie schafft zudem eine solide Grundlage für künftige Forschungsarbeiten, da die Ergebnisse potenziell auf weitere Controlling-Instrumente übertragbar sind. Für Unternehmen liefert die Arbeit praxisrelevante Impulse, indem sie Entscheidungsträgern eine fundierte Basis für die Einführung von Blockchain für Verrechnungspreise im Controlling bietet. Dabei werden wesentliche Aspekte beleuchtet, die in der bisherigen Fachliteratur nur unzureichend behandelt wurden, wodurch neue Perspektiven für die Anwendung dieser Technologie eröffnet werden.

1.3   Gang der Untersuchung

Zur Beantwortung der drei Forschungsfragen ist die Arbeit folgendermaßen
aufgebaut: In **Kapitel 2** werden zunächst die Grundlagen von Verrechnungspreisen im Controlling dargelegt. Dazu wird sich in Abschnitt 2.1 zunächst
dem Controlling gewidmet. Dabei werden der Zweck und das Verständnis des
Controllings (2.1.1) und die Hauptfunktionen der Entscheidungsunterstützung
(2.1.2.1) und Verhaltenssteuerung (2.1.2.2) dargelegt sowie der Einsatz von
Instrumenten zur Erfüllung dieser Funktionen (2.1.3) aufgezeigt. Abschnitt 2.2
behandelt Verrechnungspreise aus Sicht des Controllings. Nach einer Einführung
und Definition von Verrechnungspreisen im Controlling (2.2.1) wird die steuerliche Relevanz und Betrachtungsweise von Verrechnungspreisen (2.2.2) abgegrenzt
sowie auf organisatorische Rahmenbedingungen bei der Verwendung von Verrechnungspreisen (2.2.3) eingegangen. In Abschnitt 2.2.4 erfolgt die Darstellung
von Verrechnungspreisfunktionen. Der Schwerpunkt liegt auf der Betrachtung
der Erfolgsermittlungs- (2.2.4.2) und der Koordinationsfunktion (2.2.4.3). Dabei
wird u. a. ein Zusammenhang der Funktionen zu den Hauptfunktionen des
Controllings hergestellt und potenziell bestehende Zielkonflikte zwischen den
Funktionen aufgezeigt (2.2.4.4). Nach einem Überblick über unterschiedliche
Verrechnungspreisarten (2.2.5) werden kostenorientierte Verrechnungspreisarten
(2.2.6) vorgestellt.

Kapitel 3 widmet sich den Grundlagen der Blockchain-Technologie. In
Abschnitt 3.1 wird eine Einführung in Blockchain als digitale Technologie gegeben. Anschließend werden die grundlegenden Komponenten einer Blockchain
dargestellt: Die Distributed Ledger Technologie (3.2.1), Peer-to-Peer-Netzwerke
(3.2.2), die Rolle der Kryptographie in Blockchains (3.2.3) und Grundlagen
von Konsensmechanismen (3.2.4). Aufbauend auf den Komponenten wird in
Abschnitt 3.3 die allgemeine Funktionsweise von Blockchain verdeutlicht. Nach
einem Überblick über verschiedene Ausgestaltungsmöglichkeiten von Blockchain
(3.4) wird der Fokus auf die Behandlung privater Blockchains (3.5) und dabei
insbesondere auf die Darstellung ausgewählter Konsensmechanismen für private Blockchains (3.5.2) gelegt. Abschließend wird eine kurze Einführung in
Blockchain-basierte Smart Contracts (3.6) gegeben.

Um den Einfluss der Verwendung von Blockchain auf Controlling-
Informationen untersuchen zu können, muss zunächst ein geeigneter Anforderungskatalog an derartige Informationen herausgearbeitet werden. **Kapitel 4**
widmet sich daher zunächst der Einordnung bestehender Literatur zu den Anforderungen an Informationen zur Verwendung im Rahmen des Controllings (4.1.1),

bevor eine Betrachtung der Konvergenz der Informationsanforderungen im Controlling sowie aus der IFRS-Finanzberichterstattung vorgenommen wird (4.1.2). Auf Basis der gewonnenen Erkenntnisse wird ein konkretisierter Anforderungskatalog an Informationen im Rahmen des Controllings aufgestellt (4.1.3). Darauf aufbauend werden in Abschnitt 4.2 die Implikationen für Anforderungen an Informationen im Rahmen ihrer konkreten Verwendung bei Verrechnungspreisen im Controlling erörtert.

Das **Kapitel 5** stellt eine dreigeteilte Analyse des Einflusses der Blockchain-Technologie auf die Erfüllung der Anforderungen an Informationen im Rahmen des Controllings am Beispiel von kostenorientierten Verrechnungspreisen dar. In Abschnitt 5.1 werden Einsatzmöglichkeiten privater Blockchains im Rahmen von Informationsprozessen im Unternehmen erörtert sowie die Einflussnahme von Blockchain auf betroffene Phasen eines Informationsprozesses untersucht. Unter Einbezug dieser Erkenntnisse wird in Abschnitt 5.2 der Einfluss von Blockchain auf die Erfüllung der Anforderungen an Informationen im Rahmen des Controllings untersucht. Dabei werden zunächst die grundlegenden Anforderungen (5.2.1), dann die unterstützenden Anforderungen (5.2.3) und schließlich die zu berücksichtigenden Nebenbedingungen (5.2.3) umfangreich untersucht, bevor die Ergebnisse in einem Zwischenfazit (5.2.4) zusammengetragen werden. Unter Berücksichtigung der Untersuchungsergebnisse aus Abschnitt 5.2 werden im dritten Teil der Analyse die Auswirkung der Verwendung Blockchain-basierter Informationen zur Festlegung von kostenorientierten Verrechnungspreisen untersucht (5.3).

In **Kapitel 6** werden die zentralen Analyse-Ergebnisse der Untersuchung zunächst diskutiert (6.1). Die Betrachtung der Limitationen (6.2) und der Ausblick auf weitere Forschung (6.3) runden die Untersuchung ab, bevor ein abschließendes Fazit der Arbeit in Abschnitt 6.4 gezogen wird.

Verrechnungspreise im Controlling 2

2.1 Einführung in das Controlling

2.1.1 Zweck und Verständnis

Der Begriff „Controlling" umfasst ein breites Spektrum an Tätigkeiten und Rollen, die in der Praxis unterschiedlich ausgelegt werden.[1] In der deutschsprachigen Fachliteratur wird das Thema zunehmend theoretisch und vertieft behandelt,[2] wobei ein konsistentes Begriffsverständnis nach wie vor fehlt.[3] Aufgrund der zum Teil sehr unterschiedlichen Auffassungen darüber, was Controlling ist und welche Aufgaben ein Controller wahrzunehmen hat, ist es als Basis für diese Arbeit wichtig, sich mit dem Begriff, dem Zweck und dem Verständnis von Controlling aus praktischer und theoretischer Sicht auseinanderzusetzen. Ziel dieses Abschnittes ist es, einen Überblick über verschiedene Controlling-Konzeptionen zu geben und sich einem gemeinsamen Verständnis des Controlling-Begriffs anzunähern, das als Grundlage für die weitere Arbeit dient.

Die divergierenden Interpretationen des Controller-Begriffs und der Controlling-Aufgaben sind wesentlich auf die in der Fachliteratur vertretenen Controlling-Konzeptionen zurückzuführen, die zunächst erhebliche Unterschiede erkennen lassen. Eine Konzeption ist ein gedankliches Modell, das bestimmte Grundbegriffe in einen oft mehrdimensionalen und systemorientierten Zusammenhang bringt. Die Modelle beinhalten in der Regel eine *funktionale*, eine

---

[1] Vgl. Behringer (2021), S. 2.

[2] Vgl. Temmel (2011), S. 19.

[3] Vgl. Weber / Schäffer (2020), S. 22; Franz (2017), S. 65; Coenenberg / Fischer / Günther (2016), S. 55; Küpper et al. (2013), S. 3; Wall (2008), S. 462.

© Der/die Autor(en), exklusiv lizenziert an Springer Fachmedien Wiesbaden GmbH, ein Teil von Springer Nature 2025
T. Strathmann, *Blockchain-Technologie für Controlling-Informationen*,
https://doi.org/10.1007/978-3-658-49477-3_2

institutionelle und eine *instrumentale* Perspektive.[4] In *funktionaler* Hinsicht ist das Verständnis in Bezug auf die Aufgaben und Funktionen des Controllings gemeint. Unter dem *institutionellen* Begriff versteht man die organisationale Eingliederung und Ausgestaltung des Controllings, welche bereits vorangegangen dargelegt wurde. Die *instrumentale* Perspektive beantwortet die Frage, welche Instrumente dem Controlling zur Bewältigung seiner Aufgaben zur Verfügung stehen. Auf Instrumente zur Bewältigung der Controlling-Aufgaben wird gesondert in Abschnitt 2.1.3 eingegangen.

Zunächst ist zwischen Controlling als **Funktion** und Controlling als **Institution** zu unterscheiden. Sprachlich lassen sich die beiden Verständnisse insofern voneinander abgrenzen, als aus einer primär institutionellen Perspektive in der Regel von „dem Controller" gesprochen wird. Damit ist eine Person gemeint, die für eine Führungskraft bestimmte Controlling-Aufgaben wahrnimmt.[5] Das dem Controller übertragene bzw. von ihm wahrgenommene Aufgabenspektrum wird als Controllership bezeichnet.[6] Wenn von „Controlling" die Rede ist, ist in dieser begrifflichen Trennung in der Regel die funktionale Sichtweise gemeint. Controlling bezeichnet eine bestimmte Führungs- und Managementfunktion, die unter anderem (aber nicht ausschließlich) von Controllern wahrgenommen wird.[7] Eine differenzierte Betrachtung von Controlling und Controllern ist daher unerlässlich. Einer verbreiteten Darstellung folgend wird Controlling als Schnittmenge von Manager und Controller beschrieben. Manager und Controller führen gemeinsam das Controlling durch.[8] Oder anders formuliert: „Controlling entsteht, wenn Controller und Manager zusammenarbeiten."[9]

Der **institutionelle** Ansatz befasst sich mit der Frage der organisatorischen Einordnung des Controllings im Unternehmen. Dabei ist grundsätzlich zu klären, ob alle Controlling-Aufgaben von einer eigens dafür eingerichteten Controlling-Abteilung wahrgenommen werden oder ob die Controlling-Aufgaben auf eine

---

[4] Vgl. Wall (2008), S. 465.

[5] Vgl. Weber / Schäffer (2020), S. 1. Die Person muss nicht die Stellenbezeichnung „Controller" (oder vergleichbar) tragen, um entsprechende Controlling-Aufgaben zu übernehmen.

[6] Vgl. Weber / Schäffer (2020), S. 1; Buchholz (2019), S. 13.

[7] Vgl. Weber / Schäffer (2020), S. 1.

[8] Vgl. Behringer (2021), S. 10; Buchholz (2019), S. 12; Horváth et al. (2016), S. 3–4; Fischer / Möller / Schultze (2015), S. 33–34; Gänßlen et al. (2012), S. 4. Manager und Controller nehmen dabei jedoch unterschiedliche Teilaufgaben wahr. Der Manager kommt vordergründig die Ergebnisverantwortlichkeit seines Bereichs nach, während der Controller ihn dabei unterstützen soll. Vgl. dazu ebenfalls Horváth et al. (2016), S. 3–4.

[9] Fischer / Möller / Schultze (2015), S. 33.

Vielzahl von Stellen verteilt sind.[10] Die genaue Ausgestaltung und organisatorische Einordnung des Controllings in Unternehmen aus institutioneller Sicht hängt von vielen Faktoren ab.[11] Dazu zählen die Unternehmensgröße, die Branche und das Umfeld des Unternehmens, die Unternehmenskultur, die allgemeinen Organisationsstrukturen im Unternehmen, die Unternehmensstrategie und -philosophie sowie die finanzielle Situation des Unternehmens.[12] Entsprechend vielfältig und unterschiedlich sind die Inhalte des Controllings in der Praxis.[13] In Abhängigkeit von den Einflussfaktoren auf die organisatorische Ausgestaltung des Controllings kann der Controller unterschiedliche, im Einzelfall festzulegende Aufgaben und Funktionen wahrnehmen.[14]

Für die Einbettung des Controllings in die Organisation eines Unternehmens gibt es verschiedene Möglichkeiten, für die unterschiedliche Gestaltungsparameter betrachtet werden können. Dabei kann eine Controlling-Abteilung als Stab- oder Linienstelle in die Struktur des Unternehmens aufgenommen werden. In diesem Zuge ist die Frage nach der dem Controlling zugewiesenen Kompetenz zu beantworten.[15] Weiterhin kann das Controlling zentral oder dezentral organisiert werden.[16] Bei der Organisation des Controllings ist auch die hierarchische Einordnung in die Organisationsstruktur zu entscheiden. Diese

---

[10] Vgl. Küpper et al. (2013), S. 667–670.

[11] Vgl. Wiltinger / Hempel / Deimel (2022), S. 18.

[12] Vgl. Wiltinger / Hempel / Deimel (2022), S. 18; Behringer (2021), S. 6; Preißler (2020), S. 16.

[13] Vgl. Preißler (2020), S. 1.

[14] Vgl. Preißler (2020), S. 16.

[15] Vgl. Wiltinger / Hempel / Deimel (2022), S. 18; Behringer (2021), S. 10–11; Buchholz (2019), S. 33. Als Linienabteilung nimmt das Controlling eine gleichberechtigte Rolle gegenüber den anderen Abteilungen ein. Als Stabsstelle ist das Controlling aus der Linienorganisation herausgelöst und stellt eine Unterstützungsfunktion für eine bestimmte Linieninstanz dar. Dies kann z. B. der Finanzvorstand sein. Das Controlling hat dann keine Weisungsbefugnis. Vgl. dazu Wiltinger / Hempel / Deimel (2022), S. 19; Behringer (2021), S. 10–12; Buchholz (2019), S. 33–34.

[16] Vgl. Wiltinger / Hempel / Deimel (2022), S. 18; Behringer (2021), S. 14. Ein zentral organisiertes Controlling ist häufig der Unternehmenszentrale zugeordnet, was eine enge Anbindung an diese fördert. Sind spezialisierte Controlling-Abteilungen wie Personalcontrolling oder Finanzcontrolling erforderlich, werden diese dem zentral organisierten Controlling unterstellt. In dezentral organisierten Controlling-Bereichen werden in der Regel für jeden Geschäftsbereich eigene verantwortliche Controlling-Bereiche eingerichtet. Dies fördert eine engere Anbindung an das operative Tagesgeschäft. Eine Mischung aus zentralem und dezentralem Ansatz ist möglich. Vgl. dazu Wiltinger / Hempel / Deimel (2022), S. 20. Für eine ausführlichere Abhandlung der Vor- und Nachteile der (De-)Zentralisierung s. auch Behringer (2021), S. 14–18.

stellt einen wesentlichen Indikator für den Stellenwert des Controllings für das Unternehmen dar.[17] Die Unternehmensgröße ist in vielerlei Hinsicht ein maßgebender Faktor zur Ausgestaltung des Controllings. In kleineren Unternehmen werden Controlling-Aufgaben oftmals nicht von einer als Controller bezeichneten Person ausgeübt, sondern werden beispielsweise durch den Leiter für das Rechnungswesen oder vom Management übernommen.[18] Ab einer gewissen Unternehmensgröße werden Controller in Unternehmen üblich.[19] In diesem Fall werden durch den Controller in kleineren Unternehmen eher überwiegend operative Aufgaben in Bezug auf die Planung, das Berichtswesen oder die Kostenrechnung durchgeführt.[20] In größeren Unternehmen gibt es häufig zusätzlich zu den klassischen Controllern noch spezialisierte Controlling-Abteilungen wie das IT-Controlling, Marketingcontrolling oder Logistikcontrolling, welche sich mit besonderen Controlling-Fragestellungen ihres Fachbereichs beschäftigen.[21] Die Branche, in der das Unternehmen tätig ist, kann unter Umständen eine spezielle Ausprägung des Controllings erfordern. Dazu zählen beispielsweise Banken, Versicherungen, Krankenhäuser, öffentliche Einrichtungen, Hochschulen und Forschungseinrichtungen.[22] Unabhängig von der Unternehmensgröße oder -branche kann das Controlling hinsichtlich der inhaltlichen Ebene, die es betrifft, in strategisches und operatives Controlling unterteilt werden.[23] Abschließend sei noch die mögliche Trennung nach organisatorischen Gesichtspunkten erwähnt,

---

[17] Vgl. Wiltinger / Hempel / Deimel (2022), S. 18; Behringer (2021), S. 12. Das Controlling kann direkt auf der Vorstandsebene angesiedelt sein und erhält damit die höchstmögliche Autorität. In der Praxis ist die Verankerung des Controllings auf der zweiten Führungsebene verbreiteter. Eine noch tiefere Einordnung ist möglich. In diesem Fall fehlen dem Controlling weitreichende Entscheidungskompetenzen. Vgl. dazu Behringer (2012), S. 12–14.

[18] Vgl. Horváth et al. (2016), S. 3; Spatz (2008), S. 8.

[19] Vgl. Küpper et al. (2013), S. 668.

[20] Vgl. Becker / Ulrich / Botzkowski (2022), S. 466.

[21] Vgl. Wiltinger / Hempel / Deimel (2022), S. 8; Behringer (2021), S. 6; Preißler (2020), S. 16, Spatz (2008), S. 8. Weitere auf eine bestimmte betriebliche Funktion spezialisierte Controlling-Einheiten können bspw. Beschaffungscontrolling, Produktionscontrolling, Vertriebscontrolling, Finanzcontrolling, Personalcontrolling oder Anlagencontrolling sein. Vgl. dazu Wiltinger / Hempel / Deimel (2022), S. 8.

[22] Vgl. Behringer (2021), S. 6. Diese Einteilung wird von Wiltinger / Hempel / Deimel (2022) auch als Gliederung des Controllings „nach Institutionen" (S. 8) bezeichnet. Sie ergänzen die bereits genannten Spezifikationen beispielhaft um das Hotelcontrolling, das Baucontrolling oder das Controlling von sonstigen Non-Profit-Organisationen. Vgl. dazu Wiltinger / Hempel / Deimel (2022), S. 8.

[23] Vgl. Wiltinger / Hempel / Deimel (2022), S. 8. Das operative Controlling beschäftigt sich stärker mit gegenwarts- oder vergangenheitsorientierten Daten und hat einen eher kurz- bis

nach der das Controlling beispielhaft in Konzerncontrolling, Werkscontrolling, Abteilungscontrolling oder Kostenstellencontrolling eingeteilt werden kann.[24]

Im **funktionalen** Verständnis von Controlling werden die Controlling-Konzeptionen als sogenannte Definitionstypen verstanden.[25] Der funktionalen Dimension des Controllings kommt somit eine fundamentale Bedeutung zu, da auf dieser Basis die Controlling-Konzeptionen abgegrenzt werden.[26] Die Begriffe „Controlling-Verständnis" und „Controlling-Konzeption" werden häufig synonym verwendet.[27] Im Laufe der Jahre haben sich verschiedene Konzeptionen des Controllings herauskristallisiert. Diese führen teilweise zu sehr unterschiedlichen Auffassungen über die Ziele, Aufgaben und Instrumente des Controllings.[28] Zu den in der Literatur am häufigsten vorzufindenden Konzeptionen zählen der informationsorientierte Ansatz[29] nach *Reichmann*, die koordinationsorientierten Ansätze nach *Horváth* oder *Küpper et al.* und der rationalitätssichernde Ansatz nach *Weber / Schäffer*.[30]

Als das zuerst entwickelte Controlling-Verständnis gilt jenes, welches das Controlling als **Informationsversorgung** versteht.[31] Nach diesem Verständnis hat das Controlling die Aufgabe, den Informationsbedarf des Managements zu decken,[32] indem es die zur Führung des Unternehmens notwendigen Informationen sammelt, aufbereitet und für die Entscheidungsträger zusammenstellt.

---

mittelfristigen Planungshorizont. Es ist auf die Sicherung der operativen Ziele und die Optimierung der Unternehmensprozesse ausgerichtet. Das strategische Controlling weist eine stärkere Zukunftsorientierung auf und hat einen im Vergleich zum operativen Controlling eher langfristigen Planungshorizont. Die langfristige und nachhaltige Existenzsicherung des Unternehmens sowie die Sicherung der strategischen Zielsetzung sind die Hauptziele des strategischen Controllings. Vgl. hierzu Preißler (2020), S. 5–7. Eine weiterführende Auflistung der konkreten Aufgaben des operativen und strategischen Controllings findet sich u. a. bei Preißler (2020), S. 8–9.

[24] Vgl. Wiltinger / Hempel / Deimel (2022), S. 8, Spatz (2008), S. 8.

[25] Vgl. Spatz (2008), S. 9.

[26] Vgl. Wall (2008), S. 465.

[27] Vgl. Spatz (2008), S. 9. *Taschner (2013)* bezeichnet Controlling-Konzeption auch als „Denkschulen". Vgl. Taschner (2013), S. 29.

[28] Vgl. Taschner (2013), S. 29.

[29] Wird teilweise auch als „kennzahlenbasierter Ansatz" bezeichnet, wie bspw. bei Hubert (2018), S. 8.

[30] Vgl. Hubert (2018), S. 8. Für eine umfassende Gegenüberstellung von Controlling-Konzeptionen s. bspw. Küpper et al. (2013), S. 19–33; Troßmann (2013), S. 304–317.

[31] Vgl. Spatz (2008), S. 9.

[32] Vgl. Eschenbach / Siller (2019), S. 84; Spatz (2008), S. 9; Schaefer / Lange (2004), S. 106.

Der wohl aktuellste Vertreter dieser Konzeption ist *Reichmann*. In einer aktuellen Auflage sehen *Reichmann / Kißler / Baumöl (2017)* im Controlling „(...) die zielbezogene Unterstützung von Führungsaufgaben, die der systemgestützten Informationsbeschaffung und Informationsverarbeitung zur Planerstellung, Koordination und Kontrolle dient"[33]. Ein anderer Ansatz sieht das Controlling für die erfolgszielbezogene Steuerung des Unternehmens verantwortlich.[34] So beschreiben beispielsweise *Hahn / Hugenberg (2001)* Aufgabe des Controllings als „die informationelle Sicherung ergebniszielorientierter Planung, Steuerung und Überwachung des gesamten Unternehmensgeschehens"[35]. Vertreter dieses Ansatzes „beziehen die Aufgaben des Controllings auf die Unterstützung des Managements im Rahmen der Planung und Kontrolle."[36]

Die wohl populärsten Konzeptionen zielen auf Controlling als **Koordination** ab. Dabei sind zwei unterschiedliche Strömungen koordinationsorientierter Ansätze zu unterscheiden: das planungs- und kontrollsystemorientierte Verständnis nach Horváth sowie der führungssystemorientierte Ansatz nach Küpper.[37] *Horváth / Gleich / Seiter (2020)* sehen Controlling als „dasjenige Subsystem der Führung, das Planung und Kontrolle sowie Informationsversorgung systembildend und systemkoppelnd zielorientiert koordiniert und so die Adaption und Koordination des Gesamtsystems unterstützt."[38] Das Controlling soll die Diskrepanz zwischen dem Informationsangebot des Informationsversorgungssystems und dem Informationsbedarf des Planungs- und Kontrollsystems verringern. Die Koordination bezieht sich sowohl auf die zwischensystemischen Aspekte als auch auf die Abstimmung innerhalb der Subsysteme.[39] *Küpper et al. (2013)* erweitern den koordinationsorientierten Ansatz, indem sie zusätzlich das Organisations- und Personalführungssystem berücksichtigen.[40] Auch hierbei richtet sich die Koordinationsfunktion des Controllings auf die Abstimmung sowohl zwischen als auch innerhalb der Führungsteilsysteme.[41] *Küpper et al.* definieren darüber hinaus

---

[33] Reichmann / Kißler / Baumöl (2017), S. 19.

[34] Vgl. Weber / Schäffer (2020), S. 23; Spatz (2008), S. 10.

[35] Hahn / Hungenberg (2001), S. 272–273.

[36] Spatz (2008), S. 10.

[37] Vgl. Spatz (2008), S. 11.

[38] Horváth / Gleich / Seiter (2020), S. 62.

[39] Vgl. Horváth / Gleich / Seiter (2020), S. 50–51; Spatz (2008), S. 11.

[40] Vgl. Wiltinger / Hempel / Deimel (2022), S. 5–6; Küpper et al. (2013), S. 20–21; Spatz (2008), S. 11.

[41] Vgl. Küpper et al. (2013), S. 33.

die Übermittlung von Informationen als „die wichtigste Voraussetzung für eine Einflussnahme auf das Verhalten des Betroffenen"[42] durch das Controlling.

Eine relativ neue Konzeption ist der Ansatz von *Weber / Schäffer (2020)*.[43] Sie definieren das Controlling als Funktion zur **Sicherstellung der Rationalität der Unternehmensführung**.[44] Dem Ansatz liegt die Annahme zugrunde, dass Entscheidungsträger in Unternehmen aufgrund von Könnens- oder Wollensdefiziten keine rationalen Entscheidungen treffen.[45] Ziel des Controllings ist es, diese Rationalitätsdefizite durch die Übernahme von Ergänzungs- und Begrenzungsaufgaben zu reduzieren.[46] Im Mittelpunkt dieses Ansatzes steht dabei die Verhaltenssteuerung der Entscheidungsträger.[47]

Trotz der offensichtlichen Unterschiede lassen sich zwischen den Konzeptionen große Gemeinsamkeiten feststellen, insbesondere im Hinblick auf die wesentlichen Themenbereiche des Controllings in der Praxis.[48] So eint die verschiedenen Konzeptionen beispielsweise, dass das Controlling als unterstützendes Instrument einer zielorientierten Unternehmensführung verstanden werden kann.[49] Darüber hinaus weisen alle Konzeptionen der Koordination eine übergeordnete Rolle zu.[50] Die genauen Definitionen der Ziele des Controllings divergieren hingegen. Insbesondere das Ausmaß der Koordination durch das

---

[42] Küpper et al. (2013), S. 183.

[43] Vgl. Wall (2008), S. 469. Jürgen Weber vertrat in früheren Werken ebenfalls einen koordinationsorientierten Ansatz, entwickelte jedoch auf der Basis kritischer Auseinandersetzungen mit den koordinationsorientierten Konzeptionen das sogenannte rationalitätssicherungsorientierte Controlling-Verständnis. Vgl. dazu Spatz (2008), S. 12 und Wall (2008), S. 464.

[44] Vgl. Weber / Schäffer (2020), S. 27–28, 39–62. Frühere Werke, in denen das Verständnis bereits vorgestellt wurde, sind bspw. Schäffer / Weber (2004), S. 459–466; Weber / Schäffer (1999), S. 731–747.

[45] Vgl. Wiltinger / Hempel / Deimel (2022), S. 6; Spatz (2008), S. 12.

[46] Vgl. Spatz (2008), S. 12–13.

[47] Vgl. Franz (2017), S 71.

[48] Vgl. Wiltinger / Hempel / Deimel (2022), S. 6; Franz (2017), S. 63.

[49] Vgl. Temmel (2011), S. 20.

[50] Vgl. Buchholz (2019), S. 11; Franz (2017), S. 70. Die „Rationalitätssicherung der Führung" nach *Weber / Schäffer* zielt zwar vordergründig nicht auf die Koordination im engeren Sinne ab. Gleichwohl nimmt die Koordinationsaufgabe auch in diesem Ansatz eine wichtige Rolle ein, was durch eine umfassende Auseinandersetzung mit der „Plankoordination als Kontext des Controllings" begründet werden kann. Vgl. Weber / Schäffer (2020), S. 63–82. Zur Rolle der Koordination in der Konzeption nach *Weber / Schäffer* s. auch Franz (2017), S. 70.

Controlling und die durch das Controlling zu beeinflussenden Unternehmensziele unterscheiden sich in den Konzeptionen grundlegend.[51] Hinsichtlich der
von den zuvor ausgewählten Autoren beschriebenen Aufgabenfelder des Controllings ergibt sich wiederum ein recht homogenes Bild.[52] *Temmel (2011)* stellt
fest, dass „sich die Funktionen der Planung, Kontrolle, Informationsversorgung
und Koordination implizit oder explizit bei jedem Autor"[53] wiederfinden, so
dass diese als „Kern des Controlling-Aufgabenportfolios angesehen werden (können)."[54] *Taschner (2013)* ergänzt, dass sich alle Konzeptionen in der hohen
Bedeutung der Informationsversorgung und -verarbeitung einig sind.[55] Ferner
stellt *Taschner* fest, dass „(ü)ber alle konzeptionellen Unterschiede hinweg (…)
also festgestellt werden (kann), dass die Beschaffung, Verarbeitung und Verteilung von Informationen im Unternehmen eine zentrale (in manchen Konzeptionen
sogar *die* zentrale) Controllingaufgabe darstellt."[56] Zu den Hauptabnehmern dieser Informationen zählen vordergründig die mit Führung beauftragten Stellen und
Funktionen im Unternehmen.[57] Dabei übt das Controlling durch die Bereitstellung entscheidungsrelevanter Informationen sowie durch die Bestimmung von Art
und Umfang dieser Informationen eine Verhaltensbeeinflussung aus.[58] Letztlich
stellt *Hubert (2018)* heraus, dass insbesondere die als von den Autoren als relevant beschriebenen Instrumente zur Ausübung der Controlling-Tätigkeit große
Überschneidungen aufweisen.[59]

Auf Basis der bestehenden Gemeinsamkeiten zeichnen sich vereinzelt Konvergenzbestrebungen ab, um einem einheitlichen Controlling-Verständnis näher
zu kommen.[60] So stellen bspw. *Horváth / Gleich / Seiter (2020)* fest, dass sich die
unterschiedlichen Konzeptionen in der Schwerpunktsetzung sowie der Wortwahl

---

[51] Vgl. Temmel (2011), S. 20–21.

[52] Vgl. Temmel (2011), S. 67.

[53] Temmel (2011), S. 67–68. Ähnlicher Auffassung sind auch Wiltinger / Hempel / Deimel (2022), S. 9–10.

[54] Temmel (2011), S. 68.

[55] Vgl. Taschner (2013), S. 29. Diese Auffassung teilen auch Wiltinger / Hempel / Deimel (2022), S. 6; Franz (2017), S. 71. Letzterer weist jedoch an gleicher Stelle darauf hin, dass die Schlussfolgerungen, die aus dieser Rolle gezogen werden, sehr unterschiedlich sind.

[56] Taschner (2013), S. 30.

[57] Vgl. Taschner (2013), S. 30.

[58] Vgl. Taschner (2013), S. 31.

[59] Vgl. Hubert (2018), S. 16. Auf Instrumente des Controllings wird in Abschnitt 2.1.3 ausführlicher eingegangen.

[60] Vgl. Franz (2017), S. 72.

der Beschreibung stark überschneiden und sich somit eine Konvergenz abzeichnet.[61] Mit Blick auf die in der Praxis realisierte Integration der unterschiedlichen Ansätze resümieren die Autoren: „Die Ausrichtung an den Unternehmenszielen bedarf der zielorientierten Koordination von Planung und Informationsversorgung im gesamten Führungssystem zwecks Sicherstellung der Rationalität."[62] Auch bei *Fischer / Möller / Schultze (2015)* zeichnen sich Konvergenzbestrebungen ab.[63] Sie formulieren: „Controlling soll die Realisation der Unternehmensziele sicherstellen (Führungsunterstützung) durch Entscheidungsunterstützung und Verhaltenssteuerung."[64]

Die Zusammenfassung der Controlling-Funktionen als Entscheidungsunterstützung und Verhaltenssteuerung findet sich sowohl in theoriebasierten als auch in praxisorientierten Beiträgen. Neben dem theoretischen Werk von *Fischer / Möller / Schultze (2015)* gehen u. a. auch *Ewert / Wagenhofer (2014)* und *Weißenberger (2004)* ausführlich auf die „Hauptfunktionen"[65] Entscheidungsunterstützung und Verhaltenssteuerung ein.[66] Auch wenn die Begriffe nicht in allen oben genannten Konzeptionen direkt genannt werden, zeigt z. B. *Wall (2008)*, dass alle Konzeptionen zumindest die Entscheidungsunterstützung, einige zusätzlich auch die Verhaltenssteuerung implizit als Funktion des Controllings betrachten.[67] Zu den Konzeptionen, die beide Funktionen umfassen, zählen demnach der koordinationsorientierte Ansatz nach *Küpper et al.* sowie die Rationalitätssicherung der Führung nach *Weber / Schäffer*.[68] Zwar ordnet Wall den koordinationsorientierten Ansatz von Horváth nicht dieser Auflistung zu, jedoch gilt auch *Horváth* als Vertreter der Auffassung, dass Controlling primär Entscheidungsunterstützung und Verhaltenssteuerung bedeutet. So tritt er beispielsweise als Mitautor in einem Werk des praxisorientierten Internationalen Controller Vereins (ICV) auf,

---

[61] Vgl. Horváth / Gleich / Seiter (2020), S. 63. Eine Veranschaulichung dieser Konvergenz befindet sich in Abb. 2.19 des Werkes (s. S. 64).

[62] Horváth / Gleich / Seiter (2020), S. 63.

[63] Vgl. Franz (2017), S. 72.

[64] Fischer / Möller / Schultze (2015), S. 29.

[65] Ewert / Wagenhofer (2014), S. 6.

[66] Vgl. Ewert / Wagenhofer (2014), S. 6; Weißenberger (2004), S. 5–6.

[67] Vgl. Wall (2008), S. 466–468. Auch *Franz (2017)* zeigt auf, dass andere Konzeptionen die Verhaltenssteuerung thematisieren, auch wenn diese dabei zum Teil unterschiedlich interpretiert und in unterschiedlichem Umfang behandelt wird. Vgl. dazu Franz (2017), S. 71.

[68] Vgl. Wall (2008), S. 468. Weitere namhafte Autoren wie *Friedl, Ossadnik* und *Ewert / Wagenhofer* werden wie *Küpper* ebenfalls dem Verständnis des Controllings als Koordination der Führung zugeordnet.

in dem es heißt, Controlling diene der Entscheidungsunterstützung und Verhaltenssteuerung.[69] Diesem Verständnis wird in dieser Arbeit gefolgt. Zum besseren Verständnis der Entscheidungsunterstützung und Verhaltenssteuerung werden die beiden Hauptfunktionen im folgenden Abschnitt dargestellt.

2.1.2 Hauptfunktionen

2.1.2.1 Entscheidungsunterstützung

Im Rahmen der Entscheidungsunterstützung hat das Controlling die Aufgabe, Informationen als Grundlage für die Entscheidungen des Managements bereitzustellen.[70] Bei der Betrachtung der Entscheidungsunterstützung werden Zielkonflikte zwischen Ersteller und Nutzer einer Information nicht berücksichtigt. Es wird davon ausgegangen, dass es entweder keine Zielkonflikte gibt, da eine einzelne Person die von ihr zu nutzende Information selbst erstellt, oder dass die Organisation des Unternehmens ausreicht, um eine Zielkongruenz zwischen der Unternehmensleitung, dem Management als Informationsnutzer und dem Ersteller der Information zu gewährleisten.[71] Im Rahmen der Entscheidungsunterstützung spricht man daher auch von der Beeinflussung *eigener* Entscheidungen.

Im Rahmen der Entscheidungsunterstützung ist es erforderlich, Entscheidungsalternativen sowie deren potenzielle Auswirkungen zu identifizieren und systematisch zu bewerten.[72] Dieser Prozess kann im Wesentlichen als Bestandteil der *Planung* betrachtet werden.[73] Theoretisch führen umfassendere und präzisere Informationen zu einer besseren Entscheidungsqualität, sofern die Informationskosten vernachlässigt werden.[74] Nach der Entscheidungsfindung ist es jedoch

---

[69] Vgl. ICV (2013), S. 4.

[70] Vgl. Fischer / Möller / Schultze (2015), S. 30; Ewert / Wagenhofer (2014), S. 6.

[71] Vgl. Ewert / Wagenhofer (2014), S. 6–7.

[72] Solche Entscheidungen können beispielsweise das Produktionsprogramm, die Preisgestaltung oder Beschaffungspolitik betreffen. Vgl. dazu Fischer / Möller / Schultze (2015), S. 30; Ewert / Wagenhofer (2014), S. 7.

[73] Vgl. Fischer / Möller / Schultze (2015), S. 30.

[74] Vgl. Ewert / Wagenhofer (2014), S. 7. Kosten der Informationsbereitstellung sollten jedoch stets berücksichtigt werden. Wenn die Kosten der Informationsermittlung und - bereitstellung im Vergleich zum daraus erzielten Nutzen unverhältnismäßig hoch werden, gilt „je mehr Informationen desto besser" nicht mehr uneingeschränkt. Vgl. dazu ebenfalls Ewert / Wagenhofer (2014), S. 7. Mehr zu dem als „Wirtschaftlichkeit" bezeichneten Kriterium in Abschnitt 4.1.3 dieser Arbeit.

notwendig, den Erfolg der getroffenen Entscheidung durch Abweichungsanalysen zu überprüfen, um festzustellen, ob die angestrebten Ergebnisse tatsächlich realisiert wurden. Eine solche *Kontrolle* ist unerlässlich, um bei Abweichungen von den Zielvorgaben korrigierende Maßnahmen einzuleiten und eine neue Entscheidungssituation zu bewältigen. Zudem kann die Analyse von Abweichungen zu wertvollen Erkenntnissen führen, die zukünftige Planungsprozesse verbessern. *Planung* und *Kontrolle* stellen somit wesentliche Komponenten der Entscheidungsunterstützung für Entscheidungsträger dar.[75]

Solange alle Beteiligten im Unternehmen die gleichen Interessen verfolgen, ist die Funktion der Entscheidungsunterstützung ausreichend. Selbst asymmetrisch verteilte Informationen stellen in diesem Fall kein Hindernis dar, da jeder bereit wäre, seine Informationen mit den anderen Entscheidungsträgern zu teilen, um das gemeinsame Ziel zu erreichen. In der Praxis ist jedoch die Annahme von Interessensharmonie eher idealistisch als realistisch.[76] Interessenkonflikte sind vielmehr die Regel und können aus unterschiedlichen individuellen Präferenzen oder strukturellen Gegebenheiten innerhalb der Organisation resultieren.[77] An diesem Punkt setzt die im folgenden Abschnitt erläuterte Verhaltenssteuerungsfunktion an. Dabei genügen bereits potenzielle Interessenskonflikte, um einen Bedarf nach Verhaltenssteuerung zu begründen.[78]

2.1.2.2 Verhaltenssteuerung

In dezentral geführten Unternehmen werden Entscheidungen zunehmend an Entscheidungsträger (z. B. Bereichsmanager) delegiert. In diesem Kontext spielt die Verhaltenssteuerungsfunktion des Controllings eine zentrale Rolle, da sie darauf abzielt, die Entscheidungen der dezentralen Einheiten mit den Gesamtzielen des Unternehmens in Einklang zu bringen.[79] Dies erfolgt einerseits durch die Bereitstellung entscheidungsrelevanter Informationen und andererseits durch den Einsatz gezielter Instrumente zur Verhaltensbeeinflussung der Entscheidungsträger.[80] Im Gegensatz zur Entscheidungsunterstützung hat das Controlling bei der Verhaltenssteuerung die Aufgabe, die Entscheidungen von *anderen* zu beeinflussen. Die Verhaltenssteuerung setzt demnach im Mehrpersonenkontext an.[81] Die

---

[75] Vgl. Fischer / Möller / Schultze (2015), S. 30.

[76] Vgl. Wagenhofer (1997), S. 64–65.

[77] Vgl. Wagenhofer (1997), S. 65.

[78] Vgl. Wagenhofer (1997), S. 66.

[79] Vgl. Fischer / Möller / Schultze (2015), S. 30.

[80] Vgl. Küpper et al. (2013), S. 125, 289.

[81] Vgl. Wagenhofer (1997), S. 64.

Organisation des Unternehmens wird dabei explizit berücksichtigt und nicht (wie bei der Entscheidungsunterstützung) als ausreichend betrachtet, um Interessensharmonie zwischen Ersteller und Nutzer einer Information sicherzustellen.[82] Die Verhaltenssteuerung ist notwendig, da in dezentral geführten Unternehmen im Regelfall asymmetrisch verteilte Informationen zwischen Zentrale und dezentralen Bereichen vorliegen und andererseits die Gefahr von Interessenskonflikten bestehen.[83]

Die asymmetrische Verteilung von Informationen ist ein zentraler Faktor für den Aufbau dezentraler Strukturen, da Bereichsleiter in der Regel einen Informationsvorsprung gegenüber der zentralen Unternehmensleitung haben, der für fundiertere Entscheidungen genutzt werden soll.[84] Allerdings besteht das Risiko, dass Bereichsmanager ihre Entscheidungen stärker an individuellen Zielen ausrichten, die nicht zwangsläufig mit den Interessen des Gesamtunternehmens übereinstimmen.[85] Dadurch entstehen potenzielle Zielkonflikte zwischen dezentralen Entscheidungsträgern und der Unternehmensleitung.[86]

Um eine Interessensharmonie zu fördern, muss das Controlling Anreizsysteme implementieren, die dezentralen Entscheidungsträgern Anreize bieten, im Sinne der Unternehmensziele zu handeln.[87] Ähnlich wie im Rahmen der Entscheidungsunterstützung kann auch die *Kontrolle* zur Verhaltenssteuerung genutzt werden, indem sie Entscheidungsträger dazu motiviert, geplante Vorgaben zu erfüllen, da sie bei Abweichungen zur Rechenschaft gezogen werden. Bereits die Kenntnis über ausstehende Kontrollen kann im Vorfeld eine verhaltenssteuernde Wirkung ausüben.[88]

Zusätzlich können Controlling-Informationen gezielt zur *Koordination* von Entscheidungen eingesetzt werden. Die Auswahl und Präsentation der Informationen haben dabei oft eine subtile, aber wirksame Einflussnahme auf das Verhalten

---

[82] Vgl. Ewert / Wagenhofer (2014), S. 8; Wagenhofer (1997), S. 64.

[83] Vgl. Fischer / Möller / Schultze (2015), S. 30; Ewert / Wagenhofer (2014), S. 8; Küpper et al. (2013), S. 289; Wagenhofer (1997), S. 64.

[84] Vgl. Fischer / Möller / Schultze (2015), S. 30; Ewert / Wagenhofer (2014), S. 8; Wagenhofer (1997), S. 64.

[85] Vgl. Fischer / Möller / Schultze (2015), S. 30; Küpper et al. (2013), S. 289.

[86] Vgl. Ewert / Wagenhofer (2014), S. 8; Ossadnik (2009), S. 36.

[87] Vgl. Fischer / Möller / Schultze (2015), S. 30.

[88] Vgl. Ewert / Wagenhofer (2014), S. 9; Trapp (2012), S. 23. Zielvorgaben können einen Einfluss auf das Anspruchsniveau und auf die tatsächliche Motivation zur Zielerreichung haben. Vgl. dazu Wagenhofer (1997), S. 67.

der Entscheidungsträger.[89] *Kontrolle* und *Koordination* durch die Bereitstellung spezifischer Informationen tragen somit wesentlich zur Verhaltenssteuerung bei.[90]

2.1.3 Einsatz von Instrumenten zur Erfüllung der Funktionen

Informationen sind ein zentraler Bestandteil des Controllings und bilden die Grundlage sowohl für die Entscheidungsunterstützung als auch für die Verhaltenssteuerung. Zusätzlich kommen im Controlling spezifische Instrumente zum Einsatz, die als Hilfsmittel zur Erfüllung von Controlling-Aufgaben dienen.[91] Die Definition und Einordnung dieser Instrumente variieren je nach konzeptionellem Ansatz.[92] Allgemein kann unter einem Instrument jedoch ein „Hilfsmittel zur Erfüllung von Controlling-Aufgaben"[93] verstanden werden. Instrumente sollen dabei stets ziel- und zweckorientiert verwendet werden.[94] Instrumente werden zur Erfassung, Strukturierung, Auswertung und Speicherung von Informationen sowie zur organisatorischen Gestaltung des Controllings eingesetzt.[95] Controlling-Instrumente sind durch eine spezifische betriebswirtschaftliche Methodik gekennzeichnet.[96]

In diesem Abschnitt wird ein Überblick über typische Controlling-Instrumente und deren Einordnung gegeben. Es gibt eine Vielzahl von Instrumenten, auf die das Controlling zurückgreifen kann und welche je nach Autor zum Teil sehr unterschiedlich den Bereichen des Controllings zugeordnet werden. Typische Gliederungsmöglichkeiten lassen sich nach verschiedenen Dimensionen unterscheiden:[97]

---

[89] Vgl. Ewert / Wagenhofer (2014), S. 10.

[90] Vgl. Ewert / Wagenhofer (2014), S. 9; Küpper et al. (2013), S. 290.

[91] Vgl. Baltzer (2022), S. 90–91; Fischer / Möller / Schultze (2015), S. 51.

[92] Vgl. Baltzer (2022), S. 91.

[93] Baltzer (2022), S. 92.

[94] Vgl. Schäffer / Steiners (2005), S. 118; Berens / Bertelsmann (2002), Sp. 285.

[95] Vgl. Buchholz (2019), S. 30.

[96] Vgl. Baltzer (2022), S. 92.

[97] Vgl. Buchholz (2019), S. 30; Franz (2017), S. 74; Wall (2008), S. 471. Für eine Übersicht über Instrumente des Controllings sowie die Häufigkeit der Erwähnung dieser Instrumente vgl. Knauer et al. (2012), S. 69.

- Instrumente zur Entscheidungsunterstützung oder Verhaltenssteuerung,
- Operative oder strategische Controlling-Instrumente,
- Quantitative oder qualitative Controlling-Instrumente,
- Isolierte oder übergreifende Koordinationsinstrumente.[98]

In Bezug auf koordinationsorientierte Sichtweisen des Controllings wird häufig von isolierten und übergreifenden Koordinationsinstrumenten gesprochen.[99] Die Koordinationsinstrumente stehen im Mittelpunkt der Ausführungen zu Controlling-Instrumenten.[100] *Isolierte Koordinationsinstrumente* werden primär zur Bewältigung von Aufgaben innerhalb eines Führungsteilsystems eingesetzt.[101] Dazu gehören beispielsweise Informationsbedarfsanalysen, Simultanplanungsmodelle, Abweichungsanalysen und Berichtssysteme.[102] Häufig sind diese Instrumente der Kostenrechnung und dem Kostenmanagement zuzuordnen. Dazu gehören u. a. Plankostenrechnung, Deckungsbeitragsrechnung, Activtiy-based Costing, Zero-Based-Budgeting oder das Target Costing.[103]

Übergreifende Koordinationsinstrumente erfassen hingegen mehrere Führungsteilsysteme.[104] Zu den bekanntesten zählen Kennzahlen und Kennzahlensysteme (wie die Balanced Scorecard), Budgetierung sowie Verrechnungs- und Lenkpreissysteme.[105] Diese Instrumente finden sich in fast allen gängigen Controlling-Lehrbüchern wieder, wobei ihre Einordnung oft von den zugrunde liegenden Controlling-Konzepten abhängt.[106]

---

[98] Vgl. Buchholz (2019), S. 30–31; Fischer / Möller / Schultze (2015), S. 51; Küpper et al. (2013), S. 46–52. Diese Auflistung stellt nur einen kleinen Ausschnitt der Kategorisierungsmöglichkeiten dar. Eine umfassende Übersicht bietet Baltzer (2022), S. 93–94.

[99] Vgl. Buchholz (2019), S. 30; Küpper et al. (2013), S. 46–52.

[100] Vgl. Franz (2017), S. 75.

[101] Vgl. Buchholz (2019), S. 30; Franz (2017), S. 75; Küpper et al. (2013), S. 46–47; Wall (2008), S. 471.

[102] Vgl. Franz (2017), S. 75; Wall (2008), S. 473.

[103] Vgl. Wall (2008), S. 473.

[104] Vgl. Buchholz (2019), S. 30; Franz (2017), S. 75; Küpper et al. (2013), S. 46–47; Wall (2008), S. 471.

[105] Vgl. Franz (2017), S. 75; Wall (2008), S. 473. Eine ausführliche Abhandlung aller hier genannten Instrumente lassen sich u. a. bei Horváth / Gleich / Seiter (2020), Weber / Schäffer (2020), Ewert / Wagenhofer (2014) oder Ossadnik (2009) finden.

[106] Vgl. Franz (2017), S. 75.

Eine strikte Einteilung der Instrumente ist nicht immer sinnvoll, da viele Instrumente sowohl isoliert als auch übergreifend genutzt werden können.[107] Zum Beispiel können Anreizsysteme isoliert eingesetzt werden,[108] doch nach Wall (2008) entfalten übergreifende Koordinationsinstrumente erst durch ihre Verknüpfung mit Anreizsystemen ihre volle Wirkung.[109] Zudem können verschiedene Instrumente für eine einzige Aufgabe eingesetzt werden, oder ein Instrument kann mehrere Aufgaben erfüllen.[110] Die hier genannten Instrumente sind nicht exklusiv für das Controlling konzipiert und finden auch in anderen Unternehmensbereichen Anwendung.[111] Unternehmen haben zudem die Möglichkeit, spezifische, unternehmensinterne Instrumente zu entwickeln und einzusetzen.[112]

Im weiteren Verlauf der Arbeit liegt der Fokus auf **Verrechnungspreisen** als einem wesentlichen Instrument zur Koordination dezentraler Unternehmensbereiche.[113] Verrechnungspreise können vielfältig eingeordnet werden, etwa als Instrument der Informationsversorgung,[114] als übergreifendes Koordinationssystem,[115] als Instrument zur Verhaltenssteuerung[116] oder im Rahmen der Kosteninformationen zur Unternehmenssteuerung.[117] Wie noch zu zeigen sein wird, dienen Verrechnungspreise vordergründig der Verhaltenssteuerung, liefern aber als Entscheidungsgrundlage auch einen wichtigen Beitrag zur Entscheidungsunterstützung.

---

[107] Vgl. Wall (2008), S. 471–472.

[108] Vgl. Küpper et al. (2013), S. 47. *Küpper et al.* ordnen Anreizsysteme an dieser Stelle den isolierten Personalführungsinstrumenten zu.

[109] Vgl. Wall (2008), S. 472.

[110] Vgl. Horváth (1993), S. 674–675.

[111] Vgl. Baltzer (2022), S. 92; Schäffer / Steiners (2005), S. 117.

[112] Vgl. Karnowsky (2019), S. 115.

[113] Verrechnungspreise zählen nach einer Untersuchung von *Knauer / Nuss / Wömpener (2012)* zu den vier Instrumenten, die in der Controlling-Literatur am häufigsten und umfangreichsten dargestellt werden. Die anderen Instrumente sind Kennzahlensysteme, Abweichungsanalysen und die Budgetierung. Vgl. Knauer / Nuss / Wömper (2012), S. 69.

[114] Vgl. Horváth / Gleich / Seiter (2020), S. 305, 321–326; Weber / Schäffer (2020), S. 81, 215–232.

[115] Vgl. Küpper et al. (2013), S. 515–542.

[116] Vgl. Fischer / Möller / Schultze (2015), S. 51, 453–482.

[117] Vgl. Coenenberg / Fischer / Günther (2016), S. 721–787.

2.2 Verrechnungspreise als Instrument des Controllings

2.2.1 Einführung und Definition von Verrechnungspreisen im Controlling

Verrechnungspreise werden im Controlling als **Instrument zur koordinierten Bereichssteuerung** eingesetzt.[118] Die Grundidee der Verrechnungspreisbildung ist die Fiktion eines Marktes im Unternehmen.[119] Dabei sollen die einzelnen Bereiche wie eigenständige Unternehmen agieren, um die Vorteile dezentraler Entscheidungssysteme optimal zu nutzen. In der betriebswirtschaftlichen Literatur wird der Begriff „Verrechnungspreis" nicht einheitlich definiert, sodass eine Vielzahl unterschiedlicher Definitionen zu finden ist.[120] Häufig wird sich jedoch an der Definition von *Ewert / Wagenhofer (2014)* orientiert.[121] Demnach sind Verrechnungspreise definiert als „Wertansätze für innerbetrieblich erstellte Leistungen (Produkte, Zwischenprodukte, Dienstleistungen), die von anderen rechnerisch abgegrenzten Unternehmensbereichen bezogen werden."[122] In ihrer Definition sprechen *Ewert / Wagenhofer (2014)* in Bezug auf die am Leistungsverkehr beteiligten Parteien allgemein von „rechnerisch abgegrenzten Unternehmensbereichen". Dabei kann zwischen drei unterschiedlichen Ebenen, auf denen die Leistungstransfers stattfinden können, unterschieden werden:

1. Einzelne Kostenstellen,
2. Werke, Unternehmensbereiche oder Geschäftseinheiten,
3. rechtlich selbständige Konzernunternehmen.[123]

---

[118] Küpper et al. (2013) sprechen von Verrechnungs- und Lenkpreissystemen anstelle von Instrumenten. Sie ordnen die Systeme den „übergreifenden Koordinationssystemen" des Controllings zu, welche sie wiederum als „die charakteristischsten Controllinginstrumente" bezeichnen. Vgl. Küpper et al. (2013), S. 425.

[119] Vgl. Fischer / Möller / Schultze (2015), S. 455.

[120] Vgl. Coenenberg / Fischer / Günther (2016), S. 722.

[121] Dieser Definition folgen u. a. Weber / Schäffer (2020), S. 215; Horváth / Gleich / Seiter (2020), S. 322–323; Reichmann / Kißler / Baumöl (2017), S. 780; Fischer / Möller / Schultze (2015), S. 454.

[122] Ewert / Wagenhofer (2014), S. 567.

[123] Vgl. Weber / Schäffer (2020), S. 215; Reichmann / Kißler / Baumöl (2017), S. 780; Coenenberg / Fischer / Günther (2016), S. 722; Fischer / Möller / Schultze (2015), S. 454.

Verrechnungspreise finden allerdings nicht nur zwischen zwei oder mehreren dezentralen Einheiten auf einer Ebene Anwendung, sondern können unterschiedliche Ebenen betreffen, beispielsweise indem sie zwischen der Zentrale und einer oder mehreren dezentralen Einheiten anfallen.[124] Die zuvor genannte Definition von *Ewert / Wagenhofer (2014)* ist sehr weit gefasst. Um je nach Untersuchungsgegenstand eine präzisere Formulierung zu ermöglichen, haben sich in der betriebswirtschaftlichen Literatur weitere Begriffe etabliert, die Verrechnungspreise oder Sonderformen davon beschreiben und häufig synonym verwendet werden.[125] Dazu zählen Begriffe wie Lenkpreise, Transferpreise oder Konzernverrechnungspreise.

Lenkpreise werden von *Horváth / Gleich / Seiter (2020)* als denjenigen Preise definiert, welche die Koordination bzw. Lenkung der Bereiche durch das Management beschreiben. Dies stellt laut den Autoren die Hauptfunktion von Verrechnungspreisen dar.[126]

Der Begriff **Transferpreis** wird insbesondere dann verwendet, wenn eine deutliche Abgrenzung zum Begriff Verrechnungspreis erfolgen soll. In der Literatur werden zwei unterschiedliche Ansätze zur Verwendung der beiden Begriffe beschrieben. Der erste Ansatz zur begrifflichen Abgrenzung von Transferpreisen und Verrechnungspreisen besagt, dass Transferpreise als „interne Preise von Gütertransfers in den Wertschöpfungsstufen des Unternehmens"[127] definiert werden, während Verrechnungspreise als „Preise interner Dienstleistungsbereiche"[128] bezeichnet werden. Demnach wird bei dieser begrifflichen Trennung zwischen der Art der Leistung differenziert.[129] Der zweite Ansatz zielt auf die steuerliche Relevanz von Verrechnungspreisen ab.[130] So wird häufig allgemein von „unternehmensinternen Transferpreisen"[131] gesprochen, während „Verrechnungspreise zwischen selbständigen Gesellschaften"[132] anfallen. Im Rahmen dieser Unterscheidung versteht man unter Verrechnungspreisen länderübergreifende Verkaufspreise zwischen rechtlich selbständigen Konzerngesellschaften

---

[124] Vgl. Fischer / Möller / Schultze (2015), S. 454.

[125] Vgl. Horváth / Gleich / Seiter (2020), S. 323; Rasch / Ilgner / Koch (2016), S. 347.

[126] Vgl. Horváth / Gleich / Seiter (2020), S. 323. Die teils divergierenden Darstellungen der Funktionen von Verrechnungspreisen werden in Abschnitt 2.2.4.1 diskutiert.

[127] Ewert / Wagenhofer (2014), S. 567.

[128] Ewert / Wagenhofer (2014), S. 567.

[129] Dieser begrifflichen Unterscheidung folgen auch Horváth / Gleich / Seiter (2020), S. 323.

[130] Vgl. Pfaff / Stefani (2006), S. 518.

[131] Ewert / Wagenhofer (2014), S. 567.

[132] Ewert / Wagenhofer (2014), S. 567.

zur unternehmensinternen Erfassung des Leistungsaustausches.[133] Durch die
länderübergreifende Wirksamkeit besitzen Verrechnungspreise eine steuerliche
Relevanz,[134] die im nachfolgenden Abschnitt 2.2.2 näher erörtert wird. Unter
Transferpreisen versteht man nach dieser Auffassung hingegen verrechnete Preise
zwischen nicht rechtlich selbständigen Profit Centern[135] eines Konzernunter-
nehmens. Bei einem Leistungsaustausch zwischen nicht rechtlich selbständigen
Bereichen eines Unternehmens wird kein Einfluss auf das Gesamtergebnis
einer Gesellschaft genommen. Dadurch wird die Steuerlast der betroffenen
Gesellschaft nicht verändert. Transferpreise haben demnach keine steuerlichen
Implikationen.[136]

Der Begriff „**Konzernverrechnungspreis**" bezeichnet Verrechnungspreise,
welche zwischen zwei rechtlich selbständigen Unternehmen innerhalb eines Kon-
zerns angesetzt werden.[137] Der Begriff grenzt den Leistungsaustausch von nicht
rechtlich selbständigen Profit Centern oder Kostenstellen aus. Konzernverrechnungspreise müssen nicht grenzüberschreitender Natur sein. Sie können allerdings
auch für einen Ländergrenzen überschreitenden Leistungsaustausch angesetzt
werden und weisen dann ebenfalls eine besondere zivil- und steuerrechtliche
Relevanz auf,[138] da sie für die Bestimmung der Steuerpflicht und die Berechnung
der Steuerhöhe in den betroffenen Ländern relevant werden.[139]

In der englischsprachigen Literatur findet sich in der Regel die übereinstimmende Verwendung des Begriffs „**Transfer Pricing**".[140]

---

[133] Vgl. Coenenberg / Fischer / Günther (2016), S. 723. Nach dieser Definition werden
Verrechnungspreise zu Konzernverrechnungspreisen, wenngleich nicht alle Konzernverrech-
nungspreise aufgrund der dafür nicht notwendigen Grenzüberschreitung der hier angeführten
Definition des Verrechnungspreises gerecht werden.

[134] Vgl. Coenenberg / Fischer / Günther (2016), S. 723.

[135] Profit Center und weitere Formen des Center-Konzepts werden im Abschnitt 2.2.3 thematisiert.

[136] Vgl. Coenenberg / Fischer / Günther (2016), S. 723; Fischer / Möller / Schultze (2015),
S. 455. Die besondere Relevanz der steuerrechtlichen Betrachtungsweise von Verrechnungspreisen wird im anschließenden Abschnitt 2.2.2 ausführlich erörtert.

[137] Vgl. Coenenberg / Fischer / Günther (2016), S. 722; Ossadnik (2009), S. 245; Gschwend
(1987), S. 67.

[138] Vgl. Coenenberg / Fischer / Günther (2016), S. 722.

[139] Vgl. Clemens (2008), S. 293.

[140] Vgl. Friedl / Hofmann / Pedell (2017), S. 550.

2.2.2 Steuerliche Relevanz und Betrachtungsweise von Verrechnungspreisen

Aus steuerlicher Perspektive erlangen Verrechnungspreise insbesondere bei grenzüberschreitenden Transaktionen zwischen verbundenen Unternehmen eine besondere Relevanz.[141] Dabei können durch die Festlegung der Verrechnungspreise Gewinne zwischen Ländern verlagert werden, was zu unterschiedlichen Steuerbelastungen führt. Dies ist insbesondere bei rechtlich selbständigen, aber wirtschaftlich abhängigen Unternehmen eines Konzernverbundes der Fall.[142] Problematisch sind mögliche Doppelbesteuerungen oder Gewinnverlagerungen in Niedrigsteuerländer,[143] was die Finanzverwaltungen dazu veranlasst, die Angemessenheit der Verrechnungspreise genau zu prüfen.[144]

Um derartigen Problemen vorzubeugen, existieren internationale Doppelbesteuerungsabkommen, welche Regeln zur Festlegung und Anpassung von Verrechnungspreisen definieren.[145] In Kooperation mit den Finanzministern der „Gruppe der Zwanzig" (G20),[146] einer Zusammenkunft der wichtigsten Industrie- und Schwellenländer, hat die Organisation for Economic Co-operation and Development (OECD) die Base Erosion and Profit Shifting (BEPS)-Initiative ins Leben gerufen, welche Maßnahmen gegen aggressive Steuerplanung

---

[141] Vgl. Hanken (2020), S. 101; Rasch / Ilgner / Koch (2016), S. 346. In anderen Ländern tritt die besondere steuerrechtliche Relevanz bereits dann auf, wenn der Leistungsaustausch zwischen zwei rechtlich selbständigen Unternehmen eines Konzernverbundes innerhalb desselben Landes stattfindet. Vgl. dazu Binder (2022), S. 75.

[142] Vgl. Coenenberg / Fischer / Günther (2016), S. 723.

[143] Vgl. Coenenberg / Fischer / Günther (2016), S. 723.

[144] Vgl. Dawid (2022), S. 3–4.

[145] Vgl. Dawid (2022), S. 3–4.

[146] Der *Gruppe der Zwanzig* (G20) gehören die 19 wichtigsten Industrie- und Schwellenländer sowie die Europäische Union an. Vgl. O. V. (2022).

beinhaltet. Diese werden seit 2016 schrittweise umgesetzt.[147] Die OECD-Verrechnungspreisleitlinien basieren auf dem als „Dealing at Arm's Length"-Prinzip bekannten Fremdvergleichsgrundsatz.[148] Die Leitlinien enthalten anerkannte Methoden zur Preisbestimmung.[149] Trotz solcher Regelungen bestehen für Unternehmen häufig noch Wahlrechte, was Spielraum bei der Preisgestaltung lässt.[150] Die Nichtbeachtung der steuerlichen Vorschriften bezüglich der Verrechnungspreise kann schwerwiegende Konsequenzen wie Steuernachzahlungen, Strafen und Reputationsschäden nach sich ziehen.[151]

In der Literatur wird zwischen steuerrechtlichen und betriebswirtschaftlichen Verrechnungspreisen unterschieden. Letztere werden auch als „Verrechnungspreise aus Sicht des Controllings" bezeichnet. Diese dienen primär Controlling-Zwecken, wobei steuerliche Konsequenzen häufig unberücksichtigt bleiben. Die korrekte steuerliche Behandlung stellt für das Controlling eine übergeordnete Herausforderung dar, sodass eine strikte Trennung beider Perspektiven in der Praxis

---

[147] Vgl. Dawid (2022), S. 2; Hanken (2017), S. 54. Die Maßnahmen scheinen den gewünschten Erfolg zu bringen. In einer gemeinsam von *Flick Gocke Schaumburg* und *Horváth* im Jahr 2022 durchgeführten und 2023 veröffentlichten Studie gaben 22 % der befragten Unternehmen an, dass sie durch die Gestaltung des Verrechnungspreissystems eine steuerliche Optimierung anstreben. Im Jahr 2018 betrug der Anteil hingegen noch 28 %. Die Autoren führen den Trend unter anderem auf die BEPS-Steuerinitiative gegen Gewinnverlagerung und -kürzung zurück. Vgl. Flick Gocke Schaumburg / Horváth (2023), S. 6. An der Transferpreisstudie 2023 von *Flick Gocke Schaumburg* und *Horváth* nahmen 113 Teilnehmer teil. Die Teilnehmer der Studie waren CFOs sowie Führungskräfte aus den Bereichen Finanzen, Controlling und Steuern unterschiedlicher Branchen und Unternehmensgrößen. Für weiterführende Informationen bezüglich der Teilnehmer der Studie sowie des Studiendesigns sei auf Flick Gocke Schaumburg / Horváth (2023), S. 20, verwiesen.

[148] Vgl. OECD (2022), S. 31.

[149] Die Ermittlungsmethoden lassen sich in *transaktionsbezogene* und *gewinnbezogene* Ermittlungsmethoden unterteilen. Zu den transaktionsbezogenen Ermittlungsmethoden von Verrechnungspreisen zählen die *Preisvergleichsmethode*, die *Wiederverkaufsmethode* und die *Kostenaufschlagsmethode*. Zu den gewinnbezogenen Ermittlungsmethoden zählen die *Nettomargenmethode* sowie die *Gewinnaufteilungsmethode*. Für eine Übersicht der Methoden s. OECD (2022), S. 93. Auf den S. 97–148 werden diese ausführlich beschrieben, konkretisiert sowie mit praktischen Hinweisen zur Umsetzung versehen. Die steuerrechtlich zulässigen Methoden der Verrechnungspreisbestimmung werden auch in mehreren Controlling-Werken aufgegriffen (s. bspw. Weber / Schäffer (2020), S. 223–224; Coenenberg / Fischer / Günther (2016), S. 771–773; Fischer / Möller / Schultze (2015), S. 477–479; Ewert / Wagenhofer (2014), S. 572). In Binder (2022), werden die Methoden zusätzlich mit Beispielrechnungen anschaulich gegenübergestellt (S. 77–83).

[150] Vgl. Stahl / Beermann / Lachera (2019), S. 45.

[151] Vgl. Dawid (2022), S. 2; Hanken (2020), S. 102.

schwerfällt.[152] Die vorliegende Arbeit orientiert sich jedoch an den in der Literatur definierten Controlling-Funktionen und fokussiert sich auf Verrechnungspreise aus Controlling-Sicht sowie deren typischen Ermittlungsmethoden. Steuerliche Aspekte werden, soweit nicht anders angegeben, ausgeklammert. In Bezug auf die Verwendung des Begriffs „Verrechnungspreis" im Rahmen dieser Arbeit kann, da steuerrechtliche Fragestellungen ausgeschlossen werden, festgehalten werden, dass eine Unterscheidung in Transfer- und (Konzern-)Verrechnungspreise entbehrlich ist. Daher wird der Begriff „Verrechnungspreis" im Folgenden synonym für die Bewertung des unternehmensinternen Leistungsaustausches auf allen Ebenen verwendet. Sofern eine explizite Unterscheidung in Verrechnungs- und Transferpreis im Sinne der in Abschnitt 2.2.1 dargelegten Definitionen erforderlich ist, wird darauf entsprechend verwiesen.

2.2.3 Organisatorische Rahmenbedingungen bei der Verwendung von Verrechnungspreisen

Aus der vorangegangenen Diskussion um die Verwendung des Verrechnungspreis-Begriffs geht bereits hervor, dass Verrechnungspreise stets im Zusammenhang mit der Organisationsstruktur betrachtet werden müssen. Für ein einheitliches Verständnis von Verrechnungspreisen ist es neben der bereits erfolgten begrifflichen Einordnung erforderlich, auf gewisse Rahmenbedingungen bei der Behandlung von Verrechnungspreisen einzugehen. Die Zusammenhänge von Verrechnungspreisen mit der Organisationsstruktur sowie die damit einhergehend zu beachtenden Rahmenbedingungen werden in diesem Abschnitt erörtert.

Bei zunehmender Größe von Organisationen liegt eine verstärkte Arbeitsteilung nahe, welche sich in dezentralen Unternehmensstrukturen äußern kann. Allerdings lassen sich in großen Organisationen einzelne Teilaufgaben und -bereiche kaum vollständig voneinander unabhängig bilden. Häufig liegen zwischen unterschiedlichen Teilaufgaben Verflechtungen und Interdependenzen vor. Dadurch besteht der Bedarf nach einer koordinierten Steuerung dezentraler Einheiten im Hinblick auf die übergeordnete Zielsetzung eines Unternehmens.[153] An dieser Stelle setzen Verrechnungspreise als Instrument zur koordinierten

---

[152] Vgl. Weber / Schäffer (2020), S. 215.
[153] Vgl. Weber / Schäffer (2020), S. 217.

Bereichssteuerung an.[154] Die Idee hinter der Verwendung von Verrechnungspreisen ist die Übertragung eines Marktes auf die einzelne Unternehmung.[155] Dabei sollen die dezentralen Bereiche wie selbständige Unternehmen agieren, die ihre Entscheidungen am eigenen Bereichsgewinn ausrichten.[156] Der Verrechnungspreis wird dabei als Instrument eingesetzt, um die dezentralen Entscheidungen so auszurichten, dass diese zur Maximierung des Gesamterfolgs der Unternehmung führen.[157]

Die Verwendung von Verrechnungspreisen setzt das Vorhandensein einer *dezentralen Organisationsstruktur* voraus. Dafür muss das Unternehmen funktional oder divisional in eigenständige Bereiche gegliedert werden.[158] In einer funktional gegliederten Organisation sind die Geschäftseinheiten anhand ihrer Tätigkeiten bzw. Funktionen im Unternehmen gegliedert.[159] Die divisionale Einteilung der Unternehmensbereiche wird als Geschäftsbereichsorganisation, Spartenorganisation oder Profit Center-Organisation bezeichnet.[160] Zur Umsetzung der Geschäftsbereichsorganisation gelten ein gewisser Geschäftsumfang, ein bestimmter Grad der Diversifikation sowie eine relative Unabhängigkeit der Bereiche als Voraussetzung.[161] Die eigenständigen Bereiche können je nach Art ihrer Verantwortlichkeit in Cost Center, Expense Center, Revenue Center, Profit Center oder Investment Center unterschieden werden.[162]

---

[154] Vgl. Weber / Schäffer (2020), S. 217; Küpper et al. (2013), S. 515.

[155] Vgl. Küpper et al. (2013), S. 515–516.

[156] Vgl. Langfield-Smith et al. (2018), S. 586–587; Küpper et al. (2013), S. 516.

[157] Vgl. Küpper et al. (2013), S. 516.

[158] Vgl. Ewert / Wagenhofer (2014), S. 567; Küpper et al. (2013), S. 515.

[159] Vgl. Thommen et al. (2020), S. 515–516.

[160] Vgl. Frese (1990), S. 139–140. Während früher eine funktionale Gliederung der Organisation üblich war, findet man heute zunehmend divisional gegliederte Strukturen vor. Gründe hierfür sind unter anderem eine zunehmende Internationalisierung und Diversifizierung. Vgl. dazu auch Schöning / Mendel (2021), S. 9.

[161] Vgl. Coenenberg / Fischer / Günther (2016), S. 729.

[162] Vgl. Coenenberg / Fischer / Günther (2016), S. 729. Innerhalb von als *Cost Center* geführten Bereichen beschränkt sich das Kontrollsystem des Unternehmens auf die Überwachung der durch den jeweiligen Bereich verursachten Kosten. Cost Center sind folglich darauf ausgerichtet, die Kosten zu minimieren. Ähnlich verhält es sich mit sogenannten *Expense Centern*, deren Fokus auf den Ausgaben liegt. Im Gegensatz zu Kosten lassen sich Ausgaben einfacher ermitteln, weshalb sich Expense Center auf die Reduzierung ebenjener konzentrieren. Typischerweise werden *Revenue Centern* Kosten in voller Höhe zugerechnet, obwohl diese nicht durch sie verursacht werden. Daher erhalten diese Bereiche lediglich eine Verantwortlichkeit für die Erlösseite. Im Falle von *Profit Centern* erfolgt eine Beurteilung der erbrachten Leistung sowohl auf Basis der angefallenen Kosten als auch der generierten

Eine nach Dezentralisierungspunkten ausgerichtete Organisationsform erfordert die Koordination der einzelnen Teilbereiche, damit das Ziel der dezentralen Lenkung sinnvoll erfüllt werden kann. Dafür sind organisatorische Rahmenbedingungen festzuhalten, die gewisse Normen und Regeln beinhalten, die von den dezentralen Einheiten zu berücksichtigen sind.[163] Dies gilt auch konkret für die Verwendung von Verrechnungspreisen. In Sinne der Bereichsautonomie sollten die Bereiche beispielsweise eigenständig darüber entscheiden können, ob sie an einem internen oder externen Leistungsaustausch zu gewissen Preisen partizipieren oder eben nicht. Die Bereiche sollten auch über die Befugnis verfügen, die Preise selbst festzulegen oder von anderen Bereichen zu akzeptieren. Zwar kann die Zentrale die Verrechnungspreise auch ihrerseits diktieren und somit in die Bereichsautonomie eingreifen. Dies gilt jedoch als kontraproduktiv in Bezug auf die Philosophie der Dezentralisierung einer Organisation.[164]

In der Praxis ist häufig zu beobachten, dass die Zentrale zumindest Richtlinien für die Festlegung und Verwendung von Verrechnungspreisen innerhalb ihrer Organisation bestimmt, denen die Bereiche zu folgen haben.[165] In diesen Richtlinien kann unter anderem festgehalten werden, ob die Bereiche ganz oder teilweise Geschäfte am externen Markt vollziehen dürfen, inwieweit dezentrale Dienstleistungen bezogen werden müssen, welche Investitionsentscheidungen durch die Bereiche getroffen werden dürfen oder welche Informationspflichten es für die Bereiche gegenüber den anderen Bereichen gibt.[166] Während eine zu starke Einflussnahme durch die Zentrale die Autonomie der Bereichsmanager einschränken könnte, trägt ein gewisses Maß an Vorgaben zur Erreichung der Gesamtunternehmensziele bei. Die Balance zwischen Steuerung und Autonomie bleibt dabei eine wesentliche Herausforderung im dezentralen Management.[167]

Erlöse. Der exakte Verantwortungsbereich eines Profit Centers ist zudem abhängig von der präzisen Definition des Gewinnbegriffs, an dem sich orientiert wird. Die Verantwortung für die Rendite ist ein wesentliches Charakteristikum von *Investment Centern*. In diesen Bereichen obliegt die Entscheidungskompetenz bezüglich Investitionen und Desinvestitionen dem jeweiligen Bereichsleiter. Vgl. dazu Coenenberg / Fischer / Günther (2016), S. 731–732.

[163] Vgl. Coenenberg / Fischer / Günther (2016), S. 732; Ewert / Wagenhofer (2014), S. 575.

[164] Vgl. Langfield-Smith et al. (2018), S. 586–587; Coenenberg / Fischer / Günther (2016), S. 733.

[165] Vgl. Langfield-Smith et al. (2018), S. 586–587.

[166] Vgl. Ewert / Wagenhofer (2014), S. 575.

[167] Vgl. Langfield-Smith et al. (2018), S. 586–587.

Für den weiteren Verlauf der Arbeit ist es wichtig, das zugrunde liegende Verständnis von Verrechnungspreisen und den damit einhergehenden Rahmenbedingungen festzuhalten. Daher wird fortan zunächst von einem sequenziellen Leistungstransfer in einem vertikal integrierten Unternehmen ausgegangen. Konkret wird vereinfacht davon ausgegangen, dass im Unternehmen zwei dezentrale Bereiche existieren. Der eine Bereich wird als liefernder bzw. leistungserstellender Bereich bezeichnet und erstellt ein Zwischenprodukt, welches vom anderen, dem abnehmenden bzw. leistungsempfangenden Bereich bezogen und zu einem absatzfähigen Endprodukt weiterverarbeitet wird. Beide Bereiche verfolgen das Ziel der Maximierung des eigenen Bereichsgewinns und sind autonom in ihren Entscheidungen. Zudem gibt es eine Zentrale bzw. die Unternehmensleitung, die das Ziel der Gewinnmaximierung des Gesamtunternehmens verfolgt. Beide Bereiche können gegebenenfalls (je nach Philosophie des Unternehmens oder den Marktgegebenheiten) Produkte vom externen Markt beziehen oder dort absetzen. Die grundlegenden, zuvor beschriebenen Zusammenhänge werden in der nachfolgenden Abbildung 2.1 verdeutlicht. Der Bereich B1 stellt dabei den leistungserstellenden Bereich und B2 den leistungsempfangenden Bereich dar. Ob die Zentrale den Verrechnungspreis bzw. die zu verwendende Methode der Ermittlung vorgibt oder die dezentralen Einheiten dies selbst entscheiden bzw. aushandeln können, muss individuell geklärt werden. Im weiteren Verlauf der Arbeit wird daher unter anderem im Zuge der Darstellung der unterschiedlichen Arten der Verrechnungspreisbildung auf die Rolle und den Einfluss der Zentrale eingegangen. Da mit jeder Art der Verrechnungspreisbildung eine andere Zielsetzung verfolgt werden kann, werden im nächsten Abschnitt zunächst Funktionen von Verrechnungspreisen und die jeweils mit ihnen verbundene Zielsetzungen diskutiert.

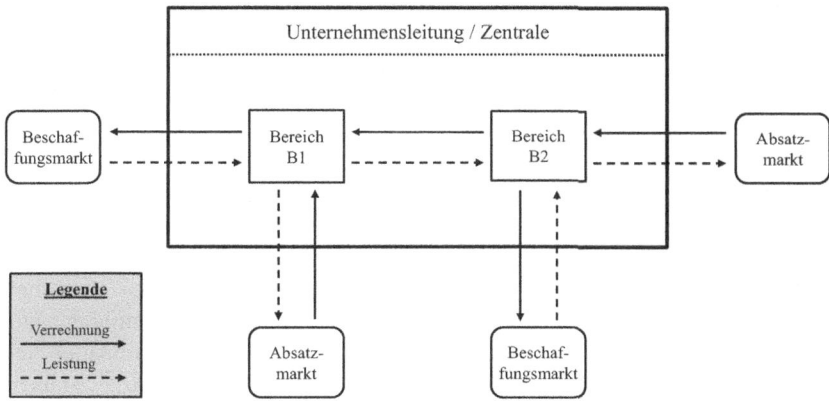

Abbildung 2.1 Leistungsbeziehungen dezentraler Unternehmenseinheiten[168]

2.2.4 Funktionen von Verrechnungspreisen

2.2.4.1 Überblick über die Funktionen von Verrechnungspreisen

Gschwend (1987) beschreibt Verrechnungspreise als „Instrumentenvariable im Dienste verschiedenster Zielsetzungen"[169]. Die Gestaltung von Verrechnungspreisen ermöglicht die Verfolgung unterschiedlicher, zum Teil konfliktärer Zwecke, welche sich durch ihre Funktionen zusammenfassen lassen.[170] Die Funktionen lassen sich in die sogenannten **internen** und **externen** Funktionen unterscheiden.[171] Die **externen Funktionen** resultieren aus einer Betroffenheit der Interessen von Unternehmensexternen, beispielsweise von Kapitalgebern, dem

---

[168] Eigene Darstellung in Anlehnung an Martini (2007), S. 9.
[169] Gschwend (1987), S. 69.
[170] Vgl. Ewert / Wagenhofer (2014), S. 568; Ossadnik (2009), S. 245.
[171] Vgl. Weber / Schäffer (2020), S. 216.

Fiskus oder der Öffentlichkeit. Zu den externen Funktionen zählen beispielsweise die externe Erfolgsermittlung,[172] die Optimierung der Steuerlast[173] sowie die Preisrechtfertigung.[174] In der vorliegenden Arbeit wird der Fokus auf die interne Betrachtungsweise von Verrechnungspreisen gelegt, weshalb die externen Funktionen nicht weiter betrachtet werden.

In der einschlägigen betriebswirtschaftlichen Literatur findet sich keine einheitliche Darstellung der **internen Funktionen**. Einigkeit herrscht weitreichend in Bezug auf die Funktionen *Erfolgsermittlung* sowie *Koordination* und Lenkung. Gelegentlich wird anstelle der Erfolgsermittlung auch von Erfolgszuweisung gesprochen.[175] Beide Funktionen werden in der Literatur jedoch weitestgehend synonym behandelt, wenngleich sich der Begriff Erfolgsermittlung unter führenden Controlling-Autoren durchgesetzt hat.[176] Zwischen Koordination und Lenkung wird inhaltlich in der Regel nicht weiter unterschieden.[177] Manche Autoren sprechen lediglich von einer Koordinationsfunktion, andere von der

---

[172] Die externe Erfolgsermittlungsfunktion schließt die *Ergebnisbestimmung* und damit eine Gewinnabgrenzung rechtlich selbständiger Tochtergesellschaften mit ein, um Veröffentlichungspflichten nach unterschiedlichen Rechnungslegungsstandards gerecht zu werden. Vgl. Weber / Schäffer (2020), S. 217; Fischer / Möller / Schultze (2015), S. 457–458. Die in den Einzelabschlüssen ausgewiesenen Gewinne werden u. a. durch Verrechnungspreise bestimmt. Vgl. Horváth / Gleich / Seiter (2020), S. 323; Küpper et al. (2013), S. 516. Sie umfasst weiterhin die *Bewertung* und *Bilanzierung* von fertigen und halbfertigen Erzeugnissen, da sich deren Wertansatz aus der Höhe von Verrechnungspreisen ergibt. Vgl. Weber / Schäffer (2020), S. 217; Ewert / Wagenhofer (2014), S. 568. Darüber hinaus bilden Verrechnungspreise die *Grundlage zur Ermittlung von Zöllen* bei grenzüberschreitenden Transaktionen. Vgl. Reichmann / Kißler / Baumöl (2017), S. 781.

[173] Die Optimierung der Steuerlast im Zuge der Ertragsbesteuerung ist für international agierende Konzerne von besonderer Bedeutung. Vgl. Weber / Schäffer (2020), S. 217; Ewert / Wagenhofer (2014), S. 568. Durch die Wahl des Verrechnungspreises können Gewinne in Länder mit niedrigeren Steuersätzen verlagert werden. Allerdings sind dabei stets international gültige Empfehlungen und Vorschriften zur Festlegung der Höhe von Verrechnungspreisen zu beachten. Vgl. Weber / Schäffer (2020), S. 217–218; Reichmann / Kißler / Baumöl (2017), S. 781. Letztere sprechen zwar von „Erfolgsverlagerungsfunktion", beschreiben jedoch denselben Inhalt.

[174] In regulierten Märkten können Verrechnungspreise zudem zur Preisrechtfertigung für am Markt geforderte Preise einer Leistung verwendet werden. Vgl. Weber / Schäffer (2020), S. 218; Horváth / Gleich / Seiter (2020), S. 323; Ewert / Wagenhofer (2014), S. 568. Zur Preisfestlegung und Preisrechtfertigung s. auch Küpper et al. (2013), S. 516.

[175] Vgl. Coenenberg / Fischer / Günther (2016), S. 724–725; Ossadnik (2009), S. 246.

[176] Vgl. Weber / Schäffer (2020), S. 217; Horváth / Gleich / Seiter (2020), S. 323; Reichmann / Kißler / Baumöl (2017), S. 782; Fischer / Möller / Schultze (2015), S. 456; Ewert / Wagenhofer (2014), S. 568–570; Küpper et al. (2013), S. 516.

[177] Vgl. Martini (2007), S. 10.

Lenkungsfunktion und wiederum andere von der Koordinations- und Lenkungsfunktion. Trotz dieser terminologischen Unterschiede ist eine weitreichende inhaltliche Übereinstimmung bei der Beschreibung der Funktionen festzustellen.[178] In einigen Quellen werden die *Motivations- und Anreizfunktion* explizit als eigenständige Funktionen beschrieben. Motivations- und Anreizeffekt können sich (wie noch zu zeigen ist) allerdings auch im Rahmen der Erfolgsermittlungs- und der Koordinationsfunktion ergeben. Daher werden sie hier nicht als eigenständige Funktion betrachtet, sondern im Kontext der anderen beiden Funktionen eingeordnet.[179]

Weitere Funktionen ergeben sich aus der Konzeption von Verrechnungspreisen, stehen jedoch nicht im Vordergrund der Diskussion um die konkrete Ausgestaltung des Verrechnungspreissystems und sind in der Regel bereits in den zuvor genannten Funktionen enthalten. Dazu gehören die *Bewertung* bzw. *Preiskalkulation von Gütern und Dienstleistungen*[180] sowie die *Vereinfachung durch Verwendung normalisierter Größen*.[181]

Die nachfolgenden Abschnitte behandeln ausführlich die *Erfolgsermittlungs-* sowie die *Koordinationsfunktion* von Verrechnungspreisen. Dabei wird auch ein Zusammenhang zwischen den Verrechnungspreis-Funktionen und den Hauptfunktionen des Controllings hergestellt. Weiterhin werden potenzielle *Zielkonflikte* zwischen den beiden Verrechnungspreis-Funktionen erörtert.

2.2.4.2 Erfolgsermittlungsfunktion

Die Erfolgsermittlungsfunktion von Verrechnungspreisen ergibt sich aus den Leistungsverflechtungen zwischen zwei oder mehreren Bereichen eines Unternehmens. So soll mithilfe von Verrechnungspreisen der jeweilige Erfolgsbeitrag

---

[178] Vgl. Weber / Schäffer (2020), S. 217; Horváth / Gleich / Seiter (2020), S. 323; Reichmann / Kißler / Baumöl (2017), S. 782; Coenenberg / Fischer / Günther (2016), S. 724; Fischer / Möller / Schultze (2015), S. 456–457; Ewert / Wagenhofer (2014), S. 568, 570–571; Küpper et al. (2013), S. 516; Ossadnik (2009), S. 246.

[179] Für Beiträge, die explizit die Motivations- und/oder Anreizfunktion anführen, s. u. a. Weber / Schäffer (2020), S. 217; Reichmann / Kißler / Baumöl (2017), S. 782. Küpper et al. (2013) ordnen diese Funktion hingegen direkt der Koordinationsfunktion zu (S. 516).

[180] Vgl. Reichmann / Kißler /Baumöl (2017), S. 782–783; Ewert / Wagenhofer (2014), S. 568; Martini (2007), S. 10. Coenenberg / Fischer / Günther (2016) führen diese Funktion unter dem Begriff „Planungsfunktion" von Verrechnungspreisen (S. 723). Ossadnik (2009) benennt diese Funktion „Planungs- und Entscheidungsunterstützungsfunktion", wenngleich dieser in seiner Definition lediglich von der Bewertung spricht (S. 246).

[181] Vgl. Horváth / Gleich / Seiter (2020), S. 323; Ewert / Wagenhofer (2014), S. 568;

der beteiligten Bereiche am Gesamtgewinn des Unternehmens ermittelt werden.[182] Dabei kann der Verrechnungspreis als interner Preis für Güter und Dienstleistungen[183] gesehen werden, den ein abnehmender Bereich an einen liefernden Bereich zur Entlohnung der entsprechenden Leistung bezahlt.[184] Entsprechend lassen sich mit Verrechnungspreisen die Erlöse und Kosten der einzelnen Bereiche separat bestimmen.[185] Für den leistungserstellenden Bereich stellt der Verrechnungspreis somit den (internen) Erlös und für den leistungsempfangenden Bereich folglich die (internen) Kosten des Leistungstransfers dar.[186] Die jeweiligen Bereichserfolge sind folglich von den Verrechnungspreisen abhängig.[187]

Verrechnungspreise sollen im Rahmen ihrer Erfolgsermittlungsfunktion die Leistungen einzelner Bereiche in ihrem Bereichsgewinn widerspiegeln.[188] Der ermittelte Bereichserfolg kann folglich zur Leistungsbeurteilung des Bereichsmanagements herangezogen und der Erfolgsbeitrag der betroffenen Bereiche sichtbar gemacht werden.[189] Die Bereichserfolge stellen demnach eine Basis zur Kontrolle dar.[190] Durch die Einbeziehung von Verrechnungspreisen im Rahmen

---

[182] Vgl. Fischer / Möller / Schultze (2015), S. 456; Ewert / Wagenhofer (2014), S. 569; Küpper et al. (2013), S. 516.

[183] Sofern nicht explizit anders angegeben, werden in dieser Arbeit die Begriffe „Produkte" und „Leistungen" als Synonyme verwendet. Dabei ist unerheblich, ob es sich um physische (Zwischen-)Produkte oder nicht-physische Produkte wie Dienstleistungen handelt. Sofern eine Differenzierung für das Verständnis oder den Aussagegehalt von Bedeutung ist, wird dies explizit kenntlich gemacht und die spezifische Art des Produktes bzw. der Leistung benannt.

[184] Vgl. Fischer / Möller / Schultze (2015), S. 456.

[185] Vgl. Weber / Schäffer (2020), S. 217.

[186] Vgl. Fischer / Möller / Schultze (2015), S. 456; Ewert / Wagenhofer (2014), S. 569.

[187] Vgl. Langfield-Smith et al. (2018), S. 586; Küpper et al. (2013), S. 516. Die Erfolgsermittlungsfunktion verfolgt in einigen Fällen das Ziel, den Gesamtgewinn auf mehrere Bereiche aufzuteilen bzw. den Erfolgsbeitrag eines einzelnen Bereichs zum Gesamtgewinn zu ermitteln. In diesem Kontext wird von einigen Autoren anstelle der Erfolgsermittlungsfunktion auch der Begriff der Erfolgszuweisungsfunktion verwendet. Vgl. Martini (2007), S. 10. Von der Erfolgszuweisungsfunktion sprechen u. a. Coenenberg / Fischer / Günther (2016), S. 724–725; Ossadnik (2009), S. 246. Konkret definiert bspw. Ossadnik (2009) die Erfolgszuweisungsfunktion als „Zurechnung des Gesamterfolgs zu den (quasi) autonom agierenden dezentralen Einheiten mit dem Ziel der Gewinnabgrenzung." Ossadnik (2009), S. 246.

[188] Vgl. Reichmann / Kißler / Baumöl (2017), S. 782.

[189] Vgl. Reichmann / Kißler / Baumöl (2017), S. 782; Ewert / Wagenhofer (2014), S. 569.

[190] Vgl. Velthuis et al. (2017), S. 41–42.

der Erfolgsermittlung zur Leistungsbeurteilung können darüber hinaus Verantwortlichkeiten klar dargestellt sowie Kostentransparenz und Kostenbewusstsein gefördert werden.[191]

Durch die Zuordnung des Teilerfolgs auf die Bereiche kann deren Selbständigkeit gefördert werden. Dies kann wiederum zu einer höheren Motivation aufgrund der resultierenden größeren Einflussmöglichkeiten führen.[192] Der Bereichserfolg kann zudem als Bemessungsgrundlage für ein finanzielles Anreizsystem fungieren.[193] Dann können Verrechnungspreise auch eine Motivations- und Anreizfunktion ausüben.[194]

Der auf Basis des Verrechnungspreises ermittelte Bereichserfolg sollte so aussagekräftig sein, dass er als Entscheidungsgrundlage des Bereichsmanagements als auch der Unternehmensleitung geeignet ist.[195] Für *Bereiche* soll es auch bei fehlenden Marktbeziehungen möglich sein, sinnvolle Entscheidungen auf der Beschaffungs- und Absatzseite zu treffen. Das Fehlen von Marktpreisen führt dabei in der Regel zu unbefriedigenden Ersatzlösungen.[196] Die *Unternehmensleitung* trifft auf Basis der Bereichserfolge Entscheidungen über strategische Maßnahmen oder die Verteilung von (knappen) Ressourcen.[197] Dazu zählen auch Entscheidungen im Rahmen von Investitions- und Desinvestitionsfragen. Dabei wird die Zentrale zur Entscheidungsfindung die Beiträge heranziehen, die die einzelnen Bereiche zum Gesamtergebnis geleistet haben, wozu auch die mit Verrechnungspreisen bewerteten, innerkonzernlichen Leistungen zählen.[198]

Damit Verrechnungspreise als Entscheidungsgrundlage dienen, müssen alle durch die Teilbereiche verursachten Ergebnisbestandteile korrekt zugeordnet werden.[199] Allerdings gestaltet sich die klare Abgrenzung der Erfolgskomponenten, die den einzelnen Bereichen zugeordnet werden, um eine verursachungsgerechte

---

[191] Vgl. Ewert / Wagenhofer (2014), S. 569.

[192] Vgl. Coenenberg / Fischer / Günther (2016), S. 724.

[193] Vgl. Velthuis et al. (2017), S. 42.

[194] Vgl. Coenenberg / Fischer / Günther (2016), S. 724–725.

[195] Vgl. Velthuis et al. (2017), S. 41; Ewert / Wagenhofer (2014), S. 569; Küpper et al. (2013), S. 516.

[196] Vgl. Coenenberg / Fischer / Günther (2016), S. 725. Mehr zu den Marktpreisen und weiteren Formen der Verrechnungspreisermittlung s. Abschnitt 2.2.5.

[197] Vgl. Ewert / Wagenhofer (2014), S. 569; Küpper et al. (2013), S. 516.

[198] Vgl. Reichmann / Kißler / Baumöl (2017), S. 782.

[199] Vgl. Reichmann / Kißler / Baumöl (2017), S. 782.

Zuweisung zu erhalten, als problematisch.[200] Die Nutzung von Verrechnungspreisen hat zur Konsequenz, dass der Erfolg des Gesamtunternehmens in die Erfolge der jeweiligen Teilbereiche aufgeteilt wird. Die Gestaltung des Verrechnungspreises sorgt dafür, dass der gemeinsam erwirtschaftete Erfolg eher dem einen oder dem anderen Bereich zugeordnet wird.[201] Bei einer leistungsmäßigen Verflechtung von zwei oder mehr Bereichen ist eine Erfolgsabgrenzung jedoch schwierig. Dies ist in der Praxis allerdings häufig der Fall. Verflechtungen zwischen Bereichen können aus zwei Gründen entstehen:

1. Bei einer sequenziellen Verflechtung werden die Leistungen eines Bereichs von einem anderen internen Bereich bezogen.
2. Die Bereiche stehen in Konkurrenz zueinander. Dabei wird zwischen dem Konkurrieren um eine knappe Ressource (Ressourceninterdependenz) oder dem Konkurrieren auf einem gemeinsamen (knappen) Absatzmarkt (Marktinterdependenz) unterschieden.[202]

Der durch gemeinsame Leistungen erzielte Synergieeffekt kann nicht verursachungsgerecht auf die beteiligten Bereiche verteilt werden, da der Erfolg nur durch die gemeinsame Leistung entsteht. Fällt ein Bereich weg, würde der Gesamterfolg sinken oder sogar ganz entfallen.[203] Die Aufteilung des Erfolgs auf die Bereiche erfordert daher zwangsläufig eine gewisse Willkür, wobei dennoch eine akzeptable Lösung für die praktische Anwendung angestrebt werden sollte.[204]

Werden die auf Verrechnungspreisen basierenden Bereichserfolge als Entscheidungsgrundlage für die Unternehmensleitung und das Bereichsmanagement verwendet, kann die Erfolgsermittlungsfunktion von Verrechnungspreisen der **Entscheidungsunterstützungsfunktion** des Controllings zugeordnet werden.[205] Allerdings greift diese Zuordnung, die u. a. *Fischer / Möller / Schultze (2015)* vornehmen, insgesamt zu kurz.[206] Denn durch die Verwendung der Bereichserfolge zur Leistungsbeurteilung des Bereichsmanagements im Rahmen der

---

[200] Vgl. Ewert / Wagenhofer (2014), S. 569.

[201] Vgl. Fischer / Möller / Schultze (2015), S. 456.

[202] Vgl. Ewert / Wagenhofer (2014), S. 569.

[203] Vgl. Ewert / Wagenhofer (2014), S. 569.

[204] Vgl. Ewert / Wagenhofer (2014), S. 570.

[205] Vgl. Fischer / Möller / Schultze (2015), S. 456.

[206] Vgl. Schultze / Weiler (2007), S. 104.

Kontrolle sowie die Möglichkeit der Verknüpfung an ein finanzielles Anreizsystem enthält die Erfolgsermittlungsfunktion darüber hinaus Elemente, welche der **Verhaltenssteuerungsfunktion** des Controllings zuzuordnen sind.

2.2.4.3 Koordinationsfunktion

Mit einer zunehmenden Dezentralisierung und einer damit einhergehenden verstärkten Arbeitsteilung in Organisationen bilden sich kaum vollständig voneinander unabhängige Teilaufgaben und -bereiche, zwischen denen unterschiedliche Formen von Verflechtungen und Interdependenzen vorliegen können. Dadurch nimmt der Bedarf an einer gesamtzielorientieren Koordination der Teilbereiche eines Unternehmens zu.[207] An dieser Stelle setzen Verrechnungspreise an, welche eine Übertragung eines (fiktiven) Marktes auf das Unternehmen bewirken und somit eine Koordination der Teilbereiche ermöglichen sollen. Im Rahmen der Koordinationsfunktion von Verrechnungspreisen sollen die dezentral getroffenen Entscheidungen der Bereichsleiter der abgegrenzten Organisationseinheiten zur Maximierung des Gesamterfolgs des Unternehmens führen. Ziel der Koordinationsfunktion ist die Abstimmung der Entscheidungen der dezentralen Organisationseinheiten und eine damit einhergehende optimale Nutzung der Ressourcen.[208] Dazu müssen die dezentral getroffenen Entscheidungen der Bereiche, beispielsweise über die Verwendung knapper Ressourcen (wie Zwischenprodukte oder interne Dienstleistungen), auf das Gesamtziel der Unternehmung ausgerichtet sein.[209] Verrechnungspreise stellen dabei Knappheitspreise für Ressourcen dar, um die Koordinationsfunktion zu erfüllen.[210]

Damit die auf Verrechnungspreisen basierenden Entscheidungen der Bereichsleiter im Sinne des Gesamtunternehmens getroffen werden, muss der Verrechnungspreis so gewählt werden, dass eine Maximierung der Bereichserfolge auch zu einer Maximierung des Gesamtgewinns führt.[211] Durch die Wahl der richtigen Ermittlungsmethode des Verrechnungspreises leistet das Controlling dazu einen unterstützenden Beitrag.[212] Bereichsmanager nutzen den Verrechnungspreis als Entscheidungsgrundlage für das zu realisierende Produktionsprogramm ihres

---

[207] Vgl. Weber / Schäffer (2020), S. 217. Zum Unterschied der Situation mit und ohne Vorliegen von Interdependenzen s. Coenenberg / Fischer / Günther (2016), S. 725–728 mit den dort behandelten Beispielen.

[208] Vgl. Becker et al. (2012), S. 303.

[209] Vgl. Velthuis et al. (2017), S. 42; Küpper et al. (2013), S. 516.

[210] Vgl. Velthuis et al. (2017), S. 42.

[211] Vgl. Fischer / Möller / Schultze (2015), S. 457; Küpper et al. (2013), S. 516.

[212] Vgl. Reichmann / Kißler / Baumöl (2017), S. 782.

Bereichs.[213] Damit Bereichsmanager einen Anreiz haben, ihre Entscheidungen im Sinne der Unternehmung zu treffen, erhalten sie in der Regel eine auf dem Bereichserfolg basierende Entlohnung in Form von Boni. Dadurch entsteht ein Anreiz, den eigenen Bereichsgewinn zu maximieren.[214] Demnach schließt die Koordinationsfunktion auch eine Motivations- und Anreizfunktion mit ein.[215] Allerdings führt eine Maximierung des eigenen Bereichsgewinns nicht zwangsläufig auch zu einer Maximierung des Gesamtgewinns des Unternehmens. Dies liegt insbesondere daran, dass Bereichsleiter die Effekte ihrer Entscheidungen auf andere Bereiche als Externalitäten betrachten und somit nicht in ihr Entscheidungskalkül mit einfließen lassen.[216] Ein produzierender Bereich könnte beispielsweise durch eine Investition in eine neue Produktionsanlage für eine gesteigerte Produktivität oder sinkende Produktionskosten für ein Zwischenprodukt sorgen. Da ein Teil der Kostenersparnis jedoch an den abnehmenden Bereich weitergegeben würde, könnte der Barwert der Investition aus Sicht des Produktionsbereichs negativ werden.[217] Der Leiter des produzierenden Bereichs würde von einer Investition absehen, obwohl diese aus Sicht des Gesamtunternehmens vorteilhaft wäre.[218] Diese Problematik wird auch als *Hold-Up-Problem* bezeichnet.[219]

Das Unternehmen kann auf die Entscheidungen eines Bereichs durch die Wahl des Verrechnungspreises Einfluss nehmen. Da Verrechnungspreise für einen produzierenden oder liefernden Bereich Erlöse und für einen abnehmenden oder empfangenden Bereich Kosten darstellen, wirkt sich die Höhe des Verrechnungspreises unmittelbar auf die jeweiligen Bereichsgewinne aus.[220] Wenn sich die Bereichsleiter an ihrem eigenen Bereichsgewinn orientierten, hat die Wahl des Verrechnungspreises damit einen direkten Einfluss auf die Entscheidungen eines Bereichsleiters.[221] Bei einem hohen Verrechnungspreis führt dies beim beziehenden Bereich bspw. dazu, die Bezugsmenge zu verringen oder ein anderes

---

[213] Vgl. Horváth / Gleich / Seiter (2020), S. 323.

[214] Vgl. Fischer / Möller / Schultze (2015), S. 456; Ewert / Wagenhofer (2014), S. 570; Küpper et al. (2013), S. 516.

[215] Vgl. Küpper et al. (2013), S. 516.

[216] Vgl. Fischer / Möller / Schultze (2015), S. 456; Ewert / Wagenhofer (2014), S. 570.

[217] Vgl. Fischer / Möller / Schultze (2015), S. 456–457; Ewert / Wagenhofer (2014), S. 570.

[218] Vgl. Ewert / Wagenhofer (2014), S. 570.

[219] Vgl. Horváth / Gleich / Seiter (2020), S. 323; Fischer / Möller / Schultze (2015), S. 457; Ewert / Wagenhofer (2014), S. 570.

[220] Vgl. Fischer / Möller / Schultze (2015), S. 457; Ewert / Wagenhofer (2014), S. 570–571.

[221] Vgl. Reichmann / Kißler / Baumöl (2017), S. 782; Ewert / Wagenhofer (2014), S. 571.

Produktionsverfahren zu wählen. Hingegen könnte ein höherer Verrechnungspreis bei der leistenden Abteilung dazu führen, dass das Produktionsprogramm
verändert wird.[222] Durch den Einsatz von Verrechnungspreisen kann und soll
das Verhalten von Bereichsleitern aufeinander abgestimmt werden. Verrechnungspreise dienen somit der Verhaltenssteuerung.[223] Die Koordinationsfunktion von
Verrechnungspreisen dient demnach im Wesentlichen der in Abschnitt 2.1.2.2
vorgestellten **Verhaltenssteuerungsfunktion** des Controllings.[224]

2.2.4.4 Zielkonflikte zwischen der Erfolgsermittlung und der Koordination

Die Erfolgsermittlungs- und die Koordinationsfunktion sind eng miteinander verbunden.[225] Trotz des Zusammenhangs der beiden Funktionen lassen sie sich
in der Regel nicht bestmöglich miteinander vereinbaren. Die Funktionen stehen sogar häufig in Konkurrenz zueinander.[226] Bereits *Schmalenbach* stellte fest,
dass die aus den unterschiedlichen Funktionen entspringende Mehrfachzielset-
zung von Verrechnungspreisen ein wesentliches Problem darstellt, da ein einziger
Verrechnungspreis nicht alle Funktionen ohne Abstriche erfüllen kann.[227]

Aus Sicht des Unternehmens könnte es beispielsweise sinnvoll sein, den
Verrechnungspreis in Höhe der kurzfristig (ausschließlich) relevanten Grenzkosten eines intern bezogenen Zwischenproduktes festzulegen, damit ein am
Absatzmarkt agierender Bereich einen möglichst großen Handlungsspielraum
bei der Preisgestaltung für ein Endprodukt hat. Unter der Annahme eines
linearen Kostenverlaufs des leistungserstellenden Bereiches würde dieser einen
Verlust in Höhe der Fixkosten erhalten, während der leistungsbeziehende Bereich
den gesamten Deckungsbeitrag des Endproduktes erwirtschaften würde.[228] Der
für Koordinationszwecke festgelegte Verrechnungspreis würde somit zu einem
Bereichsergebnis führen, das zur Erfolgsermittlung ungeeignet wäre, da den
einzelnen Bereichen nicht der tatsächliche Erfolgsbeitrag am Gesamterfolg
des Unternehmens zugewiesen würde.[229] Zudem könnte dieses Vorgehen zu

---

[222] Vgl. Ewert / Wagenhofer (2014), S. 571.

[223] Vgl. Fischer / Möller / Schultze (2015), S. 457; Schultze / Weiler (2007), S. 104.

[224] Vgl. Schultze / Weiler (2007), S. 104.

[225] Vgl. Martini (2007), S. 11.

[226] Vgl. Fischer / Möller / Schultze (2015), S. 457.

[227] Vgl. Weber / Schäffer (2020), S. 218.

[228] Vgl. Fischer / Möller / Schultze (2015), S. 457; Ewert / Wagenhofer (2014), S. 572.

[229] Vgl. Fischer / Möller / Schultze (2015), S. 457; Ewert / Wagenhofer (2014), S. 572;
Ossadnik (2009), S. 245.

einem Motivations- und Anreizproblem beim Bereichsleiter des produzierenden Bereichs führen, da die Beurteilung seines Erfolgsbeitrags auf Basis des
Bereichserfolgs schwer verständlich wäre.[230]

Das Konfliktverhältnis zwischen der Erfolgsermittlungs- und der Koordinationsfunktion kann bei Vorhandensein von Interdependenzen zwischen den
Bereichen zu sog. Zielantinomien führen. Das bedeutet, dass die Verwirklichung
eines Ziels das Erreichen eines anderen Ziels ausschließt. So soll die Koordinationsfunktion zu einer Erreichung des Gesamtoptimums des Unternehmens
führen. Dies führt in der Regel jedoch dazu, dass die Bereichserfolge nicht verursachungsgerecht zu ermitteln sind und somit zu einer geringen Motivation
der Bereichsleiter führen. In einer dezentralen Lösung mit weitreichender Ent-
scheidungsautonomie der dezentralen Bereiche werden jedoch Bereichsoptima
angestrebt, die in der Regel nicht zu einer Optimierung des Gesamtergebnisses
führen. Allerdings lassen sich die Bereichserfolge so messen, was wiederum zu
einer erhöhten Motivation der Bereichsmanager führen kann.[231]

Die Probleme ließen sich theoretisch einfach lösen, in dem eine Organisation
verschiedene Verrechnungspreise für unterschiedliche Zwecke nutzt. Diese würden allerdings zu anderen Problemen führen und sind nicht praktikabel, weshalb
in der Praxis typischerweise nur ein Verrechnungspreis für eine bestimmte Leistung vorzufinden ist. Dieser ergibt sich aus dem Abwägen der Wirkungsweise der
unterschiedlichen Verrechnungspreise auf die angestrebte Funktion.[232] Daher ist
bei der Auswahl des Verrechnungspreises immer zu überprüfen, wie sich dieser
jeweils auf die Erfolgsermittlungs- und die Koordinationsfunktion auswirkt.[233]

In der Praxis haben sich je nach Zielsetzung der Verwendung von Verrechnungspreisen unterschiedliche Arten entwickelt, die die jeweiligen Verrechnungspreisfunktionen unterschiedlich stark erfüllen.[234] In den nachfolgenden
Abschnitten werden die bereits angesprochenen unterschiedlichen Arten von
Verrechnungspreisen behandelt.

---

[230] Vgl. Küpper et al. (2013), S. 516.

[231] Vgl. Coenenberg / Fischer / Günther (2016), S. 725.

[232] Vgl. Ewert / Wagenhofer (2014), S. 572.

[233] Vgl. Coenenberg / Fischer / Günther (2016), S. 728–729.

[234] Vgl. Ewert / Wagenhofer (2014), S. 570.

2.2.5 Arten von Verrechnungspreisen im Überblick

Verrechnungspreise aus Sicht des Controllings lassen sich auf eine Vielzahl von unterschiedlichen Wegen bestimmen. Die Methodik der Festlegung lässt sich jedoch grundsätzlich in drei verschiedene Arten kategorisieren: **marktorientierte**, **kostenorientierte** und **verhandelte Verrechnungspreise**.[235] Mit jeder Art ist eine Zielsetzung hinsichtlich der Koordinations- und Erfolgsermittlungsfunktion verbunden.[236] Da die beiden Funktionen – wie bereits geschildert – potenziell in Konflikt stehen, muss die Unternehmensleitung entscheiden, welche Funktion für sie eine höhere Priorität besitzt.[237] Die Wahl des Verrechnungspreises ist dabei entscheidend, da nicht jede Art der Ermittlung von Verrechnungspreisen sich für jede der zu erfüllenden Funktionen gleichermaßen eignet. Grundsätzlich ist die Wahl für eine bestimmte Verrechnungspreisart stets unter Berücksichtigung der unternehmensspezifischen Situation zu treffen.[238]

Marktorientierte Verrechnungspreise
Als Ausgangspunkt zur Ermittlung von Verrechnungspreisen können Marktpreise verwendet werden, wobei das Ziel darin besteht, dass alle am internen Leistungsaustausch beteiligten Bereiche sich wie eigenständige Unternehmen verhalten. Dadurch soll eine Koordination durch Marktmechanismen ermöglicht werden.[239]

Die Orientierung an Marktpreisen bietet mehrere Vorteile. Einerseits trägt sie dazu bei, dass der Gesamtgewinn des Unternehmens maximiert wird, andererseits wird dadurch sichergestellt, dass der jeweilige Teilerfolg der selbstständig agierenden Bereiche als vom jeweiligen Bereich erwirtschaftet angesehen werden kann.[240] Der Marktpreis impliziert eine Zielkongruenz,[241] sodass der gewünschten Autonomie der Teilbereiche Rechnung getragen wird und die Kontrollierbarkeit der eigenen Teilerfolge gewährleistet ist.[242] Langfristig dienen Marktpreise zudem als Indikator für die Profitabilität von Unternehmensbereichen. Wenn ein Bereich auf Basis der Marktpreise keinen Gewinn erzielen kann, könnte das Unternehmen ohne diesen

---

[235] Vgl. Fischer / Möller / Schultze (2015), S. 458; Ewert / Wagenhofer (2014), S. 574.

[236] Vgl. Fischer / Möller / Schultze (2015), S. 458.

[237] S. dazu Abschnitt 2.2.4.4.

[238] Vgl. Ewert / Wagenhofer (2014), S. 574.

[239] Vgl. Fischer / Möller / Schultze (2015), S. 458, Küpper et al. (2013), S. 521.

[240] Vgl. Coenenberg / Fischer / Günther (2016), S. 735–736.

[241] Vgl. Ossadnik (2009), S. 248.

[242] Vgl. Coenenberg / Fischer / Günther (2016), S. 736.

Bereich besser aufgestellt sein.[243] Ein weiterer Vorteil der Marktpreisorientierung ist die geringe Manipulierbarkeit,[244] da Marktpreise objektive und überprüfbare Größen sind, die nicht von internen Informationen der Bereichsmanager abhängen.[245] Dies stärkt die **Erfolgsermittlungsfunktion**, indem der „wirklich" erzielte Erfolg der Bereiche ausgewiesen wird.[246] Demnach eignen sich die auf marktpreisorientierten Verrechnungspreisen beruhenden Bereichsergebnisse, um die Bereiche auf dieser Basis zu beurteilen.[247] Zudem wird allen beteiligten Bereichen bei Inanspruchnahme des Marktes die einfache Möglichkeit zum Vergleichen geboten.[248] Bei Vorliegen eines vollkommenen Marktes eignet sich der Marktpreis als Verrechnungspreis auch vor dem Hintergrund der **Koordinationsfunktion**.[249] Die Orientierung am Marktpreis führt dazu, dass Zwischenprodukte intern so lange angeboten und nachgefragt werden, bis der interne Grenzkostendeckungsbeitrag null ist oder die Produktionskapazitäten vollständig ausgeschöpft sind. Darüber hinaus können Über- oder Unterangebote problemlos durch externe Markttransaktionen ausgeglichen werden. Die Bereiche haben zudem einen Anreiz ihre Kosten langfristig zu senken, da bei gleichem Marktpreis Kosteneinsparungen zu einem höheren Bereichserfolg führen.[250]

In der Praxis werden die Bedingungen für einen vollkommenen Markt grundsätzlich nicht erfüllt. So lassen sich lediglich auf einzelnen organisierten Märkten mit standardisierten Gütern[251] Referenzwerte finden, die einem Marktpreis auf vollkommenen Märkten recht nahekommen.[252] Wenn eine oder mehrere Bedingungen nicht erfüllt ist bzw. sind, spricht man von einem unvollkommenen Markt. In der

---

[243] Vgl. Ewert / Wagenhofer (2014), S. 577.

[244] Vgl. Weber / Schäffer (2020), S. 220; Coenenberg / Fischer / Günther (2016), S. 736; Ewert / Wagenhofer (2014), S. 576; Küpper et al. (2013), S. 521; Ossadnik (2009), S. 248.

[245] Vgl. Weber / Schäffer (2020), S. 220; Coenenberg / Fischer / Günther (2016), S. 736; Ewert / Wagenhofer (2014), S. 576; Ossadnik (2009), S. 248.

[246] Vgl. Weber / Schäffer (2020), S. 220; Coenenberg / Fischer / Günther (2016), S. 748; Ossadnik (2009), S. 248.

[247] Vgl. Coenenberg / Fischer / Günther (2016), S. 748.

[248] Vgl. Horváth / Gleich / Seiter (2020), S. 324; Ewert / Wagenhofer (2014), S. 576.

[249] Vgl. Horváth / Gleich / Seiter (2020), S. 324; Coenenberg / Fischer / Günther (2016), S. 748; Ewert / Wagenhofer (2014), S. 576; Ossadnik (2009), S. 248.

[250] Vgl. Horváth / Gleich / Seiter (2020), S. 324.

[251] Beispiele für solche Märkte sind Öl, Strom und manche Agrarprodukte. Vgl. hierzu Velthuis et al. (2017), S. 42.

[252] Vgl. Velthuis et al. (2017), S. 42.

Regel sind dann die Koordinations- und/oder Erfolgsermittlungsfunktion nicht mehr optimal erfüllt.[253]

Im Rahmen dieser Arbeit wird auf eine detaillierte Betrachtung marktorientierter Verrechnungspreise verzichtet. In vollkommenen Märkten, die primär ein theoretisches Konstrukt darstellen, erfüllen auf Marktpreisen basierende Verrechnungspreise bereits optimal die Funktionen der Erfolgsermittlung und Koordination. Daher ist durch den Einsatz der Blockchain-Technologie kein signifikanter Mehrwert zu erwarten. In unvollkommenen Märkten, in denen Marktpreise für vergleichbare Güter oder Dienstleistungen vorhanden sind, dienen diese Preise als Referenzwerte für Entscheidungen der Bereichsleiter bezüglich externer Beschaffung oder Absatz. Da diese Marktpreise in der Regel transparent und nicht durch die Bereichsleiter manipulierbar sind, ist der Mehrwert der Blockchain-Technologie in diesem Kontext ebenfalls begrenzt. Sollte es an passenden Marktpreisen fehlen, greifen Unternehmen üblicherweise auf kostenorientierte oder seltener auf verhandlungsbasierte Verrechnungspreise zurück.

Kostenorientierte Verrechnungspreise
Wenn ein unvollständiger Markt vorliegt oder die Ermittlung eines korrekten Marktpreises einen zu hohen Aufwand erfordern würde, kann auf kostenorientierte Verrechnungspreise zurückgegriffen werden. Dabei wird auf Kosteninformationen des leistungserstellenden Bereichs zurückgegriffen. Diese sind in aller Regel vergleichsweise leicht zu ermitteln, da sie aus dem Rechnungswesen abgeleitet werden können.[254] Im Rahmen dieser Arbeit wird der Fokus auf kostenorientierte Verrechnungspreise gelegt. Daher werden diese in den folgenden Abschnitten ausführlich und differenziert vorgestellt.

Verhandelte Verrechnungspreise
Verhandelte Verrechnungspreise entstehen, ihrem Namen entsprechend, durch Verhandlungen. Die am zu bewertenden Leistungstransfer beteiligten Abteilungen eines Unternehmens treten dabei in Verhandlungen über die Höhe des Verrechnungspreises. Dies setzt voraus, dass die Abteilungen die entsprechenden

---

[253] Für eine ausführliche Behandlung der Auswirkungen eines unvollkommenen Marktes s. u. a. Weber / Schäffer (2020), S. 522; Coenenberg / Fischer / Günther (2016), S. 737–749; Fischer / Möller / Schultze (2015), S. 462; Ewert / Wagenhofer (2014), S. 580–581; Ossadnik (2009), S. 249–252.

[254] Vgl. Weber / Schäffer (2020), S. 220; Coenenberg / Fischer / Günther (2016), S. 751; Fischer / Möller / Schultze (2015), S. 463; Ossadnik (2009), S. 253.

Befugnisse von der Zentrale bekommen, eigenständig die Verhandlungen durch-
zuführen.[255] Verhandlungen sind ganz im Sinne der Dezentralisierung, da sie eine
hohe Eigenverantwortlichkeit sowie Bereichsautonomie fördern und somit in der
Regel motivierend auf die Bereichsleiter dezentraler Einheiten wirken.[256] Zudem
kann davon ausgegangen werden, dass Bereichsleiter in der Regel über bessere
Informationen über ihre jeweiligen Kosten- und Erlösfunktionen verfügen als die
Zentrale. Dadurch können sie mutmaßlich bessere Entscheidungen treffen als durch
Verrechnungspreise, die von einer schlechter informierten Zentrale vorgegeben
werden.[257]

Eine Einigung der an den Verhandlungen beteiligten Bereichsmanager wird
nur innerhalb eines gewissen, den Managern nicht zwangsläufig bekannten, Eini-
gungsbereichs stattfinden. Voraussetzung ist, dass sie beiden Bereichen einen
Vorteil gegenüber der bestmöglichen Alternative bringt.[258] Der Einigungsbereich
kann durch alternative Transaktionsmöglichkeiten der beiden Bereiche verkleinert
werden. Gegebenenfalls wird es keinen Einigungsbereich mehr geben, da beide
Bereiche eine bessere Alternative haben als in den gegenseitigen Leistungsaustausch
einzutreten. Dies kann aus Sicht des Gesamtunternehmens dann sogar vorteilhaft
sein.[259] Das Ergebnis der Verhandlungen ist zu einem hohen Maß von situati-
ven Gegebenheiten abhängig. Insbesondere die Verhandlungsmacht der beteiligten
Manager, welche sich u. a. aus ihren Entscheidungsalternativen ergibt, hat einen
großen Einfluss auf den Ausgang der Verhandlungen.[260] Zudem spielt auch das
persönliche Verhandlungsgeschick der Manager eine große Rolle. Je geschickter
ein Manager verhandelt, desto eher wird er den Preis an die Grenze des anderen
Managers bewegen können.[261]

---

[255] Vgl. Ossadnik (2009), S. 252.

[256] Vgl. Weber / Schäffer (2020), S. 222; Coenenberg / Fischer / Günther (2016), S. 767–768;
Ossadnik (2009), S. 252.

[257] Vgl. Weber / Schäffer (2020), S. 222; Fischer / Möller / Schultze (2015), S. 474; Ewert /
Wagenhofer (2014), S. 605.

[258] Vgl. Fischer / Möller / Schultze (2015), S. 474; Ewert / Wagenhofer (2014), S. 605.

[259] Vgl. Ewert / Wagenhofer (2014), S. 606.

[260] Vgl. Fischer / Möller / Schultze (2015), S. 474; Ewert / Wagenhofer (2014), S. 606;
Küpper et al. (2013), S. 537.

[261] Vgl. Ewert / Wagenhofer (2014), S. 606.

Verhandlungen bringen stets das Risiko mit sich, dass Dysfunktionalitäten auftreten können.[262] So besteht die Gefahr, dass Bereichsegoismen gefördert werden
und es zu Konflikten zwischen den Bereichsleitern kommen kann.[263] Dies kann sich
negativ auf das Gesprächsklima im Unternehmen auswirken sowie eine Zusammenarbeit der Bereiche gefährden.[264] Eine Instanz, die schlichtend eingreifen oder die
Konflikte lösen kann, wird daher bei Verhandlungen empfohlen.[265] Verhandlungen
können darüber hinaus sehr zeit- und damit kostenintensiv sein. Dies ist neben den
anderen zuvor genannten, potenziellen Nachteilen zu berücksichtigen.[266]

In der Praxis dominieren kostenorientierte Verrechnungspreise die interne
Leistungsverrechnung, gefolgt von marktpreisorientierten Modellen.[267] Verhandlungsbasierte Verrechnungspreise werden hingegen seltener angewendet, da sie
aufgrund ihres verhandlungsintensiven Charakters zeitaufwändig und weniger stan-
dardisierbar sind.[268] Darüber hinaus führen sie häufig zu Überschneidungen mit
kostenorientierten Ansätzen, da Kostenstrukturen und Marktbedingungen in Verhandlungen oftmals als Grundlage herangezogen werden.[269] Der Hauptgrund für
den Ausschluss verhandlungsbasierter Verrechnungspreise in dieser Arbeit liegt in
der Natur des Verhandlungsprozesses selbst. In der Praxis spielen die Informationsasymmetrien sowie die Verhandlungsmacht und -strategien der beteiligten Bereiche
eine entscheidende Rolle, was zu einer sehr komplexen und vielfältigen Preisfindung
führt. Vor dem Hintergrund der Komplexität wird von einer Betrachtung verhandlungsbasierter Verrechnungspreise abgesehen. Die Analyse in Kapitel 5 beschränkt
sich daher auf die Untersuchung des Einflusses von Blockchain auf kostenorientierte
Verrechnungspreise.

---

[262] Vgl. Weber / Schäffer (2020), S. 222; Coenenberg / Fischer / Günther (2016), S. 768;
Fischer / Möller / Schultze (2015), S. 475.

[263] Vgl. Fischer / Möller / Schultze (2015), S. 474; Ossadnik (2009), S. 253.

[264] Vgl. Ewert / Wagenhofer (2014), S. 607; Ossadnik (2009), S. 253.

[265] Vgl. Ewert / Wagenhofer (2014), S. 608.

[266] Vgl. Fischer / Möller / Schultze (2015), S. 474; Ewert / Wagenhofer (2014), S. 607.

[267] Vgl. Pfaff / Stefani (2006), S. 521.

[268] Vgl. Fischer / Möller / Schultze (2015), S. 458; Ewert / Wagenhofer (2014), S. 574.

[269] Vgl. Ewert / Wagenhofer (2014), S. 574.

2.2.6   Kostenorientierte Verrechnungspreise

2.2.6.1 Überblick über kostenorientierte Verrechnungspreise

Unter dem Begriff „kostenorientierte Verrechnungspreise" lässt sich eine Vielzahl an verschiedenen Herangehensweisen unterscheiden. Dabei kann u. a. zwischen Ist- oder Standardkosten, Grenz- oder Vollkosten sowie Kosten mit und ohne Gewinnaufschlag unterschieden werden.[270] Bei *Istkosten* werden die tatsächlich entstandenen Kosten des leistungserstellenden Bereichs zugrunde gelegt. Somit weiß der beziehende Bereich erst im Nachhinein, welche Kosten er tatsächlich für die intern bezogene Leistung aufbringen muss. Seine Entscheidungen über einen internen Leistungsaustausch trifft er daher auf Basis der erwarteten Istkosten. Der Bereich trägt damit das gesamte Risiko von Kostenschwankungen. Wenn *Standardkosten* zugrunde gelegt werden, dann hat der leistungsempfangende Bereich Planungssicherheit. Der liefernde Bereich trägt dabei das gesamte Risiko, da eine Differenz zu den Istkosten ergebniswirksam bei ihm verbleibt. Gleichzeitig erhält er so allerdings einen Anreiz, kostengünstig zu wirtschaften. Neben dem zu tragendem Risiko gibt es weitere zu beachtende Aspekte bei der Wahl zwischen Ist- und Standardkosten. So verfügt die leistungserstellende Abteilung bessere Informationen über die tatsächlich zu erwarteten Kosten und kann diesen Informationsvorsprung bei der Aushandlung der anzusetzenden Standardkosten zu seinen Gunsten ausnutzen. Wenn andererseits die Zentrale die Standardkosten festsetzt, greift sie operativ ein und widerspricht damit der grundsätzlichen Idee der dezentralen Koordination der Unternehmensbereiche. Die Entscheidung für Ist- oder Standardkosten muss demnach ebenfalls situationsabhängig getroffen werden.[271]

Weit verbreitet ist die Unterscheidung nach und Verwendung von *Voll-* oder *Grenzkosten* als Verrechnungspreis.[272] Obwohl es aus theoretischer Sicht Situationen gibt, in denen Grenzkosten die Koordinationsfunktion optimal erfüllen und kaum Situationen, in denen das auf Vollkosten zutrifft, sind in der Praxis vollkostenorientierte Verrechnungspreise häufiger zu finden.[273] Die Gründe dafür werden im weiteren Verlauf des Kapitels aufgezeigt. Wie weiterhin noch zu zeigen ist,

---

[270] Vgl. Fischer / Möller / Schultze (2015), S. 458; Ewert / Wagenhofer (2014), S. 583.

[271] Vgl. Ewert / Wagenhofer (2014), S. 583–584.

[272] Diese Unterscheidung wird unter anderem vorgenommen von Weber / Schäffer (2020), Horváth / Gleich / Seiter (2020), Coenenberg / Fischer / Günther (2016), Fischer / Möller / Schultze (2015), Ewert / Wagenhofer (2014), Küpper et al. (2013) und Ossadnik (2009).

[273] Vgl. Ewert / Wagenhofer (2014), S. 583.

ist ein großes Problem kostenorientierter Verrechnungspreise, dass beim liefernden Bereich höchstens ein Gewinn von Null ausgewiesen wird.[274] Daher haben sich in der Praxis „Kosten plus Gewinnaufschlag"[275] als Verrechnungspreise etabliert, bei denen die Voll- oder Grenzkosten um einen Gewinnaufschlag erhöht werden.[276] Diese und weitere Formen der kostenorientierten Verrechnungspreisbildung, wie zweistufige und duale Verrechnungspreise, werden in den folgenden Abschnitten erörtert sowie auf ihre Eignung in Bezug auf die Erfolgsermittlung und Koordination untersucht.

2.2.6.2 Vollkosten

Die Idee hinter der Verwendung von Vollkosten als Basis für die Verrechnungspreisbildung ist, dass alle Kosten des Unternehmens langfristig gedeckt werden sollen.[277] Dies soll unter der Betrachtung von Vollkosten gewährleistet werden.[278] Die Verwendung von Vollkosten entspricht einer weit verbreiteten Vorstellung der Preisermittlung und kann im Zuge längerfristiger Entscheidungen als Approximation der relevanten Auszahlungen verstanden werden.[279] Bei der Ermittlung der Vollkosten soll dem Verursachungsprinzip gefolgt werden.[280] Zudem steht die Abnehmerdivision in diesem Fall rechnerisch so dar als sei sie selbst die Erstellerin des Zwischenproduktes,[281] was als einer der Hauptvorteile von Vollkosten angesehen wird.[282]

Bei der Verwendung von vollkostenorientierten Verrechnungspreisen können einige Probleme auftreten. Eines ist, dass im Mehrperioden- sowie Mehrprodukt-Fall keine verursachungsgerechte Zurechnung der Kosten auf die Unternehmensbereiche erfolgen kann. Wenn der abnehmende Bereich die vollen Kosten des

---

[274] Vgl. Fischer / Möller / Schultze (2015), S. 463.

[275] Häufig wird auch im deutschen Sprachgebrauch von „Cost-Plus"-Ansätzen gesprochen. Diese Wortwahl ist u. a. bei Fischer / Möller / Schultze (2015), Küpper et al. (2013) und Ossadnik (2009) zu finden.

[276] Vgl. Fischer / Möller / Schultze (2015), S. 463.

[277] Vgl. Weber / Schäffer (2020), S. 220; Coenenberg / Fischer / Günther (2016), S. 751; Ossadnik (2009), S. 253. Vollkosten als Verrechnungspreis werden behandelt von u. a. Weber / Schäffer (2020), S. 221; Horváth / Gleich / Seiter (2020), S. 325; Coenenberg / Fischer / Günther (2016), S. 751–752; Fischer / Möller / Schultze (2015), S. 467–468; Ewert / Wagenhofer (2014), S. 590–594; Küpper et al. (2013), S. 528–530; Ossadnik (2009), S. 253–254.

[278] Vgl. Weber / Schäffer (2020), S. 220.

[279] Vgl. Horváth / Gleich / Seiter (2020), S. 325; Ewert/Wagenhofer (2014), S. 591.

[280] Vgl. Weber / Schäffer (2020), S. 220.

[281] Vgl. Weber / Schäffer (2020), S. 220; Coenenberg / Fischer / Günther (2016), S. 751.

[282] Vgl. Coenenberg / Fischer / Günther (2016), S. 751.

liefernden Bereichs decken soll, dann fallen darunter auch Fixkosten, welche nicht eindeutig durch das Zwischenprodukt und somit durch den Leistungsaustausch mit der abnehmenden Abteilung ausgelöst wurden,[283] sodass die Verteilung der Fixkosten häufig einer kaum vermeidbaren Willkür unterliegt.[284] Gemeinkosten lassen sich den Bereichen zudem nur selten verursachungsgerecht zurechnen.[285]

Für eine kurzfristige Steuerung aus Sicht des operativen Controllings sind Fixkosten zudem nicht relevant.[286] Vollkosten bringen daher insbesondere bei kurzfristiger Betrachtungsweise das Risiko von Fehlentscheidungen mit sich, da die Besonderheiten der jeweiligen Planungssituation (wie bspw. Beschränkungen) nicht berücksichtigt werden.[287] Die (kurzfristige) **Koordinationsfunktion** wird durch die Verwendung von auf Vollkosten basierenden Verrechnungspreisen nicht erfüllt.

Weiterhin ist die Zurechnung des realisierten Gewinns und damit die Erfüllung der **Erfolgsermittlungsfunktion** problembehaftet.[288] Der liefernde Bereich wird durch die Verwendung von vollkostenorientierten Verrechnungspreisen stets einen Bereichsgewinn von Null erzielen. Der Bereich hat keinen Anreiz zur Kostenreduktion, da stets die vollen Kosten vom abnehmenden Bereich getragen werden.[289] Es gibt keine Belohnung für ein effizientes Verhalten und keine Bestrafung für Ineffizienzen.[290] Der gesamte Gewinn verbleibt bei der abnehmenden Abteilung. Um den Gewinn jedoch beiden Bereichen zuzurechnen, wird eine geeignete Zurechnungsbasis benötigt. Hierbei besteht bei der Auswahl und der konkreten Berechnung der Gewinnanteile jedoch die Gefahr der Willkür. In der Folge kann es zu Akzeptanzproblemen bei der Erfolgszuweisung kommen.[291]

---

[283] Vgl. Weber / Schäffer (2020), S. 220; Coenenberg / Fischer / Günther (2016), S. 751; Ossadnik (2009), S. 253.

[284] Vgl. Horváth / Gleich / Seiter (2020), S. 325.

[285] Vgl. Weber / Schäffer (2020), S. 220.

[286] Vgl. Ossadnik (2009), S. 253.

[287] Vgl. Horváth / Gleich / Seiter (2020), S. 325.

[288] Vgl. Weber / Schäffer (2020), S. 220.

[289] Vgl. Binder (2022), S. 73; Coenenberg / Fischer / Günther (2016), S. 752; Ossadnik (2009), S. 253.

[290] Vgl. Coenenberg / Fischer / Günther (2016), S. 751.

[291] Vgl. Ossadnik (2009), S. 253.

Die Orientierung an Vollkosten ist aufgrund der genannten Probleme nur für funktional organisierte Cost Center geeignet. In solchen stehen kostenrechnerische Funktionen im Vordergrund, für welche die Vollkosten als Informationsbasis genutzt werden (bspw. zur Preisprüfung und Bestandsbewertung).[292]

2.2.6.3 Vollkosten plus Gewinnaufschlag

Eine mögliche Lösung der Anreizproblematik des liefernden Bereichs kann die Verwendung von Vollkosten zuzüglich eines Gewinnaufschlags sein.[293] Die Idee der Verwendung eines Gewinnaufschlags kommt aus Sicht der Erfolgsermittlung, da nun beide Bereiche die Möglichkeit haben, einen Gewinn zu erzielen.[294] In diesem Fall wird der vollkostenorientierte Verrechnungspreis um einen variablen Gewinnaufschlag ergänzt, welche der liefernden Abteilung eine Gewinnrealisierung bzw. Mindestverzinsung des eingesetzten Kapitals ermöglichen soll.[295] Dadurch bekommt die Abteilung einen Anreiz, die Kosten zu reduzieren, um den beim Bereich verbleibenden Gewinn zu maximieren.[296] Die Variante *Vollkosten plus Gewinnaufschlag* kann insbesondere dann von Bedeutung sein, wenn eine Division eigenverantwortlich Entscheidungen treffen soll, obwohl kein Marktpreis für interne Lieferungen und Leistungen vorliegt.[297]

Die Verwendung eines Gewinnaufschlags ist jedoch bis zu einem gewissen Grad Willkür, wenn Synergien vorliegen. Die Schwierigkeit ist demnach eine angemessene Höhe für den Gewinnaufschlag festzulegen. Zur Ermittlung des Gewinnaufschlags kann auf einen Prozentsatz der Vollkosten, eine angemessene Verzinsung des eingesetzten Kapitals oder eine Verhandlung der Bereiche zurückgegriffen werden.[298] Das grundsätzliche Problem bei der Verwendung eines Gewinnaufschlags ist jedoch, dass dieser zentral festgelegt werden muss. Der abnehmende Bereich ist somit nicht mehr für den erzielten Gewinn, sondern

---

[292] Vgl. Coenenberg / Fischer / Günther (2016), S. 752.

[293] Vollkosten mit Gewinnaufschlag als Verrechnungspreis werden behandelt von u. a. Coenenberg / Fischer / Günther (2016), S. 752–753; Fischer / Möller / Schultze (2015), S. 469; Ewert / Wagenhofer (2014), S. 595–601; Küpper et al. (2013), S. 537; Ossadnik (2009), S. 253–254.

[294] Vgl. Ewert / Wagenhofer (2014), S. 595–596.

[295] Vgl. Coenenberg / Fischer / Günther (2016), S. 752; Ossadnik (2009), S. 253.

[296] Vgl. Ossadnik (2009), S. 253.

[297] Vgl. Coenenberg / Fischer / Günther (2016), S. 752.

[298] Vgl. Ewert / Wagenhofer (2014), S. 596.

lediglich für die verursachten Kosten verantwortlich.[299] Auf Basis des vollkostenorientierten Verrechnungspreises zuzüglich des Gewinnaufschlags erfolgt
folglich keine verursachungsgerechte Erfolgsaufteilung und demnach wird die
Erfolgsermittlungsfunktion nicht erfüllt.[300] Auch vor dem Hintergrund der
Koordinationsfunktion sind Vollkosten mit Gewinnaufschlag nicht geeignet, da
auf sie jegliche Kritikpunkte der Verwendung von Vollkosten zutreffen, wie bspw.
die Gefahr von Fehlentscheidungen oder die Verzerrung der Kostenstruktur.[301]

2.2.6.4 Grenzkosten

Beim grenzkostenorientierten Ansatz zur Festlegung von Verrechnungspreisen
werden die Grenzkosten des liefernden Bereichs als Ausgangsbasis herangezogen.[302] Somit werden die innerbetrieblichen Leistungstransfers lediglich mit den
zusätzlich entstehenden Kosten belastet.[303] Diese entsprechen bei einem linearen Kostenverlauf den variablen Stückkosten.[304] Soll die Menge des internen
Transfers abgestimmt und aus Sicht des Unternehmens optimiert werden, dann
kann formal gezeigt werden, dass nur Grenzkosten dieses Koordinationsproblem
lösen können. Grenzkosten lösen das Koordinationsproblem allerdings nur unter
bestimmten Voraussetzungen bezüglich der Informationssituation von Zentrale
und den Bereichen.[305] Grundlage dieser Überlegungen ist der von *Hirshleifer* im
Jahr 1956 veröffentlichte Aufsatz „On the Economics of Transfer Pricing".[306] In
dem Beitrag wird aufgezeigt, dass beide Bereiche zur Maximierung des eigenen

---

[299] Vgl. Weber / Schäffer (2020), S. 220; Coenenberg / Fischer / Günther (2016), S. 752;
Ossadnik (2009), S. 253–254.

[300] Vgl. Ossadnik (2009), S. 253–254.

[301] Vgl. Ewert / Wagenhofer (2014), S. 596.

[302] Vgl. Fischer / Möller / Schultze (2015), S. 463. Grenzkosten als Verrechnungspreis werden behandelt von u. a. Weber / Schäffer (2020), S. 221–222; Horváth / Gleich / Seiter
(2020), S. 324; Coenenberg / Fischer / Günther (2016), S. 753–759; Fischer / Möller /
Schultze (2015), S. 463–467; Ewert / Wagenhofer (2014), S. 584–590; Küpper et al. (2013),
S. 522–524; Ossadnik (2009), S. 254.

[303] Vgl. Fischer / Möller / Schultze (2015), S. 463; Küpper et al. (2013), S. 522.

[304] Vgl. Küpper et al. (2013), S. 522.

[305] Vgl. Ewert / Wagenhofer (2014), S. 584–585.

[306] Vgl. Hirshleifer (1956), S. 172–184. Das von Hirshleifer in seinem Beitrag aufgestellte
Modell geht von einigen Annahmen aus: Es gibt zwei Bereiche, Bereich 1 („liefernder
Bereich") erstellt ein Zwischenprodukt, Bereich 2 („abnehmender Bereich") verarbeitet dies
zu einem vermarktbaren Endprodukt. Es existiert kein Markt für das Zwischenprodukt bzw.
es kann kein externer Markt genutzt werden (bspw. durch Liefer- und Bezugsbeschränkun-
gen). Beide Bereichsleiter kennen ihre eigene Kosten- und Erlösfunktion und verfolgen das
Ziel der Maximierung des eigenen Bereichsgewinns. Der Markt für das Endprodukt sei

Bereichsgewinns bei genau einem Verrechnungspreis dieselbe Menge anbieten bzw. nachfragen würden. Diese Menge stellt zudem die optimale Menge aus Sicht des Gesamtunternehmens dar,[307] welche sich aus der Maximierung der Zielfunktion des Unternehmens ergibt.[308] Die Grenzkosten des liefernden Bereichs im Optimum entsprechen dabei genau diesem Verrechnungspreis.[309] Mit anderen Worten: Das Modell von *Hirshleifer* zeigt, dass die Grenzkosten des liefernden Bereichs in optimaler Weise als Verrechnungspreis zur Erfüllung der Koordinationsfunktion geeignet sind – allerdings nur unter den aufgestellten Annahmen, wie *Hirshleifer* selbst zu bedenken gibt.[310]

Dem ist entgegenzuhalten, dass das Koordinationsproblem durch Verwendung von Grenzkosten nur scheinbar gelöst wird. Der Verrechnungspreis muss in diesem Szenario von der Zentrale festgelegt werden.[311] Um den optimalen Verrechnungspreis zu ermitteln, muss die Zentrale das Entscheidungsproblem jedoch lösen. Sobald sie dieses gelöst hat, könnte sie den beiden Bereichen auch direkt die optimale Menge vorgeben. Die auf Basis des grenzkostenorientierten Verrechnungspreises getroffenen dezentralen Entscheidungen lösen somit ein Scheinproblem.[312] Kurz gesagt: Erst, wenn das Gesamtmodell vollständig beschrieben ist, können die Grenzkostenpreise in Gänze erfasst werden.[313] Das Problem ist auch bekannt als das „Dilemma der pretialen Lenkung".[314]

Unter der Annahme, dass die Zentrale den Bereichen nur vorschreibt, dass sie die Grenzkosten des liefernden Bereichs zur Festsetzung des Verrechnungspreises verwenden sollen, ohne dabei dessen Höhe vorzugeben, können sich Anreizprobleme ergeben.[315] In aller Regel verfügen die entsprechenden Bereichsleiter über präzisere Informationen über ihre Bereiche und deren Kostenfunktion. Die Zentrale ist dann auf eine wahrheitsgemäße Berichterstattung der Bereichsleiter

---

monopolistisch. Beide Bereiche sollen ihre Output-Mengen dezentral festlegen. Vgl. Hirshleifer (1956), S. 173; Weber / Schäffer (2020), S. 220–222; Coenenberg / Fischer / Günther (2016), S. 757; Ewert / Wagenhofer (2014), S. 585; Küpper et al. (2013), S. 522.

[307] Vgl. Hirshleifer (1956), S. 173–175; Ewert / Wagenhofer (2014), S. 586.

[308] Vgl. Weber / Schäffer (2020), S. 222; Coenenberg / Fischer / Günther (2016), S. 757.

[309] Vgl. Hirshleifer (1956), S. 173–175; Ewert / Wagenhofer (2014), S. 586.

[310] Vgl. Hirshleifer (1956), S. 175.

[311] Vgl. Ewert / Wagenhofer (2014), S. 587.

[312] Vgl. Fischer / Möller / Schultze (2015), S. 465; Ewert / Wagenhofer (2014), S. 587; Küpper et al. (2013), S. 523.

[313] Vgl. Weber / Schäffer (2020), S. 222.

[314] Vgl. Pfaff / Pfeiffer (2004), S. 299.

[315] Vgl. Ewert / Wagenhofer (2014), S. 587; Küpper et al. (2013), S. 523.

über deren Grenzkosten angewiesen.[316] Wenn der liefernde Bereich auf Basis von variablen Kosten beurteilt wird, hat der Bereichsleiter einen Anreiz diese zu überschätzen, damit kurzfristig der eigene Erfolgsausweis erhöht wird.[317] Er muss dann nur glaubwürdig eine Kostenfunktion nennen, die zu einem höheren Verrechnungspreis führt und damit zu seinen Gunsten verzerrt ist.[318] Da dies zu Lasten des Gesamtgewinns des Unternehmens geht, wird folglich die **Koordinationsfunktion nicht erfüllt**.[319]

Grenzkostenorientierte Verrechnungspreise sind auch nur **bedingt zur Erfolgsermittlung geeignet**, da die Aufteilung des Gesamtgewinns willkürlich erfolgt und in der Regel den abnehmenden Bereich begünstigt.[320] Bei linearem Verlauf der Grenzkostenfunktion des liefernden Bereichs erwirtschaftet dieser stets einen Verlust in Höhe der Fixkosten.[321] Gleichermaßen fällt beim abnehmenden Bereich ein Gewinn an, der nur zu Teilen durch die eigene Bereichsleistung zu verantworten ist.[322]

Aufgrund der nicht erfüllten Erfolgsermittlungsfunktion kann eine Fehlsteuerung beim liefernden Bereich entstehen. Die liefernde Abteilung hat aufgrund des stets anfallenden Verlustes in Höhe der Fixkosten keinen Anreiz, die eigenen Kosten zu reduzieren. Würde sie beispielsweise Investitionen in effizientere Produktionsanlagen durchführen, würde sie selbst die Investitionskosten tragen müssen und damit ihren Bereichsverlust erhöhen, während die abnehmende Abteilung von den gesunkenen Kosten der Produktion profitieren würde.[323] Auch ohne kapitalintensive Investitionen führt die Wahl eines grenzkostenorientierten Verrechnungspreises stets zu einem Verlustausweis bei der liefernden Abteilung. Auch auf Seiten der abnehmenden Abteilung ergibt sich potenziell ebenfalls eine Fehlsteuerung. Die Materialkosten der Abnehmerdivision stellen in der Regel

---

[316] Vgl. Fischer / Möller / Schultze (2015), S. 466; Ewert / Wagenhofer (2014), S. 587–588; Küpper et al. (2013), S. 523.

[317] Vgl. Coenenberg / Fischer / Günther (2016), S. 755.

[318] Vgl. Ewert / Wagenhofer (2014), S. 588; Küpper et al. (2013), S. 523.

[319] Vgl. Ewert / Wagenhofer (2014), S. 587.

[320] Vgl. Ewert / Wagenhofer (2014), S. 587.

[321] Vgl. Weber / Schäffer (2020), S. 221; Coenenberg / Fischer / Günther (2016), S. 754; Fischer / Möller / Schultze (2015), S. 465; Ewert / Wagenhofer (2014), S. 587; Küpper et al. (2013), S. 523. Bei einem anderen Verlauf der Grenzkostenfunktion kann der Verlust höher oder niedriger ausfallen. Vgl. dazu Ewert / Wagenhofer (2014), S. 587.

[322] Vgl. Weber / Schäffer (2020), S. 221; Coenenberg / Fischer / Günther (2016), S. 754; Ossadnik (2009), S. 254.

[323] Vgl. Coenenberg / Fischer / Günther (2016), S. 755; Ewert / Wagenhofer (2014), S. 588; Ossadnik (2009), S. 254.

einen Mix aus normalem Marktpreis für extern bezogene Zwischenprodukte und den in der Regel niedrigeren Grenzkosten für intern bezogene Zwischenprodukte dar. Dadurch wird die Abnehmerdivision ihrer Verantwortung für die Deckung der bei der Erzeugung ihrer Inputgüter entstehenden Fixkosten für den auf die intern bezogenen Zwischenprodukte entfallenden Teil enthoben.[324] Das Problem könnte hingegen durch eine Primärkostenrechnung gelöst werden.[325] Grenzorientierte Verrechnungspreise sind aufgrund der mit ihnen einhergehenden Probleme in der Praxis eher selten zu finden.[326]

2.2.6.5 Grenzkosten plus Gewinnaufschlag

Aufgrund der thematisierten Probleme, die mit der Verwendung von Grenzkosten als Verrechnungspreis einhergehen, kann analog zu den Vollkosten ein Cost-Plus-Ansatz, also Grenzkosten plus Gewinnaufschlag, in Betracht gezogen werden.[327] In diesem Fall würden die ansonsten vernachlässigten Fixkosten sowie ein Gewinnanteil für die liefernde Division berücksichtigt werden.[328] Jedoch gilt, wie bei der Verwendung des Cost-Plus-Ansatzes unter Vollkosten, auch bei Grenzkosten mit Gewinnaufschlag, dass der Gewinnaufschlag zentral festgelegt werden müsste, einer gewissen Willkür unterliege und somit eine verursachungsgerechte Gewinnaufteilung verhindern würde.[329] Es besteht zudem die Gefahr, dass die Grenzkosten durch den verrechneten Zuschlag für die Abnehmerdivision intransparent werden. Insgesamt werden weder die **Koordinations-** noch die **Erfolgsermittlungsfunktion** gewährleistet.[330]

Neben Grenzkosten plus Gewinnaufschlag gibt es weitere, auf der Idee von Grenzkosten basierende Alternativen zur Festlegung von Verrechnungspreisen, welche als Lösungsansatz für die Probleme bei Grenzkosten infrage kommen

---

[324] Vgl. Coenenberg / Fischer / Günther (2016), S. 755; Ossadnik (2009), S. 254.

[325] Vgl. Coenenberg / Fischer / Günther (2016), S. 755.

[326] Vgl. Küpper et al. (2013), S. 523; Pfaff / Stefani (2006), S. 521.

[327] Grenzkosten mit Gewinnaufschlag werden behandelt von u. a. Coenenberg / Fischer / Günther (2016), S. 759; Fischer / Möller / Schultze (2015), S. 469; Küpper et al. (2013), S. 537; Ossadnik (2009), S. 254.

[328] Vgl. Coenenberg / Fischer / Günther (2016), S. 759; Ossadnik (2009), S. 254.

[329] Vgl. Ossadnik (2009), S. 254.

[330] Vgl. Coenenberg / Fischer / Günther (2016), S. 759.

könnten: Grenzkosten und periodische Abrechnung (auch als *zweistufige Verrechnungspreise* bzw. „Two-Step-Pricing" bekannt)[331] sowie den *Grenzkosten mit Gewinnaufteilung*.[332]

---

[331] *Zweistufige Verrechnungspreise* werden behandelt von u. a. Horváth / Gleich / Seiter (2020), S. 325; Coenenberg / Fischer / Günther (2016), S. 760–761; Ewert / Wagenhofer (2014), S. 594–595; Ossadnik (2009), S. 255. Bei *zweistufigen Verrechnungspreisen* wird die Verrechnung der intern ausgetauschten Leistung in zwei Schritten vorgenommen. In einem ersten Schritt wird das Zwischenprodukt auf Basis der Grenzkosten des liefernden Bereichs abgerechnet. In einem zweiten Schritt zahlt die Abnehmerdivision einen periodisch anfallenden Fixbetrag an die Lieferdivision. Die Eigenschaften grenzkostenorientierter Verrechnungspreise in Bezug auf die Koordinationsfunktion bleiben dabei erhalten. Die Nachteile der entstehenden Verluste in Höhe der Fixkosten, die beim liefernden Bereich durch die Verwendung von grenzkostenorientierten Verrechnungspreisen entstehen, werden jedoch abgemildert oder vermieden. Vgl. dazu Coenenberg / Fischer / Günther (2016), S. 760; Ewert / Wagenhofer (2014), S. 594; Ossadnik (2009), S. 255. Im Zuge der Erfolgsermittlungsfunktion kann es jedoch bei diesem Vorgehen zu einem potenziellen Konflikt zwischen den Zielen des liefernden Bereichs und den Zielen des Gesamtunternehmens kommen, sofern begrenzte Kapazitäten bei der Lieferdivision vorliegen. Vgl. dazu Coenenberg / Fischer / Günther (2016), S. 761; Ewert / Wagenhofer (2014), S. 595; Ossadnik (2009), S. 255. In der Praxis sind zweistufige Verrechnungspreise hingegen eher selten anzutreffen. Vgl. Ewert / Wagenhofer (2014), S. 594–595.

[332] *Grenzkosten mit anschließender Gewinnaufteilung* als Verrechnungspreis werden behandelt von u. a. Coenenberg / Fischer / Günther (2016), S. 761 und Ossadnik (2009), S. 255. Wenn weder Grenzkosten noch Grenzkosten mit Gewinnaufschlag oder zweistufige Verrechnungspreise zu einer optimalen Koordination und Erfolgsermittlung führen, können als Alternative auch *Grenzkosten und Gewinnaufteilung* in Betracht gezogen werden. Bei dieser Variante wird der interne Leistungsaustausch regulär zunächst auf Basis von Grenzkosten des liefernden Bereichs verrechnet. Der durch den Verkauf am Absatzmarkt bei der Abnehmerdivision entstehende Gewinn nach Abzug der variablen und fixen Kosten wird am Ende der Abrechnungsperiode zwischen beiden Bereichen aufgeteilt (z. B. jeweils 50 %). Dieses Vorgehen stellt insofern auch einen Cost-Plus-Ansatz dar, bei dem die Aufteilung des Gewinns durch die zentrale festgelegt wird. Wie bei den anderen Cost-Plus-Verfahren wird demnach auch bei dieser Alternative keine verursachungsgerechte Erfolgszuweisung garantiert, wodurch die Erfolgsermittlungsfunktion vermutlich nicht erfüllt wird. Die Methode Grenzkosten und Gewinnaufteilung kann gegenüber dem zweistufigen Verfahren von Vorteil sein, wenn eine unsichere Nachfragesituation vorliegt, bei der die abnehmende Abteilung die Beanspruchung der Kapazität durch die liefernde Abteilung nicht ausreichend korrekt bestimmen kann. Die angemessene Aufteilung sowie die Kalkulation können jedoch auch bei dieser Variante problematisch sein. Demnach sind auch bei dieser Variante weder die Erfolgsermittlungs- noch die Koordinationsfunktion erfüllt. Vgl. dazu Coenenberg / Fischer / Günther (2016), S. 761; Ossadnik (2009), S. 255.

2.2.6.6 Duale Verrechnungspreise

Duale Verrechnungspreise setzen auf einen Ansatz, den keine andere Art von Verrechnungspreisen nutzt: Bei dualen Verrechnungspreisen werden der liefernde und der abnehmende Bereich durch *unterschiedliche* Verrechnungspreise gesteuert.[333] Ziel dualer Verrechnungspreise ist es, den Konflikt zwischen Erfolgsermittlungs- und Koordinationsfunktion zu lösen.[334] Allerdings entstehen bei der Verwendung unterschiedlicher Verrechnungspreise zwischen liefernder und abnehmender Abteilung in den meisten Fällen Differenzen, die die Bewertung des internen Leistungstransfer betreffen. Die Zentrale der Unternehmen muss in diesem Fall die Differenzen ausgleichen.[335]

Die Verwendung dualer Verrechnungspreise bringt eine Vielzahl an verschiedenen Kombinationsmöglichkeiten unterschiedlicher Verrechnungspreise für die beteiligten Bereiche mit sich. So stellen *Ewert / Wagenhofer (2014)* beispielsweise einen Fall vor, in dem der liefernde Bereich zum Absatzpreis des Endprodukts abzüglich Fertigungskosten des beziehenden Bereichs vergütet wird, während der liefernde Bereich zu den Vollkosten des Zwischenprodukts belastet wird.[336] *Ossadnik (2009)* wiederum beschreibt exemplarisch, dass der liefernde Bereich einen Verrechnungspreis auf Basis von Vollkosten und die abnehmende Abteilung hingegen einen marktpreisorientierten Verrechnungspreis als Entscheidungsgrundlage verwenden könnten.[337] Weitere Autoren stellen wiederum andere Kombinationen vor.[338] Die Art der dualen Verrechnungspreisbildung wird den kostenorientierten Verrechnungspreisen zugerechnet, auch wenn grundsätzlich eine Vielzahl an Kombinationen von verschiedenen Verrechnungspreisarten möglich ist, wie bspw. auch die Verwendung von Marktpreisen.[339] In den verbreiteten Werken zur Darstellung dualer Verrechnungspreise aus theoretischer Sicht ist jedoch mind. eine kostenorientierte Verrechnungspreisart involviert.[340]

---

[333] Duale Verrechnungspreise werden behandelt von u. a. Horváth / Gleich / Seiter (2020), S. 325; Ewert / Wagenhofer (2014), S. 601–604; Friedl (2013), S. 322–325; Ossadnik (2009), S. 255–256.

[334] Vgl. Friedl (2013), S. 322.

[335] Vgl. Ewert / Wagenhofer (2014), S. 601; Ossadnik (2009), S. 255.

[336] Vgl. Ewert / Wagenhofer (2014), S. 601–604.

[337] Vgl. Ossadnik (2009), S. 255–256.

[338] Für eine Übersicht der Zusammenstellung unterschiedlicher Verrechnungspreise je Autor s. Friedl (2013), S. 323.

[339] Vgl. u. a. Ewert / Wagenhofer (2014), S. 601; Friedl (2013), S. 322; Ossadnik (2009), S. 255.

[340] Vgl. dazu erneut die Übersicht von Friedl (2013), S. 322.

Vorteil der Verwendung unterschiedlicher Verrechnungspreise für die beteiligten Bereiche ist, dass die Zentrale die Anreizwirkungen optimal steuern kann.[341] Beiden Bereichen wird ermöglicht, ihr gewinnmaximierendes Produktionsprogramm durchzuführen.[342] Allerdings kann es bei dualen Verrechnungspreisen zu Fehlsteuerungen kommen, da der Gesamtgewinn des Unternehmens tatsächlich niedriger sein wird als die Summe der Bereichsgewinne auf Basis des dualen Verrechnungspreis-Ansatzes.[343] Es kann sogar vorkommen, dass das Unternehmen einen Verlust erzielt, obwohl die rechnerischen Gewinne der Bereiche einen Gesamtgewinn fingieren. Duale Verrechnungspreise liefern den betroffenen Abteilungen einen Anreiz, unternehmensinterne Leistungstransfers einzugehen und externe Geschäfte zu vernachlässigen.[344]

Letzten Endes bleibt festzuhalten, dass die auf Basis unterschiedlicher Verrechnungspreise ausgewiesenen Bereichserfolge in aller Regel nicht der tatsächlichen Leistung der Bereiche entsprechen und sich somit nicht zur verursachungsgerechten **Erfolgsermittlung** eignen.[345] Zudem gilt erneut die Kritik, die auch bei den Cost-Plus-Verfahren sowie bei der Methode Grenzkosten plus Gewinnaufteilung angebracht wurde: Die Zentrale muss die unterschiedlichen Verrechnungspreisarten vorgeben und greift damit direkt in die Autonomie der Bereichsleiter ein. Dies widerspricht der grundsätzlichen Idee der dezentralen Koordination durch Verrechnungspreise.[346]

---

[341] Vgl. Friedl (2013), S. 322.

[342] Vgl. Ewert / Wagenhofer (2014), S. 602.

[343] Vgl. Ewert / Wagenhofer (2014), S. 602–603; Ossadnik (2009), S. 255.

[344] Vgl. Ossadnik (2009), S. 255.

[345] Vgl. Friedl (2013), S. 325.

[346] Vgl. Weber / Schäffer (2020), S. 220; Coenenberg / Fischer / Günther (2016), S. 755; Friedl (2013), S. 300; Ossadnik (2009), S. 253–254.

Grundlagen der Blockchain-Technologie

3

3.1　Einführung in die Blockchain-Technologie

Don Tapscott, einer der renommiertesten Blockchain-Experten, maß der Blockchain-Technologie bereits früh ein immenses Disruptionspotenzial bei, was z. B. diese Aussage in einem Interview im Jahr 2016 verdeutlicht: „You pick any industry, and this technology holds huge potential to disrupt it (…).“[1] Doch auch heute noch gibt es viel Unwissenheit und Unsicherheit in Bezug auf die Blockchain-Technologie sowie deren Potenzial und Einsatzmöglichkeiten. Dieses Kapitel soll dabei helfen, ein Grundverständnis für Blockchain zu entwickeln, welches zur Nachvollziehbarkeit der Analyse in Kapitel 5 erforderlich ist.

Eine Blockchain ist ein verteiltes Hauptbuch bzw. eine Datenbank, die über ein öffentliches oder privates Computernetzwerk von allen Beteiligten gemeinsam betrieben wird. Jeder Computerknoten im Netzwerk besitzt eine Kopie des Hauptbuchs (also der Datenbank), so dass es keinen alleinigen Ausfallpunkt gibt.[2] In der Datenbank werden Informationen unveränderbar gespeichert.[3] Im Gegensatz zu herkömmlichen Datenbanken, die von einer zentralen Stelle verwaltet

---

[1] Kirkland (2016).

[2] Vgl. Carson et al. (2018), S. 3. Die hier dargestellte Definition entspricht der Definition einer Blockchain im engeren und ursprünglichen Sinne. Es gibt eine Vielzahl von Blockchain-Projekten, die dieser Definition nicht vollständig entsprechen, dennoch in der Literatur als „Blockchain" bezeichnet werden. Mehr dazu in Abschnitt 3.4.

[3] Vgl. Fill / Härer / Meier (2020), S. 3; Leibfried / Petry (2019), S. 188–189; Beck / Müller-Bloch (2017), S. 5391.

werden, stützen sich Blockchains auf ein Peer-to-Peer-Netzwerk, das keine einzelne Partei kontrollieren kann.[4] Die Authentifizierung von Transaktionen erfolgt durch kryptographische Mittel und ein mathematisches Konsensprotokoll, das die Regeln für die Aktualisierung des Registers festlegt, so dass Teilnehmer, die einander in der Regel nicht vertrauen, zusammenarbeiten können, ohne sich auf eine einzige vertrauenswürdige dritte Partei verlassen zu müssen. Die Teilnehmer an einer Blockchain können dabei jederzeit auf das Hauptbuch zugreifen und es überprüfen.[5]

Der Begriff Blockchain ergibt sich aus der Architektur der Technologie. Die Daten von einer oder mehreren Transaktionen werden mathematisch verschlüsselt, in Blöcken gebündelt und gespeichert. In bestimmten Abständen werden die Blöcke mittels unterschiedlicher Konsensprotokolle unter allen Teilnehmern validiert und abgeschlossen. Sobald ein Block validiert wurde, wird er mittels kryptographischer Verfahren mit einem anderen Block verbunden. Dadurch entsteht eine Kette aus Blöcken, also eine Blockchain.[6] Die Blockchain-Technologie zählt zu den Distributed Ledger Technologien (DLT).[7]

Die Blockchain-Technologie erlangte ihre Bekanntheit insbesondere durch die Veröffentlichung des Bitcoin Whitepapers im Jahr 2008.[8] In dem Whitepaper veröffentlichte eine Person oder Gruppe unter dem Pseudonym *Satoshi Nakamoto*[9] ein Konzept, das erstmals die sichere Übertragung von digitalem Geld (in diesem Fall Bitcoin) zwischen zwei Parteien ermöglichte, ohne dass dabei auf einen Intermediär wie einer Bank zurückgegriffen werden muss.[10] Dabei greift Nakamoto auf technische Komponenten zurück, welche allesamt einzeln betrachtet in der Informatik nicht neu waren.[11] Beispielsweise wurden Blockchains im Sinne der

---

[4] Vgl. Aste / Tasca / Di Matteo (2017), S. 25.

[5] Vgl. Ganne (2018), S. vii.

[6] Vgl. Rodeck / Schmidt (2023); Carson et al. (2018), S. 3.

[7] Auf eine Abgrenzung von Blockchain zu Distributed Ledgern wird an dieser Stelle aus Gründen der besseren Lesbarkeit zunächst verzichtet. Im folgenden Abschnitt 3.2.1 wird sich ausführlich mit der Distributed Ledger Technologie auseinandergesetzt und eine Abgrenzung zur Blockchain-Technologie hergestellt.

[8] Vgl. Nakamoto (2008).

[9] Vgl. Die Identität hinter dem Pseudonym ist bis heute ungeklärt. Aufgrund der Komplexität des Codes der Bitcoin-Blockchain gilt es als unwahrscheinlich, dass sich hinter dem Pseudonym nur eine einzelne Person verbirgt. An den teils wilden Spekulationen um die wahre Identität soll sich an dieser Stelle nicht weiter beteiligt werden. Für einen kurzen Abriss zum „Mysterium" Nakamoto s. Rosen (2023) oder o. V. (o. J. c).

[10] Vgl. Leibfried / Petry (2019), S. 188.

[11] Vgl. Fill / Meier (2020), S. 5.

Speicherung von Daten in einer Kette aus Blöcken bereits 1979 beschrieben.[12] Auch Konsensmechanismen, Kryptographie und Zeitstempel – alles, wie noch zu zeigen ist, essenzielle Bestandteile einer Blockchain – gab es bereits lange vor der Veröffentlichung des Bitcoin Whitepapers.[13] Die Kombination der Bestandteile führte jedoch zu einer neuartigen Technologie, die heute als Blockchain bekannt ist und unter Experten als die eigentliche große Innovation bezeichnet wird.[14]

Blockchain wird mit einer Vielzahl positiver Eigenschaften in Verbindung gebracht. Aufgrund der Architektur von Blockchain soll die Technologie Vertrauen zwischen Parteien erzeugen können, welche sich unter anderen Umständen nicht vertrauen würden.[15] Sie soll vollständige Transparenz für alle beteiligten Parteien ermöglichen.[16] Zudem sollen die in ihr gespeicherten Daten vor dem Verlust geschützt sein.[17] Gleichzeitig sollen Blockchains robust gegenüber Hackerangriffen, Manipulation von Daten und anderen Betrugsversuchen sein.[18] Durch eine Blockchain können Prozesse effizienter gestaltet oder neu gedacht werden.[19] Mithilfe von auf Blockchain basierenden Smart Contracts sollen sich darüber hinaus Möglichkeiten zur Prozessautomatisierung ergeben.[20] Letztlich soll Blockchain die Basis für gänzlich neue Geschäftsmodelle sein.[21]

Aufgrund der Vielzahl an positiven Eigenschaften, die der Blockchain-Technologie nachgesagt werden, wird Blockchain auch als „General-Purpose

---

[12] Vgl. Chaum (1979), S. 2. Chaum beschrieb damals bereits die Idee der Speicherung von Daten in Blöcken, welche aneinander gekettet werden. Den Begriff „Blockchain" verwendete er dabei jedoch nicht explizit. Zur Geschichte von Blockchain s. auch Sherman et al. (2019), S. 72–76; o. V. (o. J. a).

[13] Vgl. Branwen (2017).

[14] Vgl. Schlatt et al. (2016), S. 5. Es lässt sich heute nicht mehr mit Sicherheit zurückverfolgen, wer den Begriff „Blockchain" ursprünglich verwendete. Nakamoto sprach zwar bereits von einer „chain of blocks" (Nakamoto (2008), S. 7) doch der Begriff „Blockchain" wurde erst später zur Beschreibung der zugrundeliegenden Technologie verwendet. Vgl. Matilla (2016), S. 6. Bitcoin gilt dennoch als Ursprung der Blockchain-Technologie, wie sie heute verstanden wird. Vgl. Zhang et al. (2018), S. 309.

[15] Vgl. Capocasale / Gotta / Perboli (2023), S. 1; Filipova (2018), S. 87.

[16] Vgl. Guo / Yu (2022), S. 1; Marchesi et al. (2022), S. 1; Ghiro et al. (2021), S. 1; Monrat / Schelén / Andersson (2019), S. 117134; Nazzini (2019), S. 1; Tapscott / Tapscott (2017), S. 3.

[17] Vgl. Ruoti et al. (2020), S. 48.

[18] Vgl. Nazzini (2019), S. 1; Roberts / Karras (2019), S. 5.

[19] Vgl. Gurtu / Johny (2019), S. 883.

[20] Vgl. Schär / Hübner (2020), S. 299. Smart Contracts werden in Abschnitt 3.6 behandelt.

[21] Vgl. Filipova (2018), S. 75.

Technology" (GPT)[22] bezeichnet,[23] wenngleich diese Meinung unter Wissen-
schaftlern umstritten ist.[24] Nichtsdestotrotz haben sich vielfältige Anwendungsmöglichkeiten der Blockchain-Technologie herauskristallisiert. So sind nach
Bitcoin eine Vielzahl weiterer Kryptowährungen in Umlauf gekommen.[25] Das
Potenzial von Blockchain geht jedoch weit über Kryptowährungen hinaus.[26] Derzeit entwickelt sich die Blockchain-Landschaft schnell weiter: Viele Blockchain-
basierte Lösungen sind auf dem Markt verfügbar und alle paar Monate werden
neue Projekte veröffentlicht.[27] Die möglichen Anwendungsfälle sind vielfältig.
Überall dort, wo die Integrität von Daten nachgewiesen werden muss, ist der
Einsatz von Blockchain denkbar.[28] Im Bereich von Supply-Chains helfen Blockchains beispielsweise bei der Echtzeit-Nachverfolgung von Waren, ermöglichen
automatische Zahlungsabwicklung bei Vollzug von Warentransfers oder liefern
einen transparenten Nachweis über Lieferketten von Produkten.[29]

Trotz der steigenden Anzahl an Blockchain-Anwendungen hat die Blockchain-
Technologie einen schlechten Ruf. Durch einen hohen Energieverbrauch und
geringe Transaktionsgeschwindigkeiten ist beispielsweise und insbesondere die
Bitcoin-Blockchain in ihrem Nutzen stark begrenzt.[30] Auch wenn diese negativen
Aspekte nicht auf alle Blockchains zutreffen, so gibt es nach wie vor einen großen
Irrglauben, dass die Blockchain-Technologie als solche die genannten Nachteile

---

[22] Die Abkürzung GPT ist an dieser Stelle nicht zu verwechseln mit dem populären Chat-
Dienst. ChatGPT der OpenAI Foundation. In diesen Kontext steht GPT für „Generative Pre-
trained Transformer", also generierender vortrainierter Transformator. Vgl. Perrigo (2023);
o. V. (2023b).

[23] Vgl. Davidson / de Filippi / Potts (2016), S. 2.

[24] Für eine kritische Auseinandersetzung mit dieser Einstufung s. Ozcan / Unalan (2022),
S. 792–809.

[25] Im September 2024 waren weltweit über 9.800 verschiedene Kryptowährungen im
Umlauf. Die genaue Angabe variiert je nach Quelle. Die Finanzplattform investing.com,
nach eigenen Angaben eine der drei größten globalen Finanz-Websites, gab am 18.09.2024
die Anzahl mit 9.844 an. Vgl. o. V. (2024a). Die Website coinmarktcap.com, die nach eigenen Angaben weltweit am häufigsten referenzierte Preisverfolgungswebsite für Kryptoas-
sets, listete 9.820 unterschiedliche Kryptowährungen am gleichen Tag. Vgl. o. V. (2024b).
Mit 10.397 Kryptowährungen wurde im Februar 2022 das bis dato historische Maximum
dokumentiert. Vgl. Statista (2024).

[26] Vgl. Rodeck / Schmidt (2023); Prinz et al. (2018), S. 312.

[27] Vgl. Capocasale / Gotta / Perboli (2023), S. 1.

[28] Vgl. Deloitte (2016), S. 5.

[29] Vgl. Ashcroft (2023).

[30] Vgl. Baliga (2020), S. 15; Sedlmeir et al. (2020), S. 599; Belotti et al. (2019), S. 3804.

mit sich bringt.[31] Tatsächlich haben sich viele alternative Blockchain-Netzwerke mit teils erheblichen Unterschieden zur ursprünglichen Bitcoin-Blockchain entwickelt. So gibt es neben den rein öffentlichen Netzwerken auch zugriffsbeschränkte Netzwerke mit (teils) eingeschränkten Schreib- und Leserechten und Mischformen, welche sich in erheblichem Maße von der Bitcoin-Blockchain unterscheiden.[32]

Dieses Kapitel 3 soll Aufschluss darüber geben, welche der mit Blockchain assoziierten positiven Eigenschaften für das Controlling nützlich sein können und welche evtl. kritisch hinterfragt werden müssen. Zudem soll ein Verständnis für Einsatzmöglichkeiten von Blockchain geschaffen werden, welches als Grundlage für die Analyse in Kapitel 5 dient. Dafür werden in den folgenden Abschnitten die wichtigsten technischen Komponenten sowie die Funktionsweise von Blockchain im Allgemeinen dargestellt. Da die mit der Verwendung von Blockchain einhergehenden Eigenschaften von Informationen stark von der technischen Konfiguration der Blockchain abhängig sind, wird weiterhin eine Systematisierung von Blockchain-Arten vorgenommen. Anschließend wird der Fokus auf private Blockchains gelegt, wobei die Funktionsweise, wesentliche Merkmale und insbesondere die Möglichkeiten zur Konsensfindung dabei näher betrachtet werden. Zum Abschluss des Kapitels werden Blockchain-basierte Smart Contracts eingeführt.

3.2 Grundlegende Komponenten einer Blockchain

3.2.1 Distributed Ledger Technologie

Die Distributed Ledger Technologie (DLT)[33] zählt zu den vielversprechendsten Innovationen im Bereich der Informationstechnologie. Ihr wird das Potenzial zugeschrieben, Organisationen und die Zusammenarbeit in Wirtschaft, Gesellschaft und Industrie zu verändern.[34] In diesem Abschnitt werden die technischen Hintergründe der DLT als Datenbanktechnologie vorgestellt, um anschließend eine Einordnung von Blockchain und anderen Technologien im Rahmen der DLT vorzunehmen.

---

[31] Vgl. Klingebiel (2019), S. 31; von Weizsäcker (2019), S. 41.

[32] Eine Systematisierung von Blockchain-Anwendungen wird in Abschnitt 3.4 vorgenommen.

[33] Distributed Ledger bedeutet auf deutsch „verteiltes Hauptbuch" oder „verteiltes Register".

[34] Vgl. Sunyaev (2020), S. 265.

Die Speicherung und Verwaltung von Daten ist ein integraler Bestandteil vieler Anwendungen von Datenbanken.[35] Neue Daten werden zunächst in einer Datenbank erstellt. Anschließend können Daten eingesehen (also „gelesen"), bearbeitet oder gelöscht werden. Alle Tätigkeiten im Rahmen der Datenbank verlangen einen Arbeitsschritt. Die Einheit eines Arbeitsschritts wird in diesem Kontext als Transaktion bezeichnet. Jede Transaktion wird isoliert durchgeführt und kann eindeutig von anderen Transaktionen abgegrenzt werden. Dadurch lassen sich Transaktionen rückabwickeln, zum Beispiel wenn Fehler passiert sind.[36] Es lassen sich grundsätzlich drei Organisationsformen von Datenbanken unterscheiden: *zentrale, dezentrale* und *verteilte* Datenbanken.[37]

Eine *zentrale* Datenbank basiert auf einem einzigen, zentralen Speicher.[38] Ein zentralisiertes System ist leicht aufzusetzen, kann schnell weiterentwickelt werden und ist im Vergleich zu auf mehreren Geräten verteilten, dezentralen Datenbanken leicht zu warten und zu verwalten.[39] Zentrale Datenbanken-Systeme haben jedoch Nachteile in Bezug auf die Verfügbarkeit und Performance.[40] Bei zu vielen gleichzeitigen Anfragen kann eine zentrale Datenbank schnell an ihre Verarbeitungsgrenzen gelangen. Dies schlägt sich wiederum auf die Leistung des Systems nieder.[41] Ein Ausfall der Datenbank führt zum (vorübergehenden) Ausfall des gesamten Systems. Durch das Vorhandensein eines einzelnen Ausfallpunktes (sog. *Single Point of Failure*) bestehen generelle Sicherheitsrisiken wie z. B. ein vollständiger Verlust der Daten.[42]

---

[35] Vgl. Sunyaev (2020), S. 266. In Unternehmen werden Daten häufig in relationalen Datenbanken organisiert. Relationale Datenbanksysteme sind weit verbreitet und speichern Daten in tabellarischer Form. Dabei weisen alle Zeilen einer Tabelle die gleichen Spalten auf, sodass die Datensätze eine einheitliche Struktur haben. Obwohl die Reihenfolge der Datensätze in der Tabelle keine festgelegte Bedeutung hat, kann jeder Datensatz eindeutig über einen sogenannten Primärschlüssel identifiziert und abgerufen werden. Vgl. Mielebacher (2024), S. 71.

[36] Vgl. Sunyaev (2020), S. 266.

[37] Vgl. Bazzanella / Feraud (2023), S. 10.

[38] Vgl. Sunyaev (2020), S. 266.

[39] Vgl. Touron (2019).

[40] Die Verfügbarkeit eines Systems ist definiert als prozentualer Zeitanteil zu welchem das System fehlerfrei funktioniert. Vgl. Held (2015). Die Performance oder auch Leistung einer Datenbank kann allgemein als die Geschwindigkeit, mit welcher ein Datenbank-Management-System die Informationen an seine Nutzer liefert, verstanden werden. Vgl. Mullins (2017).

[41] Vgl. Sunyaev (2020), S. 266–267.

[42] Vgl. Touron (2019).

In *dezentralen* Datenbanken gibt es nicht einen, sondern mehrere miteinander verbundene, physische Datenspeicher, die in der Regel alle eine Kopie der Daten besitzen und an verschiedenen Orten gelagert werden.[43] So lange mindestens eine Datenbank aktiv ist, bleibt das System weitestgehend funktionsfähig.[44] Die Datenspeicher einer dezentralen Datenbank sind in der Regel hierarchisch organisiert. Das führt dazu, dass eine dezentrale Datenbank in der Regel aus einer Vielzahl, hierarchisch geordneter, zentraler Datenbanken besteht.[45] Dezentrale Systeme bringen in der Regel höhere Transaktionsgeschwindigkeiten und damit eine bessere Performance mit sich. Das System ist oftmals flexibler als zentrale Datenbanken. Allerdings sind dezentrale Datenbanken auch für die gleichen Sicherheits- und Datenschutzrisiken anfällig, wie zentrale Systeme. Durch das Vorhandensein von mehreren Datenspeichern ist die Fehlertoleranz zwar höher, doch die Aufrechterhaltung und Pflege des Systems ist üblicherweise aufwendiger und teurer.[46]

Bei einer *verteilten* Datenbank werden Kopien der Daten auf mehreren, physischen Datenspeichern mit gleichen Rechten redundant gespeichert. Die Datenspeicher werden auch als Knoten (engl. Nodes) bezeichnet. Verteilte Datenbanken bringen eine gesteigerte Verfügbarkeit mit sich und werden zur Vermeidung von Performance-Problemen eingesetzt. Falls eine Datenbank im verteilten System ausfällt oder zeitweise nicht erreichbar ist, können die anderen noch verfügbaren Datenspeicher einspringen und ein vergleichbares Ergebnis herbeiführen. Ein solch verteiltes Datenbanksystem kann zu einer höheren Leistung führen, da Anfragen an die Datenbank über das gesamte Netzwerk verteilt und daher parallel bearbeitet werden können. Die Datenspeicher einer verteilten Datenbank folgen in der Regel keiner hierarchischen Struktur, sondern bilden ein Netz von Datenspeichern, in welchem alle Datenspeicher miteinander verbunden sind.[47]

Eine spezielle Form von verteilten Datenbanken sind *Distributed Ledger* (deutsch: „verteilte Register"). Die Daten eines Distributed Ledgers sind typischerweise auf mehreren Knoten eines Peer-to-Peer-Netzwerks (P2P-Netzwerk)

---

[43] Vgl. Sunyaev (2020), S. 267; Touron (2019).

[44] Es kann sein, dass ein Teil der Daten und Ressourcen vorübergehend für die Netzwerkteilnehmer nicht erreichbar ist, während ausgefallene und beeinträchtigte Server repariert werden. Jedoch ist ein Ausfall des gesamten Systems äußerst unwahrscheinlich. Vgl. Touron (2019).

[45] Vgl. Sunyaev (2020), S. 267.

[46] Vgl. Touron (2019).

[47] Vgl. Sunyaev (2020), S. 267.

verteilt. Jeder Knoten speichert, repliziert und aktualisiert eigenständig eine identische Kopie der Daten.[48] Dem Ledger können nur neue Daten hinzugefügt
werden. Ein Bearbeiten oder Löschen von einmal bereits hinzugefügten Daten
ist unmöglich.[49] Der Hauptvorteil dieser Struktur liegt darin, dass sie keinen
zentralen Administrator benötigt und keinen *Single Point of Failure* besitzt.[50]

Die Distributed Ledger Technologie hat ihre Bekanntheit insbesondere durch
die Blockchain-Technologie erlangt. Die Begriffe „Distributed Ledger Technology" und „Blockchain-Technologie" werden häufig synonym verwendet, obwohl
Blockchain streng genommen nur eine spezielle Form von DLT ist.[51] Andere Formen der DLT sind bspw. Tangle, Hashgraph oder Sidechain.[52] Jede Form der DLT
unterscheidet sich in Bezug auf verschiedene Datenmodelle und Technologien.
Dennoch lassen sich übergreifende Gemeinsamkeiten für alle DLT feststellen.
Alle DLT bauen auf einem verteilten *P2P-Netzwerk* auf, nutzen Komponenten
aus dem Bereich der *Kryptographie* und enthalten einen *Konsensmechanismus*.[53]
Diese Bestandteile von DLT werden in den folgenden Abschnitten in Bezug auf
die Blockchain-Technologie dargestellt.

Zuvor muss an dieser Stelle jedoch noch auf die Verwendung des Begriffs
„Blockchain" im Rahmen der vorliegenden Arbeit eingegangen werden, insbesondere vor dem Hintergrund der hier dargestellten, übergeordneten Distributed
Ledger Technologie: Sowohl in der Literatur als auch in der Praxis wird
der Begriff „Blockchain" teils fälschlicherweise verwendet, wenn von anderen Formen der Distributed Ledger Technologie gesprochen wird, die nicht der
Blockchain-Technologie zuzuordnen sind. In der Praxis werden die Begriffe
sowohl unwissentlich als auch wissentlich synonym behandelt. Laut einem Studienbericht von Bitkom aus dem Jahre 2019 geben lediglich 26 % der Befragten
aus der Praxis an, dass sie im Zusammenhang mit dem Begriff „Blockchain"
auch schon einmal vom Begriff „DLT" gehört oder gelesen haben.[54] Dies lässt

---

[48] Vgl. Walport (2015), S. 5.

[49] Vgl. Sunyaev (2020), S. 268.

[50] Vgl. Majaski (2023); Scardovi (2016), S. 36.

[51] Vgl. Kunde et al. (2017), S. 11. Andere Formen der DLT sind bspw. *Tangle, Hashgraph*
oder *Sidechain*. Vgl. dazu Burkhardt / Werling / Lasi (2018), S. 4; El Ioini / Pahl (2018),
S. 278.

[52] Vgl. dazu Burkhardt / Werling / Lasi (2018), S. 4; El Ioini / Pahl (2018), S. 278.

[53] Vgl. El Ioini / Pahl (2018), S. 278.

[54] Vgl. Gentemann (2019), S. 15. Der Studienbericht basiert auf einer Befragung von der Bitkom Research GmbH aus dem Jahr 2018. Dabei wurden nach Angaben des Studienberichts
1.004 nach Branchen und Größenklassen repräsentative Unternehmen mit mindestens 50
Mitarbeitenden in Deutschland befragt. Die Interviews wurden mit Führungskräften geführt,

den Schluss zu, dass eine Abgrenzung oder Unterscheidung der beiden Technologien bei einer Vielzahl der Befragten nicht bekannt ist. Weiterhin gestanden 6 von 14 ausgewählten Blockchain-Experten ein, dass sie wissentlich den falschen Begriff „Blockchain" verwenden, selbst wenn sie allgemein über DLT referieren. Dies wird u. a. damit begründet, dass der Begriff „Blockchain" eine größere Bekanntheit hat. Zudem ist für das Verständnis der grundlegenden Anwendungsmöglichkeiten eine Differenzierung zwischen unterschiedlichen Formen der Distributed Ledger nicht zwangsläufig notwendig.[55] Auch in der Literatur erscheint eine Vielzahl an Beiträgen zum Thema „Blockchain", die sich bei genauerer Betrachtung im technischen Sinne allgemein auf „Distributed Ledger" oder andere Formen als Blockchain beziehen.[56]

In dieser Arbeit werden die Begriffe „Distributed Ledger" und „Blockchain" synonym verwendet, so wie es in vielen wissenschaftlichen Arbeiten üblich ist. Im Kontext des allerdings häufig allgemein unpassend verwendeten „Distributed Ledger"-Begriffs wird jedoch explizit angegeben, wenn die Erörterung einer Eigenschaft, der Funktionsweise oder eines Anwendungsbeispiels von Distributed Ledgern nicht für Blockchain gleichermaßen gilt.[57]

3.2.2 Peer-to-Peer-Netzwerk

Im Gegensatz zu herkömmlichen Datenbanken, die von einer zentralen Stelle verwaltet werden, stützen sich Distributed Leder und damit auch Blockchains

---

die in ihrem Unternehmen das Thema Blockchain zu verantworten haben. Vgl. Gentemann (2019), S. 8–9.

[55] Vgl. Gentemann (2019), S. 15.

[56] Gou et al. (2023) sprechen bspw. in Ihrem Beitrag vom „IOTA Blockchain Network". IOTA nutzt allerdings keine Blockchain zur Datenspeicherung, sondern einen sog. Directed Acyclic Graph (DAG), der als *Tangle* bekannt ist, wie die Autoren selbst richtigerweise beschreiben. *Tangle* ist jedoch eine andere Form der DLT und keine Blockchain. Den Begriff DLT verwenden die Autoren hingegen nicht. Rawat / Daza / Signorini (2022) verwenden sowohl den Begriff „IOTA Distributed Ledger Technology" als auch „IOTA Blockchain", wenngleich Letzteres eine unzutreffende Formulierung ist. Vgl. Rawat / Daza / Signorini (2022), S. 1. Osuolale / Okorie / Ogunwale (2024) beschreiben Hedera als „(...) a type of blockchain network that uses the well-known hashgraph algorithm (...)". Osuolale / Okorie / Ogunwale (2024), S. 5. *Hashgraph* von Hedera ist allerdings keine Blockchain, sondern wie *Tangle* eine andere DLT-Form. Vgl. Musienko (2023).

[57] Vgl. Gentemann (2019), S. 15.

auf ein **Peer-to-Peer-Netzwerk (P2P-Netzwerk)**, das keine einzelne Partei kontrollieren kann.[58] Ein P2P-Netzwerk ist ein verteiltes Computernetzwerk, in dem alle teilnehmenden Computer (auch als Peers bezeichnet) gleichberechtigt sind und Daten direkt miteinander austauschen können, ohne dass ein zentraler Server erforderlich ist.[59] Die Authentifizierung von Transaktionen erfolgt durch kryptographische Mittel (s. Abschnitt 3.2.3) und ein mathematisches Konsensprotokoll (s. Abschnitt 3.2.4), das die Regeln für die Aktualisierung des Registers festlegt. Somit können sich Teilnehmer, die einander nicht vertrauen, zusammenarbeiten, ohne sich auf eine einzige vertrauenswürdige dritte Partei verlassen zu müssen. Alle Teilnehmer an einer Blockchain können jederzeit auf das Hauptbuch zugreifen und es überprüfen.[60]

P2P-Netzwerke sind eine besondere Art von verteilten Systemen.[61] Sie bestehen aus einzelnen Computern (auch als *Knoten* bzw. *Nodes* bezeichnet) und haben keinen einzelnen Eigentümer.[62] Die Knoten stellen ihre Verarbeitungsleistung, Speicherkapazität, Daten und Netzwerkbreite direkt allen Netzwerkteilnehmern zur Verfügung, ohne auf eine zentrale Koordinationsstelle zurückzugreifen.[63] Alle Nutzer haben grundsätzlich die gleichen Zugriffsrechte und Rollen. Im Gegensatz zu traditionellen Client-Server-Netzwerken, bei denen ein zentraler Server die Datenverwaltung und Kommunikation übernimmt, ermöglicht ein verteiltes P2P-Netzwerk den direkten Austausch von Informationen und Ressourcen zwischen den Teilnehmern.[64] Jeder Peer kann Dateien oder andere Ressourcen bereitstellen und gleichzeitig Dateien von anderen Peers herunterladen.[65] Ein Peer kann dabei autonom handeln, also frei entscheiden ob oder in welchem Ausmaß er seine Ressourcen für andere zur Verfügung stellt.[66]

Der große Vorteil von verteilten Systemen ist die hohe Ausfallsicherheit.[67] In reinen Peer-to-Peer-Netzwerken kann ein Peer aus dem Netzwerk entfernt werden, ohne dass dabei ein Verlust der Netzwerkleistung einhergeht. Der Ausfall eines Knotenpunkts kann durch die anderen Knoten im Netzwerk abgefangen

---

[58] Vgl. Aste / Tasca / Di Matteo (2017), S. 18; Scardovi (2016), S. 36.

[59] Vgl. Schoder / Fischbach / Schmitt (2005), S. 2–3; Schollmeier (2002), S. 1.

[60] Vgl. Ganne (2018), S. vii.

[61] Vgl. Drescher (2017a), S. 34.

[62] Vgl. Drescher (2017a), S. 34; Touron (2019).

[63] Vgl. Drescher (2017a), S. 34.

[64] Vgl. Schoder / Fischbach / Schmitt (2005), S. 2–3; Schollmeier (2002), S. 1.

[65] Vgl. Touron (2019).

[66] Vgl. Schoder / Fischbach / Schmitt (2005), S. 3.

[67] Vgl. Touron (2019).

werden. P2P-Netzwerke sind demnach ausfallsicher sowie robust, beispielsweise gegen Hacker-Angriffe.[68] Sie gelten weiterhin als transparent und sind stark skalierbar. Andererseits sind verteilte Systeme schwerer zu implementieren und verursachen hohe Wartungskosten.[69]

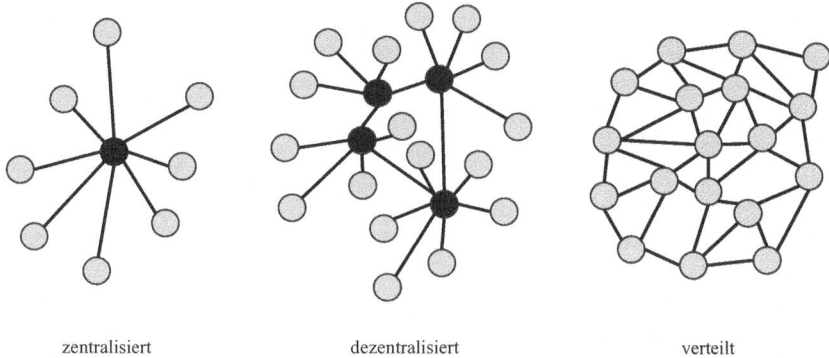

zentralisiert   dezentralisiert   verteilt

Abbildung 3.1 Gegenüberstellung zentralisierter, dezentralisierter und verteilter Systeme[70]

Die Übersicht in Abbildung 3.1 zeigt eine vereinfachte Gegenüberstellung der unterschiedlichen Architektur von zentralen, dezentralen und verteilten Netzwerken. Ein P2P-Netzwerk von DLT kann der rechten Architektur in der Abbildung zugeordnet werden.

Einschränkend muss jedoch erwähnt werden, dass Systeme in der Realität selten in einer rein zentralen, dezentralen oder verteilten Form vorliegen. In den meisten Fällen handelt es sich um gemischte Formen der Systeme, in denen verschiedene Akteure unterschiedliche Rollen einnehmen, um einem System in Abhängigkeit seiner Zielsetzung einen zentralen, dezentralen und/oder verteilen Charakter zu geben.[71] Auch Blockchains besitzen entgegen der herkömmlichen Meinung und dem ursprünglichen Gedanken aus dem Bitcoin Whitepaper nicht immer eine strikt verteilte Datenbank-Struktur, sondern sind je nach

---

[68] Vgl. Schollmeier (2002), S. 2.

[69] Vgl. Touron (2019).

[70] Eigene Darstellung in Anlehnung an Urban (2020), S. 16.

[71] Vgl. Graf (2017).

Ausgestaltung nicht selten auch dezentral.[72] Auf diesen Aspekt wird ausführlicher in Abschnitt 3.4 eingegangen, welcher eine Abgrenzung unterschiedlicher Blockchain-Arten vornimmt.

3.2.3   Die Rolle der Kryptographie in Blockchains

3.2.3.1   Einführung in die Kryptographie

Die Kryptographie stellt einen Teilbereich der wissenschaftlichen Disziplin der Kryptologie dar.[73] Die Kryptologie umfasst die Ver- und Entschlüsselung von Informationen sowie die dafür verwendeten Methoden.[74] Neben der Kryptographie gehört auch die Kryptoanalyse zu den Disziplinen der Kryptologie. Die Kryptographie beschäftigt sich mit der (kryptographischen) Verschlüsselung von Informationen. Die Kryptoanalyse hingegen beschäftigt sich mit der Entschlüsselung von kryptographisch verschlüsselten Informationen. Dabei werden die Informationen ohne Kenntnis des Verschlüsselnden entschlüsselt.[75] Die Begriffe Kryptologie und Kryptographie werden häufig synonym verwendet. *Beutelspacher (2015)* betont dabei, dass dies keine Gefahr von Missverständnissen birgt, da der Bedeutungsunterschied der beiden Begriffe nicht so groß ist wie bei anderen, ähnlich lautenden Begriffspaaren.[76] Von der Kryptographie ist die Steganografie abzugrenzen. Die Steganografie behandelt nicht die Verschlüsselung von Informationen, sondern die Verschleierung der Kommunikationskanäle, über welche kryptographisch verschlüsselte Informationen übermittelt werden.[77]

Im Rahmen der Kryptographie werden Methoden angewandt, die den Schutz von Daten und die Übermittlung von potenziell sensiblen Informationen ermöglichen, während gleichzeitig dafür gesorgt wird, dass die Informationen für andere unverständlich bleiben. Damit die kryptographischen Methoden wirksam sind, müssen sie Vertraulichkeit, Integrität und Authentizität gewährleisten. Unter *Vertraulichkeit* versteht man, dass verschlüsselte Informationen nur von autorisierten Personen entschlüsselt und gelesen werden können. *Integrität* verlangt, dass die

---

[72] Vgl. Lawrence (2023).

[73] Vgl. Beutelspacher (2015), S. 2.

[74] Vgl. Hellwig / Karlic / Huchzermeier (2021), S. 135.

[75] Vgl. Hellwig / Karlic / Huchzermeier (2021), S. 135; Beutelspacher (2015), S. 2.

[76] Vgl. Beutelspacher (2015), S. 2–3. Beutelspacher verweist dabei auf die großen Unterschiede zwischen den Begriffen Geologie und Geografie, Philologie und Philosophie oder Astronomie und Astrologie. Vgl. Beutelspacher (2015), S. 3.

[77] Vgl. Hellwig / Karlic / Huchzermeier (2021), S. 135.

übermittelten Daten unveränderlich sind. *Authentizität* setzt voraus, dass es eine Bestätigungsmöglichkeit darüber gibt, dass eine Nachricht vom angegebenen Sender stammt.[78]

Im Rahmen der Blockchain-Technologie werden modernste kryptographische Verschlüsselungstechnologien eingesetzt.[79] Dafür werden heutzutage vordergründig Algorithmen verwendet. Die im Bereich der Kryptographie genutzten Algorithmen lassen sich in Hash-Algorithmen, symmetrische Algorithmen und asymmetrische Algorithmen unterteilen.[80] Diese werden in den folgenden Unterkapiteln näher erörtert. Bei der Blockchain-Technologie finden vornehmlich Informations-Hashing und digitale Signaturen auf Basis der asymmetrischen Kryptographie Anwendung.[81]

3.2.3.2 Hashfunktionen

Das Hashing stellt eine möglichst einfache Art dar, Daten auf ihre Vollständigkeit und Integrität hin zu überprüfen. Der Hashwert (oft auch nur „Hash") ist ein Wert mit einer festen Größe, welcher aus Ziffern und Buchstaben bestehen kann. Der Hashwert wird durch eine Hashfunktion (oder „Hash-Algorithmus") berechnet. Die Hashfunktion wandelt einen Input beliebiger Art und Größe (bspw. Text, Bild oder Video) in einen digitalen Wert einer vordefinierten Größe und fixen Länge (dem Hashwert) um.[82]

Einer der stärksten derzeit verfügbaren Hashfunktionen ist der SHA-256. SHA (Kurzform für Secure Hash Algorithm; deutsch: sicherer Hash-Algorithmus) wurde 1993 vom US-amerikanischen National Institute of Standards and Technology (NIST) eingeführt. SHA-256 gehört zu der im Jahr 2000 eingeführten Familie der SHA-2-Algorithmen, welche dem aktuellen Standard sicherer Algorithmen entsprechen.[83] SHA-256 konnte nach heutigem Kenntnisstand bisher in keiner Weise manipuliert werden.[84] Die Zahl 256 gibt an, dass der Algorithmus einen Wert mit einer festen Größe von 256 Bit, also 2^{256}, einer Zahl mit 78

---

[78] Vgl. Hellwig / Karlic / Huchzermeier (2021), S. 136.

[79] Vgl. Hellwig / Karlic / Huchzermeier (2021), S. 136.

[80] Vgl. Hellwig / Karlic / Huchzermeier (2021), S. 140.

[81] Vgl. Hellwig / Karlic / Huchzermeier (2021), S. 136.

[82] Vgl. Shah et al. (2020), S. 2; Wu / Song / Wang (2020), S. 2; Gilbert / Handschuh (2004), S. 175.

[83] Vgl. Gilbert / Handschuh (2004), S. 176.

[84] Vgl. Veness (o. J.). Die Forschung arbeitet bereits an neuen Hash-Algorithmen, die auch zukünftig eine hinreichende Sicherheit gegenüber modernen Quantencomputern erreichen sollen. Vgl. Hellwig / Karlic / Huchzermeier (2021), S. 137.

Ziffern, ausgibt. In der Informatik werden statt Dezimalzahlen häufig Hexadezimalzahlen verwendet, welche neben den Ziffern 0–9 auch die Buchstaben A-F enthalten. Diese lassen sich leichter in Binärdarstellung transformieren. Zudem besitzt ein 256 Bit großer Hash als Hexadezimalcode „nur" noch 64 Stellen.[85] Die folgende Tabelle 3.1 zeigt den Hash als Hexadezimal-Wert für vier verschiedene Schreibweisen derselben Aussage. Dabei ändern sich nur einzelne Zeichen oder die Groß- und Kleinschreibung. Der korrespondierende Hashwert hingegen ändert sich offensichtlich und vollumfänglich:

Tabelle 3.1 Veränderung von Hashwerten bei geringfügiger Anpassung des Inputs[86]

Input	Output mit SHA-256 Algorithmus
Hello world	64ec88ca00b268e5ba1a35678a1b5316d212f4f366b2477232534a8aeca37f3c
Hello World	a591a6d40bf420404a011733cfb7b190d62c65bf0bcda32b57b277d9ad9f146e
Hello World!	7f83b1657ff1fc53b92dc18148a1d65dfc2d4b1fa3d677284addd200126d9069
Hello, World!	dffd6021bb2bd5b0af676290809ec3a53191dd81c7f70a4b28688a362182986f

Das kryptographische Hashing bringt einige Eigenschaften mit sich, welche für einen hohen Sicherheitsstandard sorgen sollen. Die Hashfunktion sorgt dafür, dass der identische Input stets zum exakt gleichen Hashwert (Output) führt. Bei einer Änderung am Input ändert sich – wie in Tabelle 3.1 gezeigt – auch der Output zu einem vollkommen anderen Wert (bekannt als Diffusionsprinzip). So kann auf einen Blick erkannt werden, ob sich Daten geändert haben, ohne dass diese im Detail betrachtet werden müssen.[87] Diese Eigenschaft ist wichtig zur Verifizierung der Datenintegrität. Sollte ein Datensatz beim Sender und Empfänger der Information zu unterschiedlichen Hashwerten führen, wurden die Daten bei der Übermittlung verändert.[88] Hashfunktionen folgen dem Konfusionsprinzip (sog. „Einweg-Eigenschaft").[89] Aus einem Hashwert lässt sich nicht auf den

---

[85] Vgl. Fill / Meier (2020), S. 6–7.

[86] Die Hashwerte wurden auf Basis des von Veness (o. J.) zur Verfügung gestellten Algorithmus ermittelt und mittels Drescher (2017b) verifiziert.

[87] Vgl. Fill / Meier (2020), S. 6.

[88] Vgl. Ganne (2018), S. 123.

[89] Vgl. Fill / Meier (2020), S. 7.

Input zurückführen. Durch einen veränderten Hashwert (verursacht durch eine Änderung des Inputs) kann kein Rückschluss auf die konkrete Änderung des Inputs genommen werden. Die Änderung durch Raten oder Probieren zu erkennen muss so unwahrscheinlich sein, dass eine gewaltige Rechenleistung erforderlich wäre, um doch zum Erfolg zu führen.[90] Hashfunktionen sollen zudem kollisionsresistent sein.[91] Eine Kollision ergibt sich, wenn zwei unterschiedliche Inputs denselben Hashwert generieren.[92] Eine hohe Kollisionsresistenz beschreibt demnach eine geringe Wahrscheinlichkeit für Kollisionen.[93] Da Hashfunktionen stets zu einem Hashwert derselben Länge führen, ist der Lösungsraum für Hashwerte demnach per Definition limitiert. Durch Algorithmen wie den SHA-256, welcher zu einer Zeichenlänge von 78 (Dezimalzahl) bzw. 64 (Hexadezimalzahl) führt, ist der Lösungsraum möglicher Outputs jedoch so groß, dass eine Kollision als äußerst unwahrscheinlich betrachtet werden kann.[94] Die Berechnung eines Hashwertes auf Basis eines Inputs gelingt in der Regel sehr schnell. Dadurch gilt das Hashing als sehr effizient.[95] Weiterhin gelten Hashfunktionen als „puzzle-friendly"[96]: Werden zwei Datensätze als Input kombiniert, ist es nahezu unmöglich, den Wert des einen Datensatzes zu identifizieren, wenn der andere Input-Datensatz bereits bekannt ist.[97] Die letztgenannte Eigenschaft machen sich die nachfolgenden definierten Merkle Trees zunutze.

3.2.3.3 Merkle Trees

Merkle Trees, benannt nach dem Entdecker und Informatiker Ralph C. Merkle,[98] sind eine auf Hashwerten basierende Form der Datenhaltung. Der Merkle Tree (oder auch Hashbaum) erinnert an einen auf dem Kopf stehenden Baum, welcher aus miteinander verbundenen Knoten besteht.[99] Die Knoten können entweder Zweige oder Blätter sein. Ein übergeordneter Zweig-Knoten verbindet stets

---

[90] Vgl. Fill / Meier (2020), S. 7–8; Ganne (2018), S. 7.

[91] Vgl. Erbguth (2019b), S. 655; Löwe (2018), S. 12.

[92] Vgl. Fill / Meier (2020), S. 8.

[93] Vgl. Sunyaev (2020), S. 278; Erbguth (2019b), S. 655; Ganne (2018), S. 7.

[94] Vgl. Fill / Meier (2020), S. 8.

[95] Vgl. Ganne (2018), S. 7.

[96] Ganne (2018), S. 7.

[97] Vgl. Ganne (2018), S. 7.

[98] Ralph C. Merkle veröffentlichte 1980 einen Beitrag mit dem Titel „Protocols for Public Key Cryptosystems", in welchem die Baumstruktur zur Verknüpfung und Speicherung von Hashwerten erstmals vorgestellt wurde. Vgl. dazu Merkle (1980), S. 122–134.

[99] Vgl. Sunyaev (2020), S. 278–279; Drescher (2017a), S. 105–106.

zwei verschiedene untergeordnete Knoten. Ein übergeordneter Knoten besteht aus einem Hashwert, der sich aus den Hashwerten der untergeordneten Knoten zusammensetzt. Auf der untersten Ebene des Hashbaums befinden sich die sogenannten Blätter oder Blattknoten. Diese bestehen jeweils aus dem Hashwert eines Datensatzes. Die Blattknoten besitzen keine untergeordneten Knoten.[100] Die Hashwerte der Knoten werden nacheinander paarweise verkettet und gehasht, beginnend mit den Blattknoten bis hin zur Wurzel des Merkle-Baums, die als *Wurzelhash* (oder mit der englischsprachigen Übersetzung *Hash Root* oder *Merkle Root*[101]) bezeichnet wird.[102] Da in dieser Baumstruktur immer nur genau zwei Bestandteile kombiniert werden, spricht man auch von einem Binärbaum.[103] In Abbildung 3.2 wird das Vorgehen verdeutlicht:

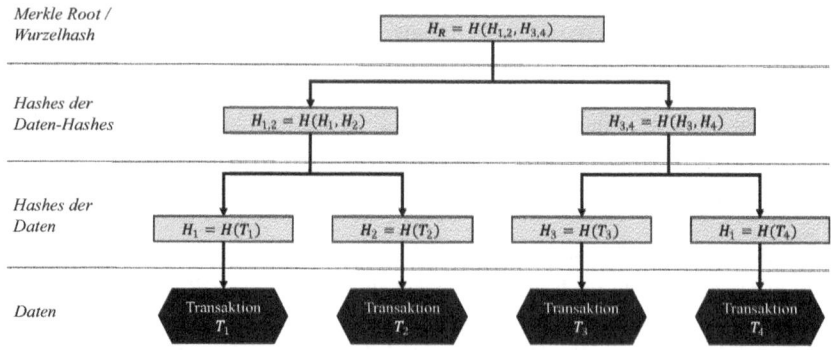

Abbildung 3.2   Merkle Tree basierend auf vier Transaktionsdatensätzen[104]

Der Wurzelhash kann dazu genutzt werden, die Integrität mehrerer Datensätze und großer Datenstrukturen zu überprüfen, da diese durch einen einzelnen

---

[100] Vgl. Sunyaev (2020), S. 279.

[101] Vgl. Meinel / Gayvoronskaya / Schnjakin (2018), S. 38.

[102] Vgl. Fill / Meier (2020), S. 9; Sunyaev (2020), S. 279; Meinel / Gayvoronskaya / Schnjakin (2018), S. 38; Drescher (2017a), S. 106.

[103] Vgl. Fill / Meier (2020), S. 9.

[104] Eigene Darstellung in Anlehnung an Fill / Meier (2020), S. 10. H steht für Hashwert, T steht für Transaktion, H_R steht für Hash Root bzw. Merkle Root. Die Pfeile sind stets auf die durch einen Hashwert repräsentierten Datensätze ausgerichtet, was eine rückwärtsgewandte Darstellungsweise zur Folge hat.

Hashwert repräsentiert werden.[105] Wenn in einem beliebigen zum Merkle Tree gehörenden Datensatz eine Änderung vorgenommen wird, eine Referenz verändert oder eine ganze Transaktion ausgetauscht wird, ändert sich auch der Wurzelhash.[106] Eine Manipulation fällt daher mit Blick auf den Wurzelhash schnell auf.[107] In diesem Fall müssen nicht alle Datensätze überprüft werden, um die Manipulation aufzudecken, sondern man folgt der Spur fehlerhafter Referenzen.[108] Sofern der Wurzelhash unverändert bleibt, kann daraus geschlussfolgert werden, dass sämtliche durch ihn repräsentierte Daten seit der Erstellung nicht verändert wurden.[109]

Merkle Trees eignen sich besonders zur Gruppierung vieler einzelner Datensätze, wenn diese ungefähr zeitgleich verfügbar sind und durch einen einzelnen Hashwert überprüfbar sein sollen.[110] Der große Vorteil dieser Form der Datenstruktur ist es, dass nicht alle Datensätze des Merkle Trees bekannt sein müssen, um einen einzelnen Eintrag auf seine Integrität hin zu überprüfen.[111] Beispielsweise kann im Hash-Baum aus Abbildung 3.2 die Integrität des Datensatzes der Transaktion T_2 einfach überprüft werden, wenn der Baum bereits über die Hashwerte H_1 und $H_{3,4}$ verfügt. Dafür wird der Hashwert von Datensatz 2 erzeugt und dieser schrittweise mit H_1 und dann $H_{3,4}$ kombiniert, um den Wurzel-Hash H_R zu erhalten und zu vergleichen. Endgeräte mit begrenzter Speicherkapazität können demnach die Integrität von Datensätzen überprüfen, ohne eine gesamte Kopie der Datenbank besitzen zu müssen. Merkle Trees werden derzeit insbesondere in Peer-to-Peer-Netzwerken angewandt. Blockchains gelten als einer der Hauptanwendungsbereiche von Merkle Trees.[112]

3.2.3.4 Digitale Signaturen

Zur Ver- und Entschlüsselung von Daten werden in der Informationstechnologie kryptographische Schlüssel verwendet. In früheren Zeiten nutzte man häufig denselben Schlüssel sowohl für die Verschlüsselung als auch für die Entschlüsselung von Informationen (s. Abbildung 3.3). Das Problem dieser Vorgehensweise besteht darin, dass jede Person, die im Besitz dieses Schlüssels ist, in der Lage

---

[105] Vgl. Fill / Meier (2020), S. 139; Sunyaev (2020), S. 279.

[106] Vgl. Drescher (2017a), S. 144–145.

[107] Vgl. Drescher (2017a), S. 106.

[108] Vgl. Fill / Meier (2020), S. 9.

[109] Vgl. Drescher (2017a), S. 106.

[110] Vgl. Drescher (2017a), S. 106.

[111] Vgl. Sunyaev (2020), S. 279; Ganne (2018), S. 115.

[112] Vgl. Sunyaev (2020), S. 279.

ist, die mit ihm verschlüsselten Daten zu entschlüsseln. Wenn ein einzelner Schlüssel zur Ver- und Entschlüsselung verwendet wird, spricht man von **symmetrischer Kryptographie**. In bestimmten Situationen ist es jedoch unerwünscht, dass die Entschlüsselung mit demselben Schlüssel durchgeführt wird, der auch zur Verschlüsselung verwendet wurde.[113] Wenn zwei Parteien, die miteinander verschlüsselte Informationen austauschen, einander nicht vollständig vertrauen, kann die Nutzung eines gemeinsamen Schlüssels problematisch sein. Es kann dann beispielsweise nicht zweifelsfrei nachgewiesen werden, welche der beiden Parteien eine Nachricht manipuliert hat, was zu rechtlichen Unsicherheiten führen kann.[114]

Abbildung 3.3 Schematische Darstellung der symmetrischen Kryptographie[115]

Für eine höhere Sicherheit wird auf Verfahren der **asymmetrischen Kryptographie** zurückgegriffen. Dabei kommen, wie in Abbildung 3.4 schematisch dargestellt, zwei unterschiedliche, aber mathematisch miteinander verknüpfte Schlüssel zum Einsatz, die als Schlüsselpaar bezeichnet werden. Jeder der beiden Schlüssel kann sowohl zur Verschlüsselung als auch zur Entschlüsselung von Daten verwendet werden. Entscheidend ist jedoch, dass nur der jeweils andere Schlüssel des Paars in der Lage ist, eine verschlüsselte Nachricht zu entschlüsseln. Das bedeutet, dass für die sichere Kommunikation zwingend beide Schlüssel benötigt werden. Besitzt eine Person nur einen der beiden Schlüssel, ist sie in ihren Handlungsmöglichkeiten eingeschränkt: Mit einem der Schlüssel kann sie Daten verschlüsseln, aber nicht entschlüsseln, und mit dem anderen Schlüssel kann sie lediglich von ihrem Partner verschlüsselte Informationen entschlüsseln.[116]

---

[113] Vgl. Drescher (2017a), S. 114.

[114] Vgl. Pelzl (2019), S. 1124.

[115] Eigene Darstellung in Anlehnung an Drescher (2017a), S. 114.

[116] Vgl. Drescher (2017a), S. 114–115.

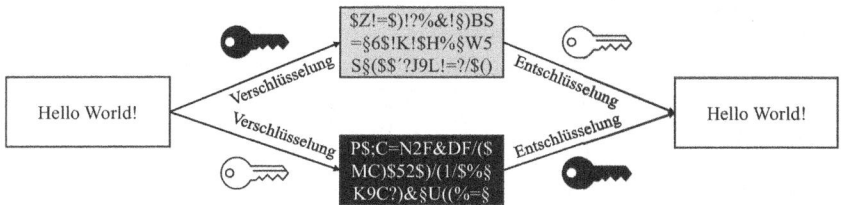

Abbildung 3.4 Schematische Darstellung der asymmetrischen Kryptographie[117]

Das Schlüsselpaar wird in der Praxis von einer Zertifizierungsstelle an registrierte Nutzer ausgegeben.[118] Üblicherweise unterscheidet man dabei zwischen einem privaten und einem öffentlichen Schlüssel.[119] Dieses Verfahren wird als Public-Private-Key-Kryptographie oder kurz als Public-Key-Kryptographie bezeichnet.[120] Der öffentliche Schlüssel wird für alle zugänglich gemacht, ähnlich der öffentlichen Adresse eines Briefkastens: Jeder kann an diese Adresse Nachrichten senden, aber nur der Empfänger kann mit seinem privaten Schlüssel den „Briefkasten" öffnen und die Nachricht lesen. Der private Schlüssel muss hingegen streng vertraulich behandelt werden und darf nicht verloren gehen.[121] Mit Verlust des Schlüssels verliert ein Nutzer den Zugriff auf sein Nutzerkonto, welcher (insbesondere bei öffentlichen Blockchains) nicht wieder hergestellt werden und irreversible Datenverluste nach sich ziehen kann.[122]

Das Public-Key-Verfahren findet in der Blockchain-Technologie vor allem in zwei zentralen Bereichen Anwendung: zur *Identifizierung von Nutzerkonten* und zur *Autorisierung von Transaktionen.*[123] In Blockchains dienen öffentliche Schlüssel zur *Identifizierung von Nutzerkonten,* da sie Adressen für Nutzerkonten darstellen. Diese öffentlichen Schlüssel ermöglichen die Identifikation eines Nutzers bzw. seines Kontos.[124] Dies ist notwendig, um Eigentumsrechte zu übertragen oder um Eigentum einem Eigentümer zuzuordnen. Öffentliche Schlüssel

---

[117] Eigene Darstellung in Anlehnung an Drescher (2017a), S. 115.

[118] Vgl. Sunyaev (2020), S. 280; Meier / Stormer (2018), S. 1141.

[119] Vgl. Meier / Stormer (2018), S. 1141–1142.

[120] Vgl. Sunyaev (2020), S. 280; Drescher (2017a), S. 116.

[121] Vgl. Meier / Stormer (2018), S. 1142; Drescher (2017a), S. 116–117.

[122] Vgl. Drescher (2017a), S. 116.

[123] Vgl. Drescher (2017a), S. 116.

[124] Vgl. Sunyaev (2020), S. 280; Drescher (2017a), S. 117.

werden also in der Blockchain verwendet, um die an einer Eigentumsübertragung beteiligten Konten zu identifizieren.[125] Zur *Autorisierung von Transaktionen* werden digitale Signaturen genutzt, die auf der Public-Key-Kryptographie basieren.[126] Eine digitale Signatur kann als elektronische Entsprechung einer Unterschrift betrachtet werden und dient der rechtsverbindlichen Unterzeichnung von Nachrichten, Dokumenten oder Verträgen.[127] Digitale Signaturen gewährleisten die Authentizität und Integrität einer Transaktion, indem sie nachweisen, dass die Nachricht tatsächlich vom Inhaber des zugehörigen privaten Schlüssels stammt.[128] Die Autorisierung von Transaktionen läuft dabei wie in Abbildung 3.5 veranschaulicht ab.

Der Absender erstellt eine Nachricht, die an das Blockchain-Netzwerk übermittelt werden soll, und versieht sie mit einer digitalen Signatur. Dazu wird die Nachricht zunächst mittels eines Hash-Algorithmus in einen Hashwert umgewandelt.[129] Dieser Hashwert wird anschließend mit dem privaten Schlüssel des Absenders verschlüsselt, wodurch die digitale Signatur entsteht.[130] Eine digitale Signatur ist demnach ein verschlüsselter Hashwert, der eindeutig dem Ersteller der Nachricht zugeordnet werden kann, da er mit dessen privatem Schlüssel erzeugt wurde.[131] Gleichzeitig ist die Signatur an die ursprüngliche Nachricht gebunden, da sie auf dem Hashwert dieser Nachricht basiert.[132] Die Originalnachricht und die digitale Signatur (der verschlüsselte Hashwert) werden gemeinsam gespeichert und an das Netzwerk gesendet.[133]

---

[125] Vgl. Drescher (2017a), S. 117–118.

[126] Vgl. Sunyaev (2020), S. 281; Meier / Stormer (2018), S. 1142.

[127] Vgl. Meier / Stormer (2018), S. 1142.

[128] Vgl. Meyer (2008), S. 7–8.

[129] Vgl. Drescher (2017a), S. 123. Zu den Ausführungen des Hashings s. Abschnitt 3.2.3.2.

[130] Vgl. Meier / Stormer (2018), S. 1143; Drescher (2017a), S. 123.

[131] Vgl. Meier / Stormer (2018), S. 1143.

[132] Vgl. Drescher (2017a), S. 123.

[133] Vgl. Meier / Stormer (2018), S. 1142; Drescher (2017a), S. 123.

Abbildung 3.5
Schematische Darstellung
der Erstellung einer
digitalen Signatur[134]

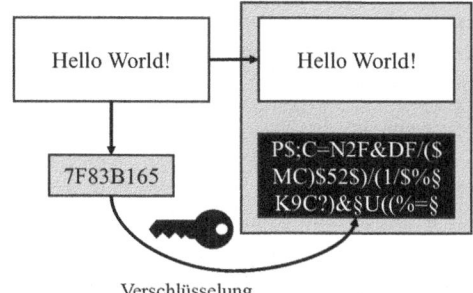

Verschlüsselung

Jeder Teilnehmer im Netzwerk kann jetzt die übermittelten Informationen überprüfen. Dazu benötigt der Empfänger der Nachricht neben der signierten Nachricht auch den öffentlichen Schlüssel des Absenders. Zunächst berechnet der Empfänger einen Hashwert der erhaltenen Nachricht. Danach entschlüsselt er die digitale Signatur mit dem öffentlichen Schlüssel des Absenders.[135] Durch die Entschlüsselung wird der zuvor mit dem privaten Schlüssel des Absenders verschlüsselte Hashwert sichtbar. Anschließend vergleicht der Empfänger den selbst erzeugten Hashwert mit dem entschlüsselten Hashwert. Sind die beiden Hashwerte identisch (s. Abbildung 3.6, links), lassen sich zwei Rückschlüsse ziehen: Erstens, die Nachricht stammt tatsächlich vom Absender (da nur der zugehörige öffentliche Schlüssel den verschlüsselten Hashwert entschlüsseln konnte).[136] Dies bezeichnet man als **Nachrichtenauthentizität**.[137] Zweitens, die Nachricht wurde nicht verändert, da der vom Empfänger erzeugte Hashwert mit dem entschlüsselten Hashwert übereinstimmt.[138] Dies stellt die **Nachrichtenintegrität** sicher.[139] Wenn die beiden Hashwerte nicht übereinstimmen, wird eine Manipulation oder Fälschung aufgedeckt.[140] In diesem Fall könnte die Nachricht

---

[134] Eigene Darstellung in Anlehnung an Drescher (2017a), S. 123.

[135] Vgl. Sunyaev (2020), S. 280; Meier / Stormer (2018), S. 1142; Drescher (2017a), S. 123–124.

[136] Vgl. Meier / Stormer (2018), S. 1142–1143; Drescher (2017a), S. 123–124.

[137] Vgl. Pelzl (2019), S. 1127.

[138] Vgl. Meier / Stormer (2018), S. 1143; Drescher (2017a), S. 124.

[139] Vgl. Pelzl (2019), S. 1127.

[140] Vgl. Drescher (2017a), S. 124. Es wird davon ausgegangen, dass Verfahrensfehler ausgeschlossen sind, also folglich die richtige zu überprüfende Nachricht geprüft wurde, die richtigen Schlüssel eingesetzt wurden und alle Hashwerte mit derselben Hashfunktion erzeugt wurden.

entweder verändert worden sein (s. Abbildung 3.6, Mitte) oder sie stammt nicht
vom angegebenen Absender (s. Abbildung 3.6, rechts).[141]

Abbildung 3.6 Durchführen der Verifizierung einer signierten Nachricht[142]

Zusammenfassend lassen sich folgende zentrale Funktionen digitaler Signaturen in der Blockchain festhalten: Eine digitale Signatur signalisiert das Ein-
verständnis des Kontoinhabers zur Übertragung seines Eigentums. Sie kann nur
vom Kontoinhaber erstellt werden, da dieser allein über seinen privaten Schlüssel verfügt. Digitale Signaturen sind von allen Teilnehmern des Netzwerks leicht
überprüfbar. Sie dienen der Unterzeichnung und Verifikation von Transaktionen
und ermöglichen die eindeutige Zuordnung einer Nachricht zu ihrem Ersteller
(dem Absender).[143]

3.2.4   Grundlagen zu Konsensmechanismen

In verteilten Netzwerken wie der Blockchain besteht die zentrale Herausforderung in der Gewährleistung der Konsistenz und Sicherheit der gespeicherten
Daten.[144] Unter Konsistenz ist dabei zu verstehen, dass alle Teilnehmer jederzeit
über identische Kopien der gesamten Datenbank verfügen. Dies stellt sicher, dass
jede Anfrage, unabhängig von ihrem Ursprungsort, stets zu identischen Resulta-
ten führt.[145] Da die Daten in einem verteilten System über verschiedene Knoten

---

[141] Vgl. Drescher (2017a), S. 125.

[142] Eigene Darstellung in Anlehnung an Diehl (2023) und Drescher (2017a), S. 124.

[143] Vgl. Sunyaev (2020), S. 281; Pelzl (2019), S. 1126; Drescher (2017a), S. 125.

[144] Vgl. Hellwig / Karlic / Huchzermeier (2021), S. 57.

[145] Vgl. Hellwig / Karlic / Huchzermeier (2021), S. 59; Buterin (2017).

hinweg gespeichert werden, ist eine kontinuierliche Synchronisation des Datenbestandes erforderlich. Um diese Synchronisation zu gewährleisten, müssen sich die Knoten regelmäßig auf einen gemeinsamen Stand der Daten einigen.[146] Dies erfolgt durch sogenannte Konsensmechanismen, welche die Anerkennung identischer Informationen durch alle Knoten im Netzwerk sicherstellen und somit eine vertrauenswürdige und einheitliche Datenbasis bewahren.[147]

Konsensmechanismen sind somit notwendig, um sicherzustellen, dass alle Netzwerk-Teilnehmer stets den gleichen Status des Ledgers haben und die Daten in allen Kopien der Datenbank synchronisiert bleiben.[148] Ein Konsensmechanismus umfasst ein Protokoll von *Regeln* und *Mechanismen*, welches die Pflege und Aktualisierung des Hauptbuchs ermöglicht und die Vertrauenswürdigkeit der darin enthaltenen Datensätze, d. h. ihre Zuverlässigkeit, Authentizität und Richtigkeit, gewährleistet.[149] Das Protokoll definiert, welche Transaktionen im Netzwerk validiert werden und als legitim zu betrachten sind, sodass sie entsprechend der Blockchain hinzugefügt werden können.[150] Des Weiteren wird definiert, wie die korrekte Abfolge der Blöcke innerhalb einer Blockchain gewährleistet und wie ihre Manipulation verhindert wird.[151] Zudem legt das Protokoll die Art und Weise der Synchronisation lokaler Blockchain-Kopien der Netzwerkteilnehmer fest.[152] Der zu erhaltende Zustand eines verteilten Systems entspricht einer Momentaufnahme der Daten, die in allen lokalen Kopien des Ledgers enthalten sind. Eine Veränderung dieses Zustandes kann lediglich durch das Hinzufügen neuer Daten zur Ledger-Replikation erfolgen.[153]

In verteilten Systemen treten zahlreiche Herausforderungen auf, die sich aus dem Bestreben ergeben, einen Konsens zu erzielen. Die Netzwerke sind nicht nur geografisch verteilt, sondern unterliegen auch verschiedenen Störungen, beispielsweise Knotenfehlern oder Netzwerkproblemen. Ein wesentlicher Aspekt der Konsensfindung besteht darin, dass trotz solcher Störungen und Fehler alle Knoten zu demselben Ergebnis gelangen und eine einheitliche Kopie des Ledgers beibehalten. In der Informatik unterscheidet man insbesondere zwei Arten von

---

[146] Vgl. Sunyaev (2020), S. 267.

[147] Vgl. Hellwig / Karlic / Huchzermeier (2021), S. 57.

[148] Vgl. Sunyaev (2020), S. 281; Meinel / Gayvoronskaya / Schnjakin (2018), S. 44.

[149] Vgl. Garg (2023), S. 32; Tasca / Tessone (2019), S. 7.

[150] Vgl. Adam (2022), S. 27; Tasca / Tessone (2019), S. 5; Meinel / Gayvoronskaya / Schnjakin (2018), S. 44.

[151] Vgl. Meinel / Gayvoronskaya / Schnjakin (2018), S. 44.

[152] Vgl. Adam (2022), S. 27; Tasca / Tessone (2019), S. 5.

[153] Vgl. Sunyaev (2020), S. 281.

Fehlern, die in verteilten Systemen auftreten können: *Crash-Fehler* und *Byzantinische Fehler*. *Crash-Fehler* treten auf, wenn ein Knoten im Netzwerk abstürzt und keine Antworten mehr liefert. In diesem Fall ist die Behebung relativ unkompliziert, da der Knoten wiederhergestellt werden kann, sobald er wieder verfügbar ist.[154] *Byzantinische Fehler*[155] hingegen können dazu führen, dass sich Knoten unvorhersehbar verhalten.[156] In der Informatik wird zwischen folgenden drei Arten von byzantinischen Fehlern unterschieden:

1. Ein Knoten antwortet nicht, da er möglicherweise abgestürzt oder anderweitig nicht mehr über das Netz erreichbar ist.
2. Ein Kontrollsystem kann den Status eines bestimmten Knoten nicht bestimmen. Das kann an einem Ausfall des Knoten liegen oder daran, dass Netzwerkausfälle zu nicht eindeutigen Antworten des Knoten führen.
3. Knoten können böswillige Absichten verfolgen. So könnten sie beispielsweise versuchen, falsche Informationen in der verteilten Datenbank zu speichern oder auch andere Knoten, die an diesem Konsensprotokoll beteiligt sind, vollständig irreführen.[157]

In einem Distributed Ledger wird grundsätzlich angenommen, dass böswillige Knoten existieren können. Die große Herausforderung besteht darin, einen Konsens über den aktuellen Zustand des Netzwerks zu erzielen, auch wenn bösartige Akteure oder Netzwerkstörungen auftreten.[158] Ein Konsensmechanismus muss daher in der Lage sein, mit byzantinischen Fehlern umzugehen, insbesondere mit Knoten, die absichtlich falsche Informationen verbreiten oder das Netzwerk destabilisieren.[159] Dies wird umso relevanter, wenn Knoten dem Netzwerk willkürlich beitreten oder es verlassen können.[160] Eine der bedeutendsten Innovationen der Distributed Ledger Technologie ist die Fähigkeit, trotz dynamischer Knoten und vorhandener byzantinischer Fehler eine zuverlässige Synchronisierung und

---

[154] Vgl. BSI (2019), S. 21.

[155] Der Begriff ist vom Problem der Byzantinischen Generäle abgeleitet. Das Problem der Byzantinischen Generäle beschreibt ein Szenario, in dem sich alle Akteure auf eine gemeinsame Strategie einigen müssen, um einen verheerenden Fehler zu vermeiden, obwohl manche Akteure nicht vertrauenswürdig sind. Vgl. Lamport / Shostak / Pease (1982), S. 382–384.

[156] Vgl. Sunyaev (2020), S. 267.

[157] Vgl. Baliga (2020), S. 6; Sunyaev (2020), S. 268; BSI (2019), S. 21.

[158] Vgl. Sunyaev (2020), S. 268–269.

[159] Vgl. Baliga (2020), S. 6; Hileman / Rauchs (2017), S. 55.

[160] Vgl. Pass / Shi (2017), S. 8.

Konsistenz des Netzwerks sicherzustellen.[161] Solange die Anzahl der byzantinischen Knoten begrenzt bleibt, kann das Konsensprotokoll weiterhin korrekt
funktionieren und den Konsensprozess aufrechterhalten.[162]

Der Konsensmechanismus ist ein wichtiges Unterscheidungsmerkmal der
derzeit bestehenden, vielfältigen Blockchain-Modelle.[163] Jeder Konsensmechanismus bringt Vor- und Nachteile mit sich, die auf verschiedenen Eigenschaften
beruhen, wie zum Beispiel der Transaktionsgeschwindigkeit, Energieeffizienz,
Skalierbarkeit, Zensurresistenz und Manipulationssicherheit.[164] Ein Konsensmechanismus unterscheidet sich von anderen u. a. in den nachfolgend angeführten
Aspekten: Die *Netzwerktopologie* beschreibt die hierarchische Verbindung der am
Konsensmechanismus beteiligten Netzwerkteilnehmer.[165] Der konkret verwendete Konsensalgorithmus bestimmt die *Unveränderlichkeit und Fehlertoleranz* des
Konsensmechanismus.[166] Je nach *Art der Nachrichtenverbreitung* muss ein Konsens entweder zunächst lokal oder direkt global im Netzwerk erzielt werden.[167]
Die *Latenz* der Nachrichtenübermittlung bestimmt, ob die Kommunikation zwischen den Netzwerkteilnehmern synchron oder asynchron stattfindet.[168] *Finalität*
bestimmt, ob eine einmal in der Blockchain gespeicherte Information mit
Sicherheit und endgültig (deterministisch) oder „wahrscheinlich" (probabilistisch oder nicht-deterministisch) unveränderbar in der Blockchain gespeichert
wird. Bei Konsensmechanismen, die auf Wahrscheinlichkeiten basieren, steigt
die Wahrscheinlichkeit, dass eine Transaktion als endgültig angesehen wird, mit
zunehmender Zeit und/oder weiterer Blockvalidierungen an.[169]

Bei der Konzeption eines aktiven Netzwerk-Konsensvalidierungsprozesses
müssen diese Komponenten gemeinsam berücksichtigt werden, da nicht nur ihre

---

[161] Vgl. Sunyaev (2020), S. 269.

[162] Vgl. Baliga (2020), S. 6. Der Anteil tolerierbarer Knoten mit böswilligen Absichten
unterscheidet sich je nach Konsensprotokoll.

[163] Vgl. Adam (2022), S. 27.

[164] Vgl. Mattila (2016), S. 9.

[165] Vgl. Tasca / Tessone (2019), S. 7–10.

[166] Vgl. Tasca / Tessone (2019), S. 10–13.

[167] Vgl. Tasca / Tessone (2019), S. 13–14.

[168] Vgl. Tasca / Tessone (2019), S. 14. Bei einer synchronen Kommunikation werden
Nachrichten unmittelbar, ohne Verzögerungen übertragen. Eine asynchrone Kommunikation
enthält bewusste Verzögerungen als Sicherheitsmechanismus. Vgl. Pass /Seeman / Shelat
(2016), S. 1–3.

[169] Vgl. Sunyaev (2020), S. 281; Tasca / Tessone (2019), S. 14–15.

individuellen Konfigurationen, sondern auch ihre Kombination darüber entscheiden, wann und wie die allgemeine Konsensfindung innerhalb des Blockchain-Netzwerkes erreicht und das Hauptbuch aktualisiert wird.[170]

In Abhängigkeit des konkreten Anwendungszwecks können unterschiedliche Ausgestaltungsvarianten eines Konsensmechanismus sinnvoll sein, um den verschiedenen Ansprüchen gerecht zu werden. Die in der Praxis gängigen Konsensmechanismen lassen sich in nachweisbasierte (proof-based) und abstimmungsbasierte (vote-based) Konsensmechanismen unterteilen (s. Abbildung 3.7).[171] Bei den *nachweisbasierten Konsensmechanismen* (zusammengefasst als PoX) müssen Teilnehmer im Netzwerk (je nach Konsensmechanismus unterschiedliche) Nachweise erbringen, damit sie das Recht zur Erstellung und/oder Validierung von Blöcken erhalten. Nachweisbasierte Konsensmechanismen sind eher für öffentliche Blockchains geeignet.[172] Bei *abstimmungsbasierten Konsensmechanismen* stimmen sich alle oder ausgewählte Teilnehmer des Netzwerkes ab, wer das Recht zur Erstellung und/oder Validierung von Blöcken erhält. Dabei lassen sich Konsensmechanismen unterscheiden, die byzantinische Fehler (Byzantine Fault Tolerant (BFT)) oder Crash-Fehler (Crash Fault Tolerant (CFT)) tolerieren.[173] *BFT-Mechanismen* sind unter gewissen Bedingungen in der Lage mit byzantinischen Fehlern umzugehen und die Funktionalität des Netzwerks dabei aufrecht zu erhalten. *CFT-Mechanismen* tolerieren kurzfristige Ausfälle einzelner Knoten, die nicht böswillig herbeigeführt worden sind, sondern sich in der Regel auf technische Probleme zurückführen lassen.[174] Abstimmungsbasierte Konsensmechanismen werden eher in privaten Blockchains verwendet, bei denen alle Teilnehmer bekannt sind.[175]

---

[170] Vgl. Tasca / Tessone (2019), S. 7.

[171] Vgl. Alsunaidi / Alhaidari (2019), S. 2; Pahlajani / Kshirsagar / Pachghare (2019), S. 2.

[172] Vgl. Pahlajani / Kshirsagar / Pachghare (2019), S. 2. Zur Unterscheidung in öffentliche und private Blockchains, s. Abschnitt 3.4.

[173] Vgl. Alsunaidi / Alhaidari (2019), S. 2; Pahlajani / Kshirsagar / Pachghare (2019), S. 2; Cachin / Vukolić (2017), S. 5–6.

[174] Vgl. BSI (2019), S. 21.

[175] Vgl. Pahlajani / Kshirsagar / Pachghare (2019), S. 2.

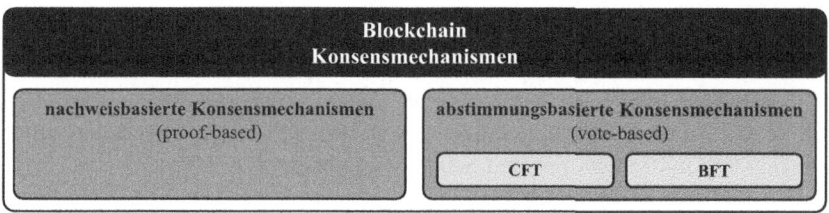

Abbildung 3.7 Arten von Konsensmechanismen im Überblick[176]

3.3 Funktionsweise

Nachdem in Abschnitt 3.2 die grundlegenden technischen Komponenten der Blockchain-Technologie, wie Distributed Ledger, Peer-to-Peer-Netzwerke, Elemente der Kryptographie und Konsensmechanismen, vorgestellt wurden, wird im Folgenden die grundsätzliche Funktionsweise der Blockchain näher erläutert. Eine Blockchain setzt sich aus einer Reihe von Blöcken zusammen, die durch kryptographische Verfahren miteinander verknüpft sind und in einem dezentralen Netzwerk verteilt werden. In diesem Abschnitt wird auf den grundsätzlichen Ablauf einer Transaktion über eine Blockchain, den Aufbau und die Inhalte eines einzelnen Blocks, die Entstehung einer Blockkette und deren Verteilung und Synchronisierung im Netzwerk eingegangen. Ziel ist es, ein grundlegendes Verständnis dafür zu entwickeln, wie eine Blockchain Daten sicher und unveränderlich speichert. Da es keinen einheitlichen Standard für Blockchains gibt, muss jeder Ansatz individuell betrachtet werden. In diesem Abschnitt wird eine abstrahierte Funktionsweise vorgestellt, die sich an gängigen Darstellungsformen in der Literatur orientiert, welche häufig auf der Bitcoin-Blockchain basieren.[177]

Das besondere an Blockchain ist die Datenhaltung in Blöcken.[178] Die in ihr gespeicherten Transaktionsdaten enthalten alle erfassten Informationen zu einer Transaktion. Im Blockchain-Kontext wird eine Transaktion allgemein als eine kleine, abgeschlossene Einheit eines Vorgangs definiert.[179] Der Inhalt einer Transaktion variiert je nach Anwendungsgebiet: In Finanzanwendungen umfasst dies beispielsweise die Überweisung von Kryptowährungen, während in Lieferketten die Erstellung und Übertragung digitaler Zwillinge physischer Produkte

---

[176] Eigene Darstellung.

[177] Vgl. Fill / Härer / Meier (2020), S. 10.

[178] Vgl. Urban (2020), S. 19.

[179] Vgl. Urban (2020), S. 18; Monrat / Schelén / Andersson (2019), S. 117135.

eine Transaktion darstellen kann. Die erhobenen Transaktionsdaten beinhalten typischerweise Informationen wie die Art der Transaktion, den Transaktionsgegenstand, den Sender, den Empfänger und den Zeitpunkt der Transaktion. Je nach Transaktionstyp können jedoch auch andere spezifische Informationen erforderlich sein.[180] Alle Transaktionsdaten werden vom jeweiligen Teilnehmer durch eine Signatur mit seinem privaten Schlüssel autorisiert.[181]

Die Transaktionsdaten werden zur Validierung an das Blockchain-Netzwerk gesendet.[182] Mehrere validierte Datensätze werden anschließend gebündelt und in einem neuen Block gespeichert.[183] Je nach Blockchain variiert die Anzahl der Datensätze, die gesammelt werden, bevor ein Block erstellt wird. Innerhalb eines Blocks wird von jedem Datensatz ein Hashwert erzeugt. Diese Hashwerte werden anschließend so lange paarweise kombiniert und gehasht, bis ein einziger Hashwert entsteht: die Hash Root bzw. Merkle Root. Die *Merkle Root* ist das Endergebnis eines Hashbaums (Merkle Tree), der alle Transaktionsdaten des Blocks umfasst.[184]

Der Merkle Tree und die sich darunter befindenden Transaktionsinformationen bilden den sogenannten Body (Körper) eines Blocks. Jeder Block verfügt zudem über einen Header (Kopf). Die Merkle Root wird im Block-Header gespeichert. Dadurch sind im Header alle Transaktionen des Blocks kompakt repräsentiert. Die weiteren Inhalte eines Headers unterscheiden sich je nach Blockchain. In der Regel sind mindestens die *Merkle Root*, ein *Zeitstempel* und die gültige *Version* hinterlegt. Außerdem enthält ein neu zu erstellender Block immer eine Referenz auf den Vorgänger-Block (*Hashwert des Vorgängerblocks*).[185] Die nachfolgende Abbildung 3.8 enthält eine vereinfachte Darstellung der Struktur und Inhalte eines einzelnen Blocks:

---

[180] Vgl. Fill / Härer / Meier (2020), S. 10; Urban (2020), S. 18.

[181] Vgl. Fill / Härer / Meier (2020), S. 10; Prinz et al. (2018), S. 313. Eine ausführliche Darstellung von *Digitalen Signaturen* befindet sich in Abschnitt 3.2.3.4.

[182] Vgl. Urban (2020), S. 17; Prinz et al. (2018), S. 313.

[183] Vgl. Ganne (2018), S. 6; Prinz et al. (2018), S. 313.

[184] Vgl. Murray (2019), S. 467. Für eine ausführliche Beschreibung der Ermittlung von *Hashwerten* und der Erstellung eines *Merkle Trees* s. Abschnitte 3.2.3.2 und 3.2.3.3.

[185] Vgl. Porkodi / Kesavaraja (2020), S. 70; Urban (2020), S. 19; Zheng et al. (2017), S. 558.

Abbildung 3.8
Beispielhafte Struktur und
Inhalte eines Blocks[186]

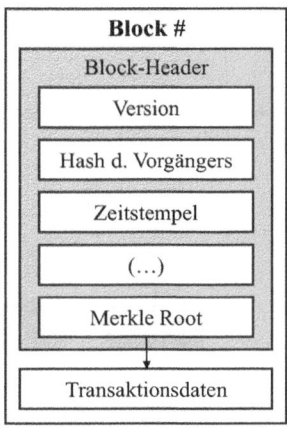

Die *Version* verweist auf die Validierungsregeln, welche in der Blockchain-Software zum jeweiligen Zeitpunkt der Blockerstellung verwendet wurden.[187] Der *Zeitstempel* dokumentiert den genauen Zeitpunkt der Blockerstellung und stellt sicher, dass die Transaktionskette chronologisch und unveränderbar bleibt. Er dient auch als Beweis dafür, dass die Daten zum Zeitpunkt der Blockerstellung tatsächlich existierten.[188] Weiterhin enthält ein Block-Header in einigen Blockchains eine Art *Transaktionszähler*, der die Anzahl der im Block gespeicherten Transaktionen angibt. Die Anzahl bzw. häufig auch die Datengröße der Transaktionen, welche in einem Block gebündelt werden, unterscheidet sich je nach Blockchain.[189]

Im Blockheader eines Blocks ist der *Hashwert des Vorgängerblocks* enthalten. Dieser Hash wird zum Zeitpunkt der Blockerstellung generiert und basiert auf den Daten des vorherigen Blocks. Er gelangt in den Block-Header, um eine eindeutige Referenz auf den Vorgängerblock zu schaffen. Durch diese Hash-Verknüpfung entsteht eine Kette von Blöcken, die Blockchain.[190] Von jedem Block der Kette kann somit ein Vorgängerblock ermittelt werden. Die einzige Ausnahme stellt der erste Block einer Blockchain dar, der Genesis-Block genannt wird.[191]

---

[186] Eigene Darstellung in Anlehnung an Fill / Härer / Meier (2020), S. 11.

[187] Vgl. Murray (2019), S. 467; Zheng et al. (2017), S. 558.

[188] Vgl. Nakamoto (2008), S. 1–2.

[189] Vgl. Monrat / Schelén / Andersson (2019), S. 117138; Zheng et al. (2017), S. 558.

[190] Vgl. Murray (2019), S. 467.

[191] Vgl. Fill / Meier (2020), S. 18; Zheng et al. (2017), S. 558.

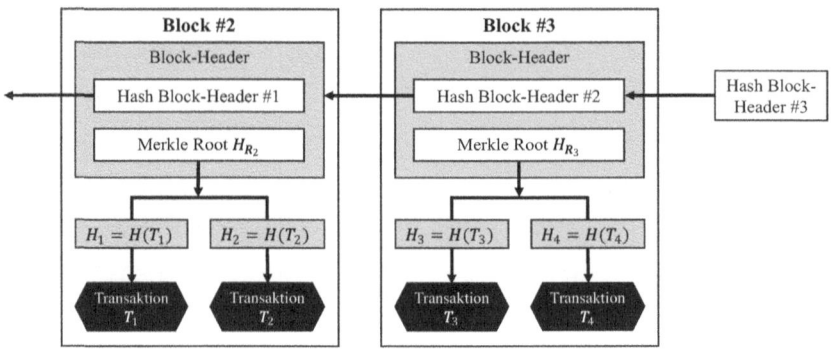

Abbildung 3.9 Simplifizierte Darstellung der Verkettung von Blöcken[192]

Abbildung 3.9 verdeutlicht die Bildung der Blockkette in vereinfachter Weise. Bei der Bildung von Block #3 werden die Transaktionen T_3 und T_4 gespeichert. Die auf den Transaktionen beruhende Merkle Root wird mit weiteren Informationen[193] im Block-Header von Block #3 gespeichert. Zudem wird der Hashwert des Headers vom Vorgängerblock #2 im Block-Header von Block #3 gespeichert.

Diese Verkettung gewährleistet die Integrität der Daten, da jede Manipulation eines Blocks auch dessen Hashwert verändert und somit die gesamte Kette ungültig macht. Bei einem Änderungsversuch der Transaktionsdaten zur Transaktion T_2 beispielsweise, würden sich der Hashwert H_2 und in seiner Folge die Merkle Root H_{R_2} ändern. Dies würde wiederum eine Änderung des Hashwertes des gesamten Block-Headers von Block #2 nach sich ziehen. Die Verknüpfung zum in Block #3 gespeicherten, originalen Hashwert des Vorgängerblocks würde somit nicht mehr bestehen bleiben. Der Änderungsversuch würde allerdings sowieso zunächst nur auf einer lokalen Kopie der Blockchain stattfinden und hätte somit keine Folge für das gesamte Netzwerk.[194]

Eine Transaktion ist erst abgeschlossen, wenn die Blockkette, die den neuen Block enthält (hier: Block #3), von der Mehrheit der Netzwerkteilnehmer übernommen wurde. Dafür muss ein Konsens über die aktuelle Version der längsten Kette im Netzwerk getroffen werden. Wie genau der Konsens erzielt wird, kann

---

[192] Eigene Darstellung in Anlehnung an Drescher (2017a), S. 145.

[193] S. Abbildung 3.8. Zur Vereinfachung werden nachfolgend nur die Inhalte des Blockheaders dargestellt, die unmittelbar zum Nachvollziehen der Hash-Kette erforderlich sind.

[194] Vgl. Urban (2020), S. 20.

sich je nach Konsensmechanismus erheblich unterscheiden.[195] Im Allgemeinen lässt sich festhalten, dass die Einhaltung der gültigen Regeln bei der Erstellung des neuen Blocks und damit die Validität des Blocks von den anderen Netzwerk-Teilnehmern überprüft wird. Sobald ein mehrheitlicher Konsens getroffen wurde und die Netzwerk-Teilnehmer die neue Kette lokal gespeichert haben, gilt eine Transaktion als erfolgreich durchgeführt.[196]

Die Funktionsweise von Blockchains kann im Einzelfall von den hier dargestellten Inhalten abweichen. Zur Verallgemeinerung der Eigenschaften und Potenziale von Blockchain lassen sich unterschiedliche Systematisierungsansätze in der Literatur finden. Im folgenden Abschnitt werden diese kurz vorgestellt und ein einheitliches Verständnis für den weiteren Verlauf der Arbeit abgeleitet.

3.4 Überblick über verschiedene Systematisierungsansätze von Blockchain

Im Kontext der Blockchain-Technologie stehen verschiedene Zielkonflikte im Mittelpunkt. Die wesentlichsten Zielkonflikte lassen sich in den folgenden Gegenüberstellungen zusammenfassen: Transparenz versus Vertraulichkeit sowie Sicherheit versus Geschwindigkeit. Eine Blockchain, die maximale Transparenz und Sicherheit bietet, kann nicht gleichzeitig vollständig vertraulich sein und hohe Leistungsfähigkeit gewährleisten.[197] Seit der Einführung der Bitcoin-Blockchain wurden daher zahlreiche Variationen der ursprünglichen Blockchain entwickelt, die auf spezifische Anwendungsbereiche zugeschnitten sind.[198] Für unternehmerische Zwecke ist insbesondere die mangelnde Skalierbarkeit der Bitcoin-Blockchain ein wesentlicher Nachteil.[199] Angesichts der vielfältigen Blockchain-Landschaft ist eine Kategorisierung der unterschiedlichen Ansätze erforderlich, um ein gemeinsames Verständnis für den weiteren Verlauf dieser Arbeit zu schaffen. Die Literatur zeigt eine erhebliche Heterogenität bei der Klassifizierung verschiedener Blockchain-Projekte. Allgemein lassen sich Blockchains hinsichtlich ihrer Zugriffs- und Verwaltungsrechte unterscheiden. In Bezug auf die Zugriffsrechte, auch als Leserechte bezeichnet, erfolgt eine Differenzierung

---

[195] Für die Darstellung ausgewählter Konsensmechanismen s. Abschnitt 3.5.2.

[196] Es sei auf die Einschränkungen zur Finalität von Konsensmechanismen in Abschnitt 3.2.4 verwiesen.

[197] Vgl. Drescher (2017a), S. 225–227.

[198] Vgl. Drescher (2017a), S. 230.

[199] Vgl. Drescher (2017a), S. 226.

zwischen öffentlichen (engl. *public*) und privaten (engl. *private*) Blockchains. In Bezug auf die Verwaltungsrechte, d. h. Schreib- und Validierungsrechte, wird zwischen genehmigungsfreien (engl. *permissionless*) und genehmigungspflichtigen (engl. *permissioned*) Blockchains unterschieden.[200] In der Literatur findet sich mitunter auch eine umgekehrte Kategorisierung, bei der die Begriffe „öffentliche / private Blockchain" in Bezug auf die Verwaltungsrechte und die Begriffe „genehmigungsfreie / genehmigungspflichtige Blockchain" in Bezug auf die Zugriffsrechte angewendet werden.[201]

Eine häufige Betrachtungsweise ist die kombinierte Klassifizierung von öffentlichen und genehmigungsfreien Blockchains (sog. *public-permissionless Blockchains*) sowie privaten und genehmigungspflichtigen Blockchains (sog. *private-permissioned Blockchains*). Manche Autoren setzen öffentliche mit genehmigungsfreien und private mit genehmigungspflichtigen Blockchains gleich oder verzichten auf eine genaue Differenzierung.[202] Dabei handelt es sich jedoch um unterschiedliche Merkmale, die zwar häufig zusammen auftreten, aber nicht vollständig deckungsgleich sind. Beispielsweise gibt es auch öffentlich-genehmigungspflichtige Blockchains, die dieser Gleichsetzung widersprechen.[203] Privat-genehmigungsfreie Blockchains haben in der Regel keinen verbreiteten sinnvollen Anwendungsfall.[204]

Eine besondere Form stellt die **Konsortium-Blockchain** dar, die typischerweise Merkmale einer *private-permissioned Blockchain* aufweist,[205] jedoch auch als *public-permissioned Blockchain* existieren kann.[206] Im Gegensatz zu einer rein privaten Blockchain wird das Netzwerk hier von einer Gruppe von Unternehmen, dem Konsortium, verwaltet. Innerhalb des Konsortiums muss stets ein gemeinsamer Konsens gefunden werden.[207] Darüber hinaus gibt es **hybride**

---

[200] Vgl. Kunde et al. (2017), S. 9; Mattila (2016), S. 8–9; Schlatt et al. (2016), S. 11; Peters / Panayi (2015), S. 2; Walport (2015), S. 7.

[201] Vgl. Ganne (2018), S. viii.

[202] Für eine allgemeine Aussage dazu vgl. Kunde et al. (2017), S. 10. Für eine Gleichsetzung von *public* und *permissionless* Blockchains vgl. Yao et al. (2021), S. 11; Hoops (2017), S. 44. Für eine Gleichsetzung von *private* und *permissioned* Blockchains vgl. Yao et al. (2021), S. 12; Fill / Meier (2020), S. 139.

[203] Vgl. Tasca / Tessone (2019), S. 28.

[204] Vgl. BitFury Group (2015), S. 11.

[205] Vgl. Schlatt et al. (2016), S. 11; Peters / Panayi (2015), S. 5.

[206] Vgl. Buterin (2015).

[207] Vgl. Garg (2023), S. 31; Yao et al. (2021), S. 13; Dib et al. (2018), S. 52; Buterin (2015).

Blockchains, die Eigenschaften sowohl öffentlicher als auch privater Blockchains kombinieren.[208]

Generell sind viele Mischformen von Blockchain-Ansätzen möglich, und deren konkrete Ausgestaltung kann stark variieren. Eine allgemeine Klassifizierung, beispielsweise in öffentlich und privat, dient vor allem der Identifikation von Gemeinsamkeiten und der Klarstellung grundlegender Eigenschaften. In diesem Zusammenhang orientiert sich diese Arbeit an der in der Literatur gängigen Unterscheidung zwischen öffentlichen, privaten und konsortialen Blockchain-Anwendungen.[209] Eine **öffentliche Blockchain** wird dabei als *public-permissionless Blockchain* verstanden, bei der keine Beschränkungen hinsichtlich des Lesens von Blockchain-Daten (die dennoch verschlüsselt sein können), des Einreichens von Transaktionen oder der Identitäten der Transaktionsverarbeiter bestehen.[210] Grundsätzlich kann jeder einer öffentlichen Blockchain beitreten, alle Informationen einsehen (volle Leserechte), Transaktionen durchführen und erwarten, dass diese in das Transaktionsregister aufgenommen werden (volle Schreibrechte).[211] Weiterhin kann jeder am Validierungsprozess bzw. Konsensmechanismus teilnehmen (volle Validierungsrechte).[212] Alle Teilnehmer haben demnach die gleichen Rechte und es gibt keine zentrale Instanz, die das Netzwerk verwaltet.[213] Da die Identitäten der Teilnehmer in der Regel unbekannt sind,[214] erfordert dies besondere Maßnahmen im Konsensmechanismus, um Vertrauen zwischen den Teilnehmern herzustellen.[215] Eine öffentliche Blockchain gilt als vollständig dezentralisiert.[216] Eine **private Blockchain** wird hingegen als *private-permissioned Blockchain* definiert, bei der der direkte Zugriff auf

---

[208] Vgl. Urban (2020), S. 22.

[209] Diese Klassifizierung ist u. a. aufzufinden bei Yao et al. (2021), S. 11; Capocasale / Gotta / Perboli (2023), S. 2–3; Garg (2023), S. 30–32; Buterin (2015) u. v. m.

[210] Vgl. Kunde et al. (2017), S. 9; BitFury Group (2015), S. 11; Peters / Panayi (2015), S. 5.

[211] Vgl. Garg (2023), S. 30; Urban (2020), S. 21; Buterin (2015).

[212] Vgl. Capocasale / Gotta / Perboli (2023), S. 2; Garg (2023), S. 30; Urban (2020), S. 21; Buterin (2015).

[213] Vgl. Urban (2020), S. 21; Hein / Wellbrock / Hein (2019), S. 7.

[214] An dieser Stelle sei darauf hingewiesen, dass die Teilnehmer einer öffentlichen Blockchain nicht – wie oft behauptet – anonym sind, sondern vielmehr pseudonym agieren. Zwar bleiben die meisten pseudonymen Adressen in der Regel unerkannt, jedoch konnte beispielsweise in einer Untersuchung zur Bitcoin-Blockchain nachgewiesen werden, dass es unter Umständen möglich ist, spezifische Netzwerkadressen konkreten Nutzern zuzuordnen. Vgl. dazu Reid / Harrigan (2013), S. 222.

[215] Vgl. Capocasale / Gotta / Perboli (2023), S. 2.

[216] Vgl. Buterin (2015).

Blockchain-Daten sowie das Einreichen von Transaktionen auf eine vordefinierte Gruppe von Entitäten (z. B. Mitglieder einer Organisation oder eines Unternehmensverbunds) beschränkt ist. Die Verarbeitung von Transaktionen erfolgt ebenfalls durch eine vordefinierte Gruppe von Subjekten mit bekannten Identitäten.[217] **Konsortiale Blockchains** können, wie oben beschrieben, sowohl *private-permissionless* als auch *private-permissioned* sein.

Das in dieser Arbeit verwendete Verständnis der unterschiedlichen Blockchain-Arten wird in der folgenden Abbildung 3.10 veranschaulicht. Die Abbildung zeigt zudem eine Einordnung entlang des Grads der Zentralisierung und ermöglicht somit eine Abgrenzung zu herkömmlichen Registern.

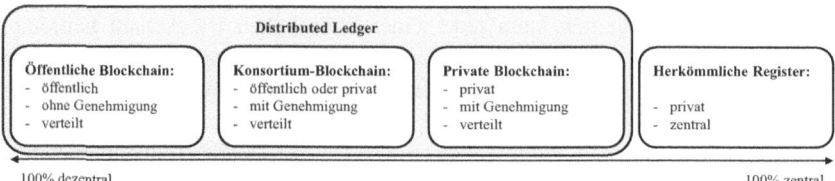

Abbildung 3.10 Der Grad der Zentralisierung verschiedener Blockchain-Arten[218]

Der Fokus dieser Arbeit liegt auf der Analyse privater Blockchains, da sie sich besonders gut für unternehmensinterne Anwendungsfälle eignen. Öffentliche Blockchains bieten keine ausreichende Kontrolle durch ein einzelnes Unternehmen und sind aufgrund ihrer offenen, dezentralen Struktur nicht hinreichend flexibel, um auf individuelle Anforderungen zugeschnitten zu werden. Daher sind sie für eine Anpassung an die spezifischen Bedürfnisse des Controllings ungeeignet. Konsortiale Blockchains hingegen eignen sich in besonderem Maße für unternehmensübergreifende Anwendungen, etwa entlang einer Wertschöpfungskette. Aufgrund ihrer komplexen Governance-Strukturen und der potenziell großen Zahl an beteiligten Akteuren lassen sich jedoch nur schwer allgemeingültige Rückschlüsse im Kontext innerbetrieblicher Verrechnungspreise ziehen. Private Blockchains bieten hingegen mehr Flexibilität und Kontrolle über die

---

[217] Vgl. Kunde et al. (2017), S. 9; BitFury Group (2015), S. 11; Peters / Panayi (2015), S. 5. Eine ausführlichere Darstellung von privaten Blockchains erfolgt in Abschnitt 3.5.

[218] Eigene Darstellung in Anlehnung an Schlatt et al. (2016), S. 12; Walport (2015), S. 35.

Konfiguration, was sie besonders geeignet für die Untersuchung von kostenorientierten Verrechnungspreisen macht, wie im folgenden Abschnitt näher erläutert wird.[219]

3.5 Private Blockchain

3.5.1 Zweck und Rahmenbedingungen

Eine **private Blockchain**[220] wird durch eine zentrale Instanz verwaltet, die in der Regel ein Unternehmen oder eine benannte natürliche Person ist.[221] Diese Instanz übernimmt die Teilnehmerverwaltung,[222] das heißt, sie autorisiert die Teilnehmer und vergibt individuell unterschiedliche Rechte.[223] Im Gegensatz zu öffentlichen Blockchains sind alle Teilnehmer einer privaten Blockchain bekannt und müssen vorab durch die zentrale Instanz zugelassen werden.[224] Dadurch ist eine differenzierte Zuweisung spezifischer Rollen und Rechte möglich, beispielsweise eine Unterscheidung von Lese- und Schreibrechten für bestimmte Datensätze.[225] So können manche Teilnehmer nur Leserechte erhalten, während andere umfassende Schreibrechte besitzen.[226] Die Leserechte können, je

---

[219] In einer Studie des Bitkom Research aus dem Jahr 2018 gaben 67 % der befragten Unternehmen an, dass sie eine private bzw. permissioned Blockchain nutzen oder deren Einsatz planen. Lediglich 11 % der Unternehmen gaben an, eine öffentliche bzw. permissionless Blockchain zu verwenden oder dies in Erwägung zu ziehen. 33 % der Befragten waren unentschlossen oder machten keine Angaben. Vgl. Gentemann (2019), S. 20. Obwohl die Studie nicht spezifisch auf den Einsatz von Blockchain im Controlling oder für Verrechnungspreise eingeht, verdeutlichen die Ergebnisse dennoch die höhere Relevanz privater Blockchains gegenüber öffentlichen Blockchains für den unternehmensinternen Gebrauch. Private Blockchains bieten Unternehmen die nötige Flexibilität und Anpassungsfähigkeit, um unternehmensspezifische Anforderungen zu erfüllen.

[220] Die folgende Definition steht im Einklang zu der in der Literatur als *private-permissioned Blockchain* klassifizierten Art.

[221] Vgl. Capocasale / Gotta / Perboli (2023), S. 3. Durch das Vorhandensein einer zentralen Verwaltungsstelle ist der Begriff „Blockchain" unter Enthusiasten umstritten, da die ursprüngliche Idee von Blockchain eine gleichmäßige Verteilung der Rechte unter allen Teilnehmern vorsieht. Zur Diskussion s. auch Kremer (2022).

[222] Vgl. Buterin (2015).

[223] Vgl. Garg (2023), S. 31; Bundesnetzagentur (2021), S. 14; Urban (2020), S. 22.

[224] Vgl. Bundesnetzagentur (2021), S. 14.

[225] Vgl. Garg (2023), S. 31; Urban (2020), S. 22.

[226] Vgl. Garg (2023), S. 31.

nach Bedarf, entweder öffentlich zugänglich gemacht oder auf bestimmte Teilnehmer in beliebigem Umfang eingeschränkt werden.[227] Die Autorisierung der
Teilnehmer führt zu einem grundlegenden Vertrauen zwischen ihnen, welches
die Implementierung effizienter und weniger aufwändiger Konsensmechanismen ermöglicht.[228] Die Rechte zur Teilnahme am Validierungsprozess werden
individuell vergeben. Somit können sie entweder allen Teilnehmern oder nur ausgewählten Akteuren eingeräumt werden, oder die zentrale Instanz behält sich
diese alleinige Rolle vor.[229] Damit liegt eine gewisse Abhängigkeit von der zentralen Instanz vor, was bedeutet, dass die Teilnehmer ihr Vertrauen in sie setzen
müssen. Private Blockchains gelten daher als zentralisiert, da die Kontrolle bei
einer Instanz liegt, nutzen jedoch weiterhin eine verteilte Datenstruktur.[230] Aufgrund ihrer flexiblen Gestaltungsmöglichkeiten eignen sie sich insbesondere für
den Einsatz in unternehmensinternen Prozessen und werden daher häufig als
Blockchain for Business bezeichnet.[231] Die zentrale Instanz kann bei Bedarf das
Regelwerk bzw. das Protokoll der Blockchain flexibel anpassen, was eine höhere
Anpassungsfähigkeit an betriebliche Erfordernisse erlaubt.[232]

3.5.2   Darstellung ausgewählter Konsensmechanismen für private Blockchains

Die Wahl des Konsensmechanismus hat einen starken Einfluss auf die Eigenschaften der Blockchain und damit auf die in der Blockchain gespeicherten Informationen. Blockchains unterscheiden sich insbesondere im Hinblick auf ihren
verwendeten Konsensmechanismus.[233] Daher ist ein Blick in unterschiedliche
Mechanismen zur Konsensfindung unerlässlich.

In privaten Blockchains wird vorausgesetzt, dass die Teilnehmer untereinan-
der bekannt sind und zu einem gewissen Grad darauf vertrauen können, dass
sie sich bei der Validierung von Transaktionen ehrlich verhalten. Die Konsensmechanismen in privaten Blockchains können daher weniger komplex sein als

---

[227] Vgl. Urban (2020), S. 22; Buterin (2015).

[228] Vgl. Garg (2023), S. 31; Urban (2020), S. 22; Mattila (2016), S. 8.

[229] Vgl. Garg (2023), S. 31.

[230] Vgl. Capocasale / Gotta / Perboli (2023), S. 3; Garg (2023), S. 31; Schlatt et al. (2016), S. 12.

[231] Vgl. Bundesnetzagentur (2021), S. 14; Urban (2020), S. 14.

[232] Vgl. Bundesnetzagentur (2021), S. 14.

[233] Vgl. Adam (2022), S. 27.

in öffentlichen Blockchains. Dadurch sind die in Frage kommenden Konsensmechanismen in der Regel wesentlich schneller und energieschonender als beispielsweise der *Proof-of-Work (PoW)* aus dem öffentlichen Bitcoin-Netzwerk.[234] In der Folge kann das Blockchain-Netzwerk ebenfalls schneller, flexibler und effizienter arbeiten. Durch die weniger komplexen Konsensmechanismen haben private Blockchains allerdings Nachteile bei der Sicherheit, Unveränderlichkeit und Zensurresistenz im Vergleich zu öffentlichen Blockchains mit anspruchsvolleren Konsensmechanismen.[235]

In diesem Abschnitt werden ausgewählte Konsensmechanismen, welche für private Blockchains verwendet werden können, vorgestellt. Die Einführung wird dabei getrennt nach **nachweisbasierten** und **abstimmungsbasierten Konsensmechanismen** unterschieden. Bei Letzteren wird weiterhin zwischen **CFT**- und **BFT-Konsensmechanismen** differenziert.[236] Abbildung 3.11 gibt eine Übersicht über die ausgewählten Konsensmechanismen für private Blockchains.

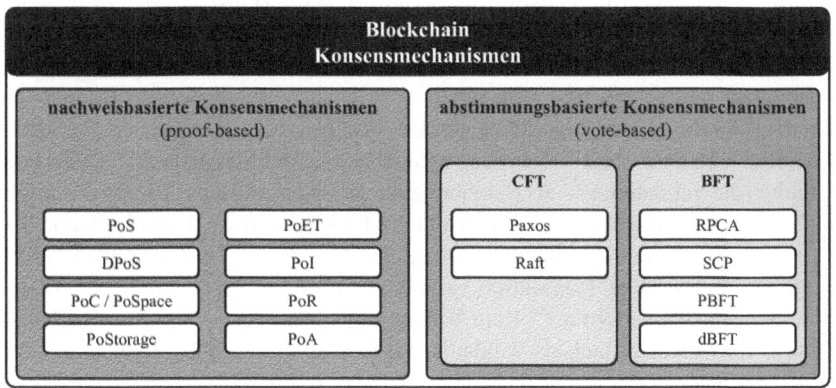

Abbildung 3.11 Ausgewählte Konsensmechanismen für private Blockchains im Überblick[237]

---

[234] Vgl. Bundesnetzagentur (2021), S. 14; Mattila (2016), S. 8.

[235] Vgl. Mattila (2016), S. 8.

[236] Die Struktur folgt der Systematisierung, welche bereits in Abschnitt 3.2.4 vorgestellt wurde.

[237] Eigene Darstellung.

Nachweisbasierte Konsensmechanismen

In der Literatur werden Konsensmechanismen häufig im Vergleich zum aus Bitcoin bekannten Proof-of-Work (PoW) diskutiert. PoW gilt als äußerst sicher, da es nahezu unmöglich ist, Manipulationen an der entsprechenden Blockchain vorzunehmen. Diese hohe Manipulationssicherheit hat jedoch ihren Preis: Der Mechanismus erfordert enorme Rechenleistung, was ihn äußerst energieintensiv und ineffizient macht. Aufgrund dieser Ressourcenanforderungen ist PoW nicht für Systeme mit hohem Transaktionsaufkommen oder schnellen Transaktionsverarbeitungszeiten geeignet. Außerdem ist er für private Blockchain-Anwendungen ungeeignet, da dort andere Anforderungen, wie bspw. ein geringerer Energieverbrauch und eine höhere Effizienz, im Vordergrund stehen.[238] Daher wird PoW in dieser Arbeit nicht weiter behandelt, dient aber gelegentlich – wie in der Literatur üblich – als Referenzpunkt für die Einordnung anderer Konsensmechanismen.

Aufgrund der Schwächen des PoW wird stets an alternativen, energieschonenderen Konsensmechanismen gearbeitet, die dennoch ein hohes Maß an Sicherheit mitbringen.[239] Eine Alternative ist der **Proof-of-Stake (PoS)**.[240] Anders als beim PoW wird keine große Rechenleistung benötigt, um einen Block zu validieren, sondern ein Anteil an der im Netzwerk verwendeten Kryptowährung (das Stake), welche das Blockchain-Netzwerk nutzt.[241] Je höher der Anteil eines Knotens an der Kryptowährung des zugrundeliegenden Systems ist, desto höher ist die Wahrscheinlichkeit, dass er die Validierung eines Blocks durchführen darf.[242] Beim PoS enthalten die Validatoren[243] als Belohnung für die Erstellung eines Blocks die anfallenden Transaktionsgebühren. Jeder Validator hat ein Interesse daran, im Sinne des Netzwerks zu agieren, da sein Stake von seiner Zuverlässigkeit abhängig ist. Sollte er eine unrechtmäßige Transaktion validieren, würde er sein gesamtes als Pfand hinterlegtes Stake verlieren.[244] Kein Validator kann beim PoS vorhersagen, ob und wann er für welchen Block als Validator ausgewählt wird, da dies neben dem Stake

---

[238] Vgl. Adam (2022), S. 30–31.

[239] Vgl. Adam (2022), S. 33; Sunyaev (2020), S. 282. Zu den Schwächen zählen u. a. der immense Bedarf an Rechenleistung, die Verschwendung von Ressourcen und seine Ineffizienz. Vgl. Adam (2022), S. 32; Sunyaev (2020), S. 282; Tasca / Tessone (2019), S. 11; Meinel / Gayvoronskaya / Schnjakin (2018), S. 46; Mattila (2016), S. 25.

[240] Vgl. Adam (2022), S. 46; Bundesnetzagentur (2021), S 14; Baliga (2020), S. 15; Belotti et al. (2019), S. 3804.

[241] Vgl. Tapscott / Tapscott (2016), S. 32.

[242] Vgl. Hellwig / Karlic / Huchzermeier (2021), S. 68.

[243] Beim PoS werden die Knoten, die Blöcke erstellen, *Forger* oder *Validatoren* genannt statt *Miner* wie beim PoW. Vgl. dazu Adam (2022), S. 34.

[244] Vgl. Adam (2022), S. 34.

auch von einem Zufallsalgorithmus abhängig ist.[245] Beim PoS besteht die Gefahr, dass ein einzelner Nutzer das Netzwerk durch einen großen Anteil an der zugrundeliegenden Kryptowährung dominiert.[246] Auch wenn ein einzelner Nutzer nicht über genügend Anteile am Netzwerk verfügt, fördert der PoS die Bildung von Interessengemeinschaften (Oligopolbildung). Dabei finden sich mehrere Knoten zusammen und nutzen ihren gemeinsamen Anteil, um zusammen ihre Interessen im Netzwerk durchzusetzen, was wiederum die Gefahr der „51 %-Attacke" fördert.[247] Weiterhin gibt es beim PoS-Mechanismus das Problem des „nothing at stake": Ein einzelner Knoten hat sehr geringe Kosten, um sich für eine von ihm akzeptierte Kette zu entscheiden. Ein Nutzer könnte daher parallel mehrere Transaktionshistorien akzeptieren und mit diesen weiterarbeiten, was wiederum das Problem des „Double Spendings" hervorrufen kann.[248] Dies macht PoS leichter angreifbar für Attacken als den PoW.[249]

Um die Probleme der möglichen Zentralisierung der Macht und des Double Spendings zu vermeiden, haben sich zahlreiche Alternativen zum klassischen PoS entwickelt.[250] Zur Lösung des Double Spendings wurde der **Delegated Proof-of-Stake (DPoS)** entwickelt. Bei diesem werden bestimmte Vertrauenspersonen (sog. „Delegates") bestimmt, um die Blöcke anderer Vertrauenspersonen zu validieren.[251] Im Allgemeinen lässt sich die Idee der Wahl von Delegierten mit dem Proof-of-Authority (PoA) vergleichen,[252] welcher häufig in privaten Blockchains Anwendung findet (s. u.).

Alternative ressourcenbasierte Konsensmechanismen adressieren vordergründig Speicherkapazitäten. Beim **Proof-of-Capacity (PoC)** muss ein Nachweis über

---

[245] Vgl. Hellwig / Karlic / Huchzermeier (2021), S. 68.

[246] Vgl. Garg (2023), S. 34.

[247] Vgl. Shifferaw / Lemma (2021), S. 87. Die „51 %-Attacke" ist ein Angriff auf eine Blockchain, der dadurch ermöglicht wird, dass ein Teilnehmer oder eine Gruppe von Teilnehmern über mehr als 50 % des Netzwerks kontrollieren und damit die Regeln des Protokolls ändern können. Vgl. Adam (2022), S. 203.

[248] Vgl. Tasca / Tessone (2019), S. 11. Unter „Double Spending" versteht man die doppelte (oder mehrfache) Ausgabe desselben Geldes. Das Problem kommt insbesondere bei digitalem Geld und Kryptowährungen zum Tragen. Blockchain-Anwendungen versuchen durch entsprechende Konsensmechanismen die Gefahr des Double Spendings zu reduzieren. Vgl. Adam (2022), S. 205.

[249] Vgl. Meinel / Gayvoronskaya / Schnjakin (2018), S. 46–47.

[250] Vgl. Belotti et al. (2019), S. 3804.

[251] Vgl. Meinel / Gayvoronskaya / Schnjakin (2018), S. 47.

[252] Vgl. Tasca / Tessone (2019), S. 12.

verfügbaren Speicherplatz (Festplattenspeicher) getätigt werden, statt eine energieaufwendige Rechenleistung durchzuführen.[253] Je mehr Speicherplatz ein Miner hat, desto höher ist die Wahrscheinlichkeit, dass er in einer zufälligen Verlosung ausgewählt wird und damit den nächsten Block generieren kann.[254] Dieser Mechanismus gilt als fairer und umweltfreundlicher als PoW.[255] Einen ähnlichen Ansatz verfolgt der **Proof-of-Storage (PoStorage)**. Bei diesem Mechanismus wird jedoch auf einen gemeinsam genutzten Cloud-Speicher statt lokalem Festplattenspeicher zurückgegriffen.[256]

Alle bisher diskutierten Konsensmechanismen haben eine Gemeinsamkeit: Je mehr Ressourcen (z. B. Rechenleistung, Anteile einer Kryptowährung oder Speicherplatz) ein Teilnehmer besitzt, desto höher ist seine Chance zur Block-Validierung ausgewählt zu werden. Alternative Implementierungen wie **Proof-of-Elapsed-Time (PoET)**[257] und **Proof-of-Importance (PoI)**[258] bekämpfen diese Zentralisierungstendenzen.[259] PoET verwendet einen zufälligen Timer für die Wahl des Anführers einer Validierungsrunde.[260] Der Teilnehmer, dessen Timer als erstes abgelaufen ist, bekommt das Recht, den nächsten Block zu validieren. Der Mechanismus gilt als demokratisch, erfordert allerdings spezielle Hardware. Diese bringt wiederum den Vorteil mit sich, dass sie praktisch nicht zu hacken ist.[261] Beim PoI

---

[253] Vgl. Adam (2022), S. 33; Shifferaw / Lemma (2021), S. 87; Tasca / Tessone (2019), S. 12. Proof-of-Capacity wird in der Literatur auch synonym als **Proof-of-Space (PoSpace)** bezeichnet. Vgl. Tang et al. (2019), S. 24. Dieser Ansatz geht zurück auf Dziembowski et al. (2015), S. 585–605. In der Literatur wird Proof-of-Space oftmals mit „PoS" abgekürzt, obwohl diese Abkürzung für den weitaus bekannteren Proof-of-Stake gebräuchlicher ist. Irritierenderweise verwenden einige Autoren die Abkürzung „PoS" (teilweise auch „POS") für beide Mechanismen gleichermaßen. Siehe u. a. Adam (2022), S. 32–36; Tasca / Tessone (2019), S. 11–12. Um eine eindeutige Verwendung der Abkürzungen zu gewährleisten, wird in dieser Arbeit die Abkürzung „PoS" ausschließlich für Proof-of-Stake verwendet. Für Proof-of-Space wird hingegen die Kurzform „PoSpace" verwendet.

[254] Vgl. Shifferaw / Lemma (2021), S. 87.

[255] Vgl. Adam (2022), S. 33; Tasca / Tessone (2019), S. 12.

[256] Vgl. O. V. (2023a); Petterson (2015).

[257] Der Proof-of-Elapsed-Time wurde von der Hyperledger Foundation konzipiert und wird in der Anwendung Hyperledger Sawtooth verwendet. Vgl. dazu Olson et al. (2018), S. 6. Siehe außerdem Adam (2022), S. 46; Baliga (2020), S. 15; Belotti et al. (2019), S. 3804.

[258] Der Proof-of-Importance wird von der Kryptowährung NEM (die Abkürzung geht auf die New Economy Movement (NEM) zurück) genutzt und im dazugehörigen Whitepaper vorgestellt. Vgl. O. V. (2018), S. 26–42.

[259] Vgl. Belotti et al. (2019), S. 3804.

[260] Vgl. Hellwig / Karlic / Huchzermeier (2021), S. 73–74; Belotti et al. (2019), S. 3804.

[261] Vgl. Hellwig / Karlic / Huchzermeier (2021), S. 74.

wird die Reputation der Teilnehmer berücksichtigt, welche auf Basis ihrer Produktivität im Netzwerk ermittelt wird.[262] Die Reputation ist auch des entscheidende Auswahlmerkmal beim **Proof-of-Reputation (PoR)**.[263] Validatoren, welche nicht im Sinne des Netzwerks handeln, sehen sich bei diesem Ansatz mit erheblichen finanziellen und marktrechtlichen Konsequenzen konfrontiert.[264]

Ein in privaten Blockchains verbreiteter Ansatz ist der **Proof-of-Authority (PoA)**.[265] Bei diesem Mechanismus wird eine gewisse Anzahl an Autoritäten bestimmt, welche reihum das exklusive Recht zur Erstellung von Blöcken erhalten.[266] Die Mehrheit der Autoritäten muss der Blockerstellung zustimmen, damit dieser der bestehenden Kette hinzugefügt wird. Jede Autorität muss mit ihrer echten Identität bekannt sein. Autoritäten können vom System ausgeschlossen werden, wenn sie gegen die Regeln des Netzwerks verstoßen. Sie sollen dadurch einen höheren Anreiz haben, im Sinne des Netzwerks zu agieren.[267] Der PoA gilt insgesamt als ein eher zentralisierter Ansatz und eignet sich daher vordergründig für unternehmensinterne Anwendungen.[268] Beim PoA können Transaktionen schnell und effizient durchgeführt werden. Der Ansatz gilt als gut skalierbar. Zudem verbraucht PoA wenig Energie zur Blockerstellung.[269] Zu den Herausforderungen des PoA zählen die Kontrolle der Mining-Rate und der Schutz der Autoritäten vor böswilligen Angriffen.[270] Außerdem wird beim PoA ein großes Vertrauen in die Autoritäten vorausgesetzt.[271]

---

[262] Vgl. Adam (2022), S. 40; Shifferaw / Lemma (2021), S. 88; Belotti et al. (2019), S. 3804.

[263] Proof-of-Reputation wird bei der Blockchain *GoChain* verwendet. Vgl. dazu GoChainGo (2018).

[264] Vgl. Adam (2022), S. 40.

[265] Vgl. Adam (2022), S. 38; Hellwig / Karlic / Huchzermeier (2021), S. 72; Tasca / Tessone (2019), S. 12. Proof-of-Authority sollte nicht mit Proof-of-Activity verwechselt werden, welcher gelegentlich ebenfalls mit „PoA" abgekürzt wird. Proof-of-Activity stellt einen hybriden Ansatz aus PoW und PoS dar. Vgl. dazu Bogensperger / Zeselmair / Hinterstocker (2018), S. 44.

[266] Vgl. Tasca / Tessone (2019), S. 12.

[267] Vgl. Adam (2022), S. 38; Hellwig / Karlic / Huchzermeier (2021), S. 72.

[268] Vgl. Adam (2022), S. 39; Tasca / Tessone (2019), S. 12.

[269] Vgl. Adam (2022), S. 38–39; Bundesnetzagentur (2021), S. 13.

[270] Vgl. Tasca / Tessone (2019), S. 12.

[271] Vgl. Bundesnetzagentur (2021), S. 13.

Abstimmungsbasierte CFT-Konsensmechanismen

Paxos[272] und Raft[273] sind traditionelle *CFT-Konsensmechanismen* für verteilte Systeme und wurden ursprünglich nicht speziell für Blockchains entwickelt. Bei **Paxos** stimmen alle Teilnehmer des Netzwerkes in mehreren Runden über vorgeschlagene Werte (in Blockchain: Transaktionen) ab. In jeder Runde kann jeder Teilnehmer einen neuen Wert vorschlagen oder seine Stimme für einen bereits vorgeschlagenen Wert abgeben. Der Wert, der am häufigsten akzeptiert wird, stellt schließlich den Wert dar, über den ein Konsens getroffen wird. Paxos führt unter gewissen Bedingungen stets zu einer Einigung. Zudem ist Paxos tolerant gegen Knotenausfällen und Netzwerkstörungen. Andererseits ist Paxos komplex sowie schwierig zu verstehen und zu implementieren. Es kann unter Umständen lange dauern, bis ein Konsens erreicht wurde. Der Mechanismus eignet sich insbesondere für komplexe Netzwerkstrukturen.[274]

Raft wurde als eine Alternative zu Paxos entwickelt.[275] Raft soll eine leicht zu verstehende Version von Paxos sein, die dennoch sicher und performant sowie leicht zu implementieren ist.[276] Dadurch werden die Fehlersuche und Wartung erleichtert.[277] Durch die Verwendung von Raft kann schnell ein Konsens gefunden werden.[278] Raft basiert auf einem Führer-basierten Ansatz, bei dem ein Führer (Leader) durch die anderen Knoten (Follower) gewählt wird. Der Führer allein entscheidet über die Annahme von Transaktionen, die dann von den Followern in ihre jeweilige Kopie des Ledgers übernommen werden.[279] Die Sicherheit des Netzwerks wird durch die regelmäßige Neuwahl von Führern und den Wechsel der Knotenrollen zwischen Führer, Follower und Kandidat erhöht. Kandidaten haben die Möglichkeit, zum nächsten Führer gewählt zu werden, andernfalls kehren sie in den Follower-Status zurück.[280] Allerdings kann es unter Umständen vorkommen, dass es zur gleichen Zeit zwei Führer im System gibt.[281] Dies kann zu Inkonsistenzen führen.[282] Zudem ist Raft weniger tolerant gegenüber Netzwerkstörungen

---

[272] Vgl. Lamport (1998), S. 133–169.

[273] Vgl. Ongaro / Ousterhout (2014), S. 305–319.

[274] Vgl. Ongaro / Ousterhout (2014), S. 306–307.

[275] Vgl. Nguyen / Kim (2018), S. 119.

[276] Vgl. Bhardwaj (2020); Ongaro / Ousterhout (2014), S. 306–307.

[277] Vgl. Howard (2014), S. 36.

[278] Vgl. Howard (2014), S. 50.

[279] Vgl. Nguyen / Kim (2018), S. 120.

[280] Vgl. Rama (2021), S. 5; Nguyen / Kim (2018), S. 119.

[281] Vgl. Howard / Mortier (2020), S. 3.

[282] Vgl. Howard (2014), S. 22.

und Knotenausfälle als Paxos. Paxos und Raft sind in privaten Blockchains weit verbreitet.[283]

Abstimmungsbasierte BFT-Konsensmechanismen

Zur Untergruppe der *BFT-Konsensmechanismen* gehören beispielsweise der Ripple Protocol Consensus Algorithm (RPCA, oft nur Ripple)[284] oder das Stellar Consensus Protocol (SCP, oft nur Stellar)[285],welche vor allem für Finanztransaktionen entwickelt wurden, und daher an dieser Stelle nicht weiter betrachtet werden. Stattdessen werden mit Practical Byzantine Fault Tolerance (PBFT) und Delegated Byzantine Fault Tolerance (dBFT) zwei der BFT-Mechanismen für private Blockchains vorgestellt, welche die breitesten Anwendungsopportunitäten liefern.

Der Konsensmechanismus **Practical Byzantine Fault Tolerante (PBFT)** wird unter anderem in Hyperledger Fabric verwendet.[286] PBFT ermöglicht es einem verteilten System auch dann einen Konsens zu erreichen, wenn bis zu einem Drittel der Knoten böswillig agieren.[287] Der Algorithmus ist für asynchrone Netzwerke optimiert und arbeitet in einem Mehrphasenprozess.[288] In PBFT gibt es zwei zentrale Rollen: den Primärknoten (auch Hauptknoten) und die validierenden Knoten (oder Backup-Knoten).[289] Der Primärknoten wird nach festgelegten Regeln innerhalb des Netzwerks gewählt.[290] Der Konsensprozess beginnt, wenn ein Teilnehmer eine Anfrage an den Primärknoten stellt, um eine Transaktion durchzuführen.[291] Der Primärknoten bündelt mehrere Anfragen zu einem Block und verteilt diesen Block an die validierenden Knoten. Die validierenden Knoten überprüfen den Block und die darin enthaltenen Transaktionen. Anschließend senden sie ihre Zustimmung an alle anderen validierenden Knoten und den Primärknoten.[292] Jeder validierende Knoten wartet, bis er mindestens 2/3 übereinstimmende Antworten von den anderen

---

[283] Vgl. Baliga (2020), S. 4.

[284] Vgl. Schwarz / Youngs / Britto (2014), S. 4.

[285] Vgl. Mazières (2016), S. 1–36.

[286] Vgl. Singhal / Dhameja / Panda (2018), S. 142–143. Der Mechanismus wurde erstmals beschrieben durch Castro / Liskov (1999), S. 173–186.

[287] Vgl. Rama (2021), S. 3.

[288] Vgl. Rama (2021), S. 3; Sunyaev (2020), S. 284; Alsunaidi / Alhaidari (2019), S. 387.

[289] Vgl. Sunyaev (2020), S. 284; Nguyen / Kim (2018), S. 117.

[290] Vgl. Zheng et al. (2017), S. 560.

[291] Vgl. Sunyaev (2020), S. 284.

[292] Vgl. Ahmad et al. (2021), S. 59; Sunyaev (2020), S. 284; Nguyen / Kim (2018), S. 117; Zoican et al. (2018), S. 181.

Knoten erhalten hat.[293] Sobald dies der Fall ist, fügt der Knoten die Transaktionen in seine lokale Kopie des Ledgers ein und informiert die anderen Teilnehmer über den erfolgreichen Abschluss der Konsensfindung.[294] Das Ergebnis ist, dass alle gutartigen Knoten im Netzwerk sich über den Status einer Transaktion im verteilten Ledger einig sind, unabhängig davon, ob sie akzeptiert oder abgelehnt wurde.[295] Der hier nur sehr vereinfacht dargestellte PBFT bietet dabei Benutzerfreundlichkeit und Sicherheit, solange weniger als ein Drittel der Knoten böswillig sind. Die Funktionalität und Stabilität des Systems sind dabei gewährleistet.[296] Obwohl PBFT eine schnelle Transaktionsverarbeitung ermöglicht, wurde seine Skalierbarkeit bislang nur bis zu einer Größe von 20 validierenden Knoten untersucht. Mit steigender Anzahl an Knoten nimmt der Aufwand für die Nachrichtenübermittlung deutlich zu, was die Effizienz des Algorithmus beeinträchtigen kann.[297]

Der **Delegated Byzantine Fault Tolerance (dBFT)** ist ein Konsensmechanismus, der auf dem Konzept der Delegation basiert, um die byzantinische Fehlertoleranz in verteilten Systemen zu erreichen.[298] Bei dBFT wählen Knoten im Netzwerk eine Gruppe von vertrauenswürdigen Delegierten, die für die Validierung von Transaktionen und das Erreichen des Konsenses verantwortlich sind.[299] Dieser Mechanismus reduziert die Anzahl der erforderlichen Abstimmungen und verbessert die Effizienz, indem er es einer kleinen Gruppe von Delegierten ermöglicht, Entscheidungen im Namen der gesamten Gemeinschaft zu treffen.[300] Im Vergleich zum PBFT-Algorithmus, welcher die aktive Teilnahme aller Knoten am Konsensprozess erfordert, was zu höherem Kommunikationsaufwand führt, nutzt dBFT eine reduzierte Gruppe vertrauenswürdiger Delegierter, um die Effizienz und Skalierbarkeit zu erhöhen. dBFT ist daher besser geeignet für Szenarien, in denen eine schnellere Transaktionsverarbeitung erforderlich ist und ein gewisses Maß an Vertrauen zwischen den Teilnehmern besteht.[301]

---

[293] Vgl. Ahmad et al. (2021), S. 59.

[294] Vgl. Nguyen / Kim (2018), S. 117; Zoican et al. (2018), S. 181.

[295] Vgl. Sunyaev (2020), S. 284.

[296] Vgl. Hellwig / Karlic / Huchzermeier (2021), S. 73; Rama (2021), S. 3; Belotti et al. (2019), S. 3804.

[297] Vgl. Baliga (2020), S. 12 Alsunaidi / Alhaidari (2019), S. 387.

[298] Vgl. Neo (o. J. c).

[299] Vgl. Neo (o. J. a).

[300] Vgl. Neo (o. J. b).

[301] Vgl. Coelho et al. (2020), S. 13. Die Konsensmechanismen PBFT und dBFT gehören zu den populärsten BFT-Konsensmechanismen für private Blockchains. Es existieren jedoch noch unzählige weitere Varianten. Eine systematische Übersicht von BFT-Konsensmechanismen geben u. a. Zhang et al. (2024), S. 1–41.

Tabelle 3.2 Gegenüberstellung ausgewählter Konsensmechanismen[302]

Konsensmechanismus		Blockchain-Art	Transaktionsabschluss	Energieaufwand	Skalierbarkeit d. Netzwerks	Transaktionsrate	Anwendungsbeispiel
nachweisbasiert	Proof-of-Stake (PoS)	öffentlich & privat [1, 2]	probabilistisch [1, 2]	mittel [1, 2]	hoch [1, 6]	hoch [2, 3]	Ethereum [3, 7]
	Delegated Proof-of-Stake (DPoS)	öffentlich & privat [6]	probabilistisch [6]	gering – mittel [2]	hoch [2, 6]	mittel [2] – hoch [3]	Cardano [7]
	Proof-of-Elapsed-Time (PoET)	öffentlich & privat [1, 2]	probabilistisch [1, 2]	gering [1, 2, 3]	hoch [1, 2]	mittel [2, 3]	Hyperledger Sawtooth [2, 3, 7]
	Proof-of-Importance (PoI)	öffentlich & privat [3, 5]	probabilistisch [6]	gering [6] – mittel [5]	hoch [6]	mittel [3]	NEM [3, 5, 7]
	Proof-of-Reputation (PoR)	privat [4]	probabilistisch [8]	gering [4, 5]	hoch [4]	hoch [4]	GoChain [1]
	Proof-of-Authority (PoA)	öffentlich & privat [1, 6]	probabilistisch [6]	gering [1, 6, 10]	hoch [1, 6, 10]	hoch [9]	Menlo one [7]
abstimmungsbasiert	Paxos	privat [6]	deterministisch [6]	hoch [6]	schwach [6, 11]	mittel [11]	–
	Raft	privat [6]	deterministisch [6]	hoch [6]	mittel [6]	hoch [6]	Quorum [7]
	Practical Byzantine Fault Tolerant (PBFT)	privat [1, 2, 3, 6]	deterministisch [2, 6]	gering [2, 3] – mittel [1, 6]	gering [2, 6] – mittel [1]	hoch [2, 3, 6]	Hyperledger Fabric [2, 3, 7]
	delegated Byzantine Fault Tolerant (dBFT)	privat [1]	deterministisch [6]	mittel [1]	mittel [1] – hoch [11]	hoch [11]	Neo [7]

Quellen: [1] Adam (2022), S. 46; [2] Bosamia / Patel (2020), S. 431; [3] Sharma / Sharma (2021), S. 245; [4] Gai et al. (2018), S. 669–680; [5] Chalaemwongwan / Kurutach (2018), S. 958–960; [6] Sharma / Lal (2020), S. 12; [7] Thanujan / Rajapakse / Wickramaarachchi (2020), S. 321; [8] Kleinrock / Ostrovsky / Zikas (2020), S. 2; [9] Joshi (2021), S. 2–4; [10] Liechtenstein Cryptoassets Exchange (2023); [11] Tomić (2021), S. 37.

302 Eigene Darstellung.

Die nachfolgende Tabelle 3.2 gibt einen zusammenfassenden Überblick über eine Auswahl der dargestellten Konsensmechanismen.

3.6   Blockchain-basierte Smart Contracts

Der Begriff und das Konzept der Smart Contracts gehen auf Nick Szabo zurück, der diese im Jahr 1996 wie folgt definierte: „A smart contract is a set of promises, specified in digital form, including protocols within which the parties perform on these promises."[303] Smart Contracts sind webbasierte Computerprotokolle in Form von Programmcode bzw. Software, die Verträge zwischen zwei oder mehreren Parteien darstellen und deren Ausführung technisch unterstützen.[304] Sie basieren auf Wenn-Dann-Regeln, die festlegen, dass bei Eintritt eines bestimmten Ereignisses (Trigger) eine vorher definierte Aktion ausgelöst wird.[305] Das auslösende Ereignis muss stets digital überprüfbar sein.[306] Die Reaktion auf das Trigger-Event wird daraufhin automatisch veranlasst. Auf diese Weise können Transaktionen vollständig automatisiert initiiert und abgewickelt werden.[307] Smart Contracts ermöglichen zudem die Echtzeitüberwachung von Vertragsinhalten sowie die automatische Durchsetzung der vertraglichen Rechte der Parteien, ohne dass eine menschliche Interaktion erforderlich ist.[308]

Smart Contracts können auf einer Blockchain implementiert werden.[309] Die erste Blockchain, die dies ermöglichte, war Ethereum.[310] Da Smart Contracts in einer Blockchain gespeichert werden, übernehmen sie einige der charakteristischen Eigenschaften der Blockchain, wie Sicherheit, Transparenz, Integrität,

---

[303] Szabo (1996).

[304] Vgl. Borkert (2018), S. 41; Scherk / Pöchhacker-Tröscher (2017), S. 27; Kaulartz / Heckmann (2016), S. 618.

[305] Vgl. Wilkens / Falk (2019), S. 3–4; Rauscher / Cupic (2018), S. 9–10; Rentrop (2017); Scherk / Pöchhacker-Tröscher (2017), S. 27.

[306] Vgl. Söbbing (2018), S. 44.

[307] Vgl. Wilkens / Falk (2019), S. 9; Rentrop (2017); Scherk / Pöchhacker-Tröscher (2017), S. 27.

[308] Vgl. Rentrop (2017); Scherk / Pöchhacker-Tröscher (2017), S. 27; Kaulartz / Heckmann (2016), S. 618.

[309] Vgl. Wilkens / Falk (2019), S. 8.

[310] Vgl. Balmer (2024); Müller (o. J.), S. 10.

Verlässlichkeit und Unveränderlichkeit.[311] Die Unveränderlichkeit von Smart Contracts stellt gleichzeitig eine große Herausforderung dar. Sobald ein Smart Contract einmal in die Blockchain integriert wurde, sind keine nachträglichen Korrekturen von Fehlern (Bugfixes), Funktionsupdates oder Anpassungen möglich.[312]

Des Weiteren sollten die rechtlichen Herausforderungen von Smart Contracts beachtet werden. Entgegen der Bezeichnung handelt es sich bei Smart Contracts nicht zwangsläufig um rechtsverbindliche Verträge. Die besonderen rechtlichen Fragestellungen und potenziellen Lösungsansätze im Umgang mit Smart Contracts werden derzeit in der juristischen Fachliteratur intensiv diskutiert und sind daher nicht Gegenstand dieser Arbeit.[313]

Obwohl Smart Contracts in ihrer ursprünglichen Idee unabhängig von der Blockchain-Technologie konzipiert wurden (Blockchain wurde erst einige Jahre später erfunden), werden Smart Contracts heute überwiegend als Blockchain-basiert verstanden.[314] Im weiteren Verlauf der Arbeit wird der Begriff „Smart Contract" daher stets in Verbindung mit der Blockchain-Technologie verwendet, auch wenn dies nicht explizit erwähnt wird.

---

[311] Vgl. Wilkens / Falk (2019), S. 5, 13; Scherk / Pöchhacker-Tröscher (2017), S. 27; IBM (o. J.).

[312] Vgl. Wilkens / Falk (2019), S. 12; Scherk / Pöchhacker-Tröscher (2017), S. 27.

[313] Siehe dazu u. a. Wilkens / Falk (2019), S. 29–42; Söbbing (2018), S. 43–46. Auch der Deutsche Bundestag befasst sich mit Smart Contracts aus Sicht der deutschen Rechtsordnung. Vgl. dazu u. a. Rübe (2018), S. 1–4.

[314] Vgl. Balmer (2024); Wilkens / Falk (2019), S. 9; Borkert (2018), S. 40; Keimer / Egle (2018), S. 63; Rentrop (2017); Schütte et al. (2017), S. 51; Voshmgir (2016), S. 14; IBM (o. J.).

4 Anforderungen an Informationen im Rahmen ihrer Verwendung im Controlling im Allgemeinen und bei Verrechnungspreisen im Speziellen

4.1 Anforderungen an Informationen im Rahmen des Controllings

4.1.1 Einordnung bestehender Literatur zu den Anforderungen an Informationen zur Erfüllung der Controlling-Funktionen

Um die potenziellen Auswirkungen der Blockchain-Technologie auf Controlling-Informationen zu analysieren, ist es zunächst wichtig, Kriterien zur Messung der Nützlichkeit von Informationen im Kontext des Controllings aufzustellen. Im Rahmen des Controllings werden Informationen genutzt, um die Funktionen der Entscheidungsunterstützung sowie der Verhaltenssteuerung zu erfüllen. Die Erfüllung dieser Funktionen dient dazu, einerseits besser informierte eigene Entscheidungen zu treffen (Entscheidungsunterstützung) und andererseits die Entscheidungen anderer Entscheidungsträger an den Zielen des Unternehmens auszurichten (Verhaltenssteuerung).[1] Informationen stellen somit die Grundlage

---

[1] Vgl. Ewert / Wagenhofer (2014), S. 6–8. Es wird dabei der Annahme von Ewert / Wagenhofer (2014) gefolgt, dass Zielkonflikte im Rahmen der Entscheidungsunterstützung nicht weiter betrachtet werden, da hierbei von einem Einpersonenkontext ausgegangen oder die Organisation als implizit ausreichend betrachtet wird, um Zielkongruenz zwischen der Unternehmensleitung bzw. Unternehmenseignern, den Entscheidungsträgern verschiedener Hierarchiestufen, aber auch dem Informationsersteller sicherzustellen.

Ergänzende Information Die elektronische Version dieses Kapitels enthält Zusatzmaterial, auf das über folgenden Link zugegriffen werden kann https://doi.org/10.1007/978-3-658-49477-3_4.

zur Beeinflussung eigener Entscheidungen sowie zur Beeinflussung von Entscheidungen anderer Akteure im Unternehmen dar. Die Beeinflussung von fremden Entscheidungen wird im Rahmen der Verhaltenssteuerung aufgrund von Verhaltensinterdependenzen, potenziellen Zielkonflikten und Informationsasymmetrien der beteiligten Akteure notwendig, da hierdurch die Erreichung der Unternehmensziele beeinträchtigt werden kann.[2] Insgesamt spielen Informationen somit eine wesentliche Rolle bei der Wahrnehmung der Controlling-Funktionen.[3] Um die Eignung von Informationen hinsichtlich der Rechnungszwecke des Controllings beurteilen zu können, lassen sich zweckabhängige Anforderungen aufstellen. Hierzu lässt sich in der Literatur allerdings eine Vielzahl an Anforderungen und Anforderungskatalogen an Informationen finden, die sich sowohl in Bezug auf die explizit adressierten Rechnungszwecke, die Anzahl der aufgeführten Anforderungen als auch deren Konkretisierung teilweise deutlich unterscheiden. Dabei lässt sich insgesamt feststellen, dass die zweckabhängigen Anforderungen an Informationen vor dem Hintergrund der Zwecke des Controllings in der gesichteten Literatur vor der Zielsetzung eines konkreten Anforderungskatalogs an derartige Informationen weitestgehend nicht hinreichend präzisiert und/oder spezifiziert sind.[4] Ziel dieses Kapitels ist es daher, einen geeigneten und hinreichend konkretisierten Anforderungskatalog an Informationen im Rahmen ihrer Verwendung für Zwecke des Controllings aufzustellen.[5] Weiterhin soll die Eignung dieses Katalogs für die Verwendung von Informationen im Rahmen der Verrechnungspreisbildung gewürdigt und ein sich gegebenenfalls ergebender Anpassungsbedarf durchgeführt werden.

---

[2] Vgl. Küpper et al. (2013), S. 99.

[3] Siehe hierzu u. a. Taschner (2013), S. 29–30.

[4] Siehe hierzu u. a. Ewert / Wagenhofer / Rohlfing-Bastian (2023), S. 4–23, 274–279, 349–354; Horváth / Gleich / Seiter (2020), S. 192–193, 199; Weber / Schäffer (2020), S. 98–99; Reichmann / Kißler / Baumöl (2017), S. 70–71; Küpper et al. (2013), S. 19, 192, 215–217, 220; Kosiol (1968), S. 245–247. Siehe hierzu auch Bantz (2019), S. 35 im Kontext wertorientierter Kennzahlen. Zudem beinhaltet *Anhang 1* einen kommentierten Literaturauszug namhafter Autoren der Controlling-Wissenschaft zu dieser Thematik.

[5] Die in diesem Zusammenhang durchgeführten theoretischen Untersuchungen und vorgestellten Ausarbeitungen in Abschnitt 4.1 zur Erarbeitung eines entsprechend geeigneten Anforderungskatalogs sind in Zusammenarbeit mit *Wittköpper* entstanden. Siehe für den ursprünglichen Beitrag Wittköpper / Strathmann (2021).

4.1.2 Konvergenz der Anforderungen an Informationen im Rahmen des Controllings und der Anforderungen an Informationen im Rahmen der IFRS-Finanzberichterstattung

4.1.2.1 Qualitative Anforderungen an die Entscheidungsnützlichkeit von Informationen im Rahmen der IFRS-Finanzberichterstattung

Entgegen den Ausführungen im Controlling-Schrifttum ist ein konkretisierter Anforderungskatalog an Finanzinformationen im Rahmen externer Rechnungszwecke im IFRS-Framework definiert.[6] Dieser ist ein mehrfach verwendeter Untersuchungsgegenstand im Zuge von Konvergenzbetrachtungen hinsichtlich des internen und externen Rechnungswesens.[7] Aufgrund der Nähe sowie einer beobachtbaren Tendenz zur Harmonisierung des internen und externen Rechnungswesens,[8] mit welcher die Konvergenzbetrachtungen begründet werden können, wird in Abschnitt 4.1.2.2 untersucht, inwieweit der im IFRS-Framework aufgeführte Anforderungskatalog vor dem Hintergrund der Rechnungszwecke des Controllings geeignet ist. Vor dieser Untersuchung erfolgt in diesem Abschnitt zunächst eine Darstellung der qualitativen Anforderungen aus dem IFRS-Framework, die auf das sog. Kriterium der *Entscheidungsnützlichkeit* von Informationen bei der IFRS-Finanzberichterstattung abzielen.

Grundsätzlich spielen bei der Sicherstellung der Eignung von Informationen und somit auch im Hinblick auf die Anforderungen die unterschiedlichen Zielsetzungen von Ersteller und Adressat eine wesentliche Rolle. So sind Informationen, die innerhalb des internen Rechnungswesens erstellt werden, für die Bedürfnisse unternehmensinterner Adressaten konzipiert. Informationen des externen Rechnungswesens adressieren wiederum unternehmensexterne Adressaten.[9] Die Zwecksetzung der im IFRS-Framework definierten Entscheidungsnützlichkeit zielt auf die Verbesserung der Entscheidungsgrundlage unternehmensexterner Adressaten hinsichtlich ihrer Kapital- bzw. Investitionsentscheidungen in Bezug

---

[6] Hierfür wurde die zum Zeitpunkt des Erscheinens dieser Arbeit aktuelle Version des IFRS-Frameworks des IASB aus dem Jahre 2018 herangezogen. Hierbei handelt es sich um eine im Jahre 2010 in Zusammenarbeit mit dem Financial Accounting Standards Board (FASB) veröffentlichte Version, welche das IASB nochmals eigenständig überarbeitet und 2018 publiziert hat.

[7] S. dazu u. a. Hirscher (2020), S. 41–49; Bantz (2019), S. 65–94; Stute (2007), S. 228–254.

[8] Vgl. Ewert / Wagenhofer (2014), S. 6.

[9] Vgl. Ewert / Wagenhofer (2014), S. 3–4.

auf das berichtende Unternehmen ab (1.2).[10] Vor dem Hintergrund dieser Zwecksetzung identifiziert und präzisiert das International Accounting Standards Board
(IASB) im IFRS-Framework sogenannte Qualitative Characteristics, welche
Anforderungen an Informationen im Rahmen der IFRS-Finanzberichterstattung
darstellen (s. dazu Abbildung 4.1).

Abbildung 4.1
Anforderungen und
Nebenbedingung an
IFRS-Informationen[11]

Fundamentale Qualitative Characteristics
• Relevanz • Glaubwürdige Darstellung   (Vollständigkeit, Neutralität, Fehlerfreiheit)
Unterstützende Qualitative Characteristics
• Vergleichbarkeit • Nachprüfbarkeit • Zeitnähe • Verständlichkeit
„Cost" als Nebenbedingung

Grundsätzlich wirkt sich der jeweilige Grad der Erfüllung der verschiedenen Anforderungen auf die Entscheidungsnützlichkeit von Informationen aus. Die
Relevanz sowie die *glaubwürdige Darstellung* von Informationen stellen hierbei
die beiden fundamentalen Qualitative Characteristics dar (2.5, 2.20). Informationen werden dann als relevant angesehen, wenn sie einen Einfluss auf die
Entscheidungen der Adressaten ausüben können (2.6). Der Einfluss von Informationen auf eine Entscheidung äußert sich durch eine mögliche Verwendung der
Informationen für die Ergebnisvorhersage (predictive value), die Bestätigung oder
Korrektur einer vorherigen Erwartung (confirmatory value) oder beidem gleichzeitig (2.7, 2.9). Darüber hinaus müssen sich die Informationen wesentlich auf
die Entscheidung auswirken. Dies ist der Fall, wenn zu erwarten ist, dass ein
Auslassen, eine falsche Angabe oder eine Verschleierung der Informationen die

---

[10] S. dazu auch Wagenhofer / Ewert (2015), S. 5. Wagenhofer / Ewert (2015) formulieren,
dass bereitgestellte Informationen von externen Adressaten zum Treffen besser informierter
Entscheidungen genutzt werden.

[11] Eigene Darstellung in Anlehnung an Bantz (2019), S. 64 und Pelger (2011), S. 915.

Entscheidung beeinflussen könnte (2.11).[12] Informationen sollen laut dem IASB glaubwürdig dargestellt werden, um nützlich für die Entscheidungsfindung des Informationsempfängers zu sein. Die Anforderung der glaubwürdigen Darstellung sagt aus, dass dargestellte Sachverhalte auf Grundlage ihrer ökonomischen Substanz abgebildet werden sollen (2.12). Die Anforderungen der *Vollständigkeit*, *Neutralität* und *Fehlerfreiheit* konkretisieren diesen Aspekt (2.13). Um die Anforderung der Vollständigkeit zu erfüllen, müssen alle Informationen enthalten sein, die für die Adressaten erforderlich sind, um den dargelegten Sachverhalt verstehen zu können (2.14). Neutralität ist dann gegeben, wenn die Informationen bei der Auswahl und Präsentation nicht einseitig verzerrt oder auf andere Art und Weise manipuliert sind, die das Verhalten der Adressaten positiv oder negativ beeinflussen (2.15). Fehlerfreiheit liegt dann vor, wenn der Prozess zur Generierung der dargestellten Informationen ohne Fehler verläuft und die Beschreibung der dargestellten Sachverhalte ohne Fehler oder dem Auslassen von Sachverhalten erfolgt (2.18).[13] Dem IASB zufolge ist eine Erfüllung der konkretisierenden Anforderungen lediglich in Ausnahmefällen zu erreichen. Üblicherweise wird deshalb die Maximierung dieser Anforderungen angestrebt (2.13).

Die unterstützenden Qualitative Characteristics untergliedern sich in *Vergleichbarkeit*, *Nachprüfbarkeit*, *Zeitnähe* und *Verständlichkeit* (2.23). Eine Information ist dann vergleichbar, wenn sie die Identifikation und Beurteilung von Gemeinsamkeiten und Unterschieden von Vergleichsobjekten sowohl in sachlicher als auch in zeitlicher Hinsicht zulassen würde und dementsprechend ähnlichen Informationen gegenübergestellt und daran gemessen werden könnte (2.24, 2.25).[14] Nachprüfbarkeit wird dann erreicht, wenn unterschiedlich sachkundige sowie unabhängige Adressaten direkt oder indirekt mittels der zugrunde gelegten Annahmen und Methoden die erstellten Informationen dahingehend überprüfen könnten, ob sie glaubwürdig dargestellt wurden (2.30, 2.32). Die Anforderung der Zeitnähe wird dann erfüllt, wenn die Informationen rechtzeitig zur Verfügung

---

[12] Hierbei müssen Informationen keinen vorhersagenden Charakter aufweisen, um einen predictive value zu enthalten. Dies ist beispielsweise der Fall, wenn sie von den Adressaten innerhalb von Vorhersageprozessen zukünftiger Outputs verwendet werden können (2.8). Die Bestätigung oder Korrektur einer vorherigen Erwartung kann dann erfolgen, wenn Informationen Rückmeldungen zu der vorherigen Erwartung enthalten (2.9).

[13] Fehlerfreiheit bedeutet dabei ausdrücklich nicht, dass die dargestellten Informationen gänzlich exakt sind. Bspw. kann eine Schätzung auch dann fehlerfrei sein, wenn diese als Schätzung gekennzeichnet und Fehlerfreiheit bei der Auswahl und Anwendung des Schätzprozesses gewährleistet ist (2.18).

[14] Konsistente Bewertungsmethoden können helfen, Vergleichbarkeit zu erreichen (2.26).

stehen, um eine Entscheidung beeinflussen zu können.[15] Durch klares Klassifizieren, Charakterisieren und Präsentieren sollen Informationen verständlich gemacht
werden (2.34). Dies beinhaltet eine klare Darstellung und Erklärung von schwierig zu verstehenden Informationen. Hierbei ist zu beachten, dass das Auslassen
von Informationen aus Gründen der Komplexitätsreduktion laut dem IASB zur
Verletzung der Anforderung der Vollständigkeit führen würde (2.35). Die Erfüllung der Anforderung der Verständlichkeit soll für sachkundige Adressaten, die
sich tatsächlich sorgfältig und gewissenhaft mit den bereitgestellten Informationen befassen, sichergestellt werden (2.36). Das IASB formuliert zusätzlich unter
der Nebenbedingung „Cost", dass die Kosten der Informationen durch deren
Nutzen gerechtfertigt werden sollen (2.39).

4.1.2.2 Vereinbarkeit der qualitativen Anforderungen mit den Anforderungen an Informationen für die Zwecke des Controllings

Nachdem die qualitativen Anforderungen aus dem IFRS-Framework im vorherigen Abschnitt dargestellt wurden, stellt sich die Frage, inwieweit sie für
die Anforderungen an Informationen vor dem Hintergrund des Controllings
herangezogen werden können. Hierfür wird die Vereinbarkeit der qualitativen
Anforderungen mit den Zwecken des Controllings untersucht. Dabei ist zunächst
festzustellen, dass die beiden Begrifflichkeiten der Entscheidungsnützlichkeit und
der Entscheidungsunterstützung eine sprachliche Ähnlichkeit aufweisen.[16] Auf
inhaltlicher Ebene zielt das Kriterium der Entscheidungsnützlichkeit auf eine
Verbesserung der Entscheidungsgrundlage externer Adressaten hinsichtlich ihrer
zu treffenden Ressourcenallokationsentscheidungen, die eine Einschätzung der
zukünftigen Cash-Flows ermöglichen sollen, ab (1.13, 1.16). Im Rahmen der
Entscheidungsunterstützung wiederum sollen die mit den Entscheidungen verbundenen Auswirkungen auf die unternehmerische Zielerreichung aufgezeigt
werden, damit interne Adressaten mittels einer verbesserten Entscheidungsgrundlage besser informierte Entscheidungen treffen können. Auch, wenn die
unterschiedlich adressierten Personenkreise verschiedene Informationen benötigen können,[17] kann eine Konvergenz, die auf die Informationsunterstützung

---

[15] Nach Meinung des IASB gilt grundsätzlich, dass die Nützlichkeit einer Information mit
deren zunehmendem Alter abnimmt (2.33).

[16] Vgl. Stute (2007), S. 243.

[17] Vgl. Stute (2007), S. 265, 273.

der Adressaten abzielt, erkannt werden.[18] Es wird der Argumentation von *Hirscher (2020)* gefolgt, dass die unterschiedlichen Adressatenkreise die Konvergenz nicht einschränken, da einerseits die Konvergenz anhand des Zwecks und nicht durch den Adressaten begründet wird, und andererseits Parallelen zwischen den Informationsbedarfen interner Entscheidungsträger und externer Kapitalgeber, die jeweils Ressourcenallokationsentscheidungen treffen, bestehen.[19] Daher wird angenommen, dass die Ausführungen zu den qualitativen Anforderungen aus dem IFRS-Framework prinzipiell als Grundlage hinsichtlich der Anforderungen an Informationen im Rahmen der Entscheidungsunterstützung herangezogen werden können, obgleich eine stellenweise vorzunehmende Controlling-spezifische Konkretisierung zweckmäßig erscheint.

Vor dem Hintergrund der Berücksichtigung von Zielkonflikten, asymmetrisch verteilten Informationen und der Beeinflussung fremder Entscheidungen wird, wie nachfolgend gezeigt, aufgrund der unterschiedlichen Zwecksetzung im Vergleich zur Entscheidungsunterstützung eine differenzierte Betrachtung der Anforderungen notwendig. Im IFRS-Framework wird formuliert, dass die Entscheidungsfindung ebenfalls die Beeinflussung des Verhaltens der Manager beim Umgang mit den wirtschaftlichen Ressourcen des berichtenden Unternehmens umfasst (1.2). Dies findet unter dem Aspekt der Rechenschaftslegung (stewardship) des Managements Berücksichtigung (1.3) und wird damit begründet, dass Investoren zur Einschätzung zukünftiger Cash-Flows ebenfalls Informationen über die Erfüllung der Verpflichtungen des Managements, insbesondere die effiziente und effektive Verwendung der wirtschaftlichen Ressourcen des Unternehmens, benötigen (1.4). Allerdings geht das IASB davon aus, dass die Rechenschaftslegung, die, wie dargestellt, dem Zweck der Verhaltenssteuerungsfunktion der Rechnungslegung entspricht, ausreichend durch die Anforderungen an die Entscheidungsnützlichkeit abgebildet wird.[20] *Wagenhofer / Ewert (2015)* haben diese Annahme innerhalb eines theoretischen Modellrahmens analysiert

---

[18] Vgl. Hirscher (2020), S. 41.

[19] Vgl. Hirscher (2020), S. 41.

[20] Vgl. Wagenhofer / Ewert (2015), S. 144–145, deren Ausführungen auf dem IFRS-Framework aus dem Jahre 2010 basieren. Aufgrund der Überarbeitung durch das IASB und die in diesem Zuge vorgenommenen strukturellen und inhaltlichen Anpassungen in der im Jahre 2018 veröffentlichten Version wurden die von Wagenhofer / Ewert (2015) zitierten Stellen auf inhaltliche Übereinstimmung mit dem IFRS-Framework von 2018 überprüft. Im Ergebnis spiegelt die Neuformulierung der stewardship zwar deren stärkere Bedeutung für das übergeordnete Ziel der decision usefulness wider. Allerdings wird dieser Aspekt weiterhin nicht als separates Ziel neben dem alleinigen Ziel der decision usefulness angegeben (1.2, 1.3, 1.22 und 1.23). S. dazu auch Pelger (2020), S. 37–38.

und dabei aufgezeigt, dass diese Argumentation einer näheren Untersuchung, in Abhängigkeit der zugrunde gelegten Annahmen, nicht automatisch standhält. Hierbei wurde verdeutlicht, dass die Informationen bzw. Systeme zur Bereitstellung von Informationen zur jeweils bestmöglichen Erfüllung der unterschiedlichen Ziele der Anreiz- und Entscheidungsnützlichkeit voneinander abweichen können.[21] Die Autoren kommen zu dem Schluss, dass diese beiden Zwecke nicht kongruent sind,[22] und sich dementsprechend eine unterschiedliche Präferenzreihung von Informationen ergeben kann.[23] Daraus abgeleitet kann durch die für die divergierenden externen Rechnungszwecke benötigten Informationen eine unterschiedliche Gewichtung der Anforderungen zweckdienlich sein. Diese Schlussfolgerung wird aufgrund der inhaltlich gleichartigen Problematik auf die internen Rechnungszwecke der Entscheidungsunterstützung und Verhaltenssteuerung übertragen.

Im Hinblick auf die Verhaltenssteuerungsfunktion des Controllings wird in den Beiträgen der einschlägigen Literatur übereinstimmend erörtert, dass Zielkonflikte und Informationsasymmetrien zwischen Informationsersteller und -empfänger das Risiko einer Manipulation im Sinne bewusster, opportunistischer Verzerrungen mit sich führen können. Die Manipulation von Informationen kann letztendlich in einer verminderten Gesamtzielerreichung resultieren.[24] Um dies zu verhindern, spielt die Anforderung der *Manipulationsfreiheit* eine zentrale Rolle im Rahmen der Verhaltenssteuerung, da nicht davon ausgegangen werden kann, dass der Informationsersteller sein Verhalten bei Manipulationsmöglichkeiten an der Zielsetzung des Informationsempfängers ausrichtet.[25] Die Anforderung der Manipulationsfreiheit ist dann erfüllt, wenn Informationen nicht durch den Informationsersteller verzerrt werden können, um so zum Nachteil des Informationsempfängers einen eigenen Vorteil zu erzielen.[26]

---

[21] Vgl. Wagenhofer / Ewert (2015), S. 152–155. S. auch Pelger (2008), S. 574. Pelger (2008) kommt bei einer grundsätzlichen Betrachtung zu dem Schluss, dass die IFRS die Anforderungen an die Anreiznützlichkeit im Rahmen der Steuerung kaum erfüllen können.

[22] S. dazu auch Horváth / Gleich / Seiter (2020), S. 301.

[23] Vgl. Wagenhofer / Ewert (2015), S. 145.

[24] Vgl. Küpper et al. (2013), S. 99–100. S. dazu auch Horváth / Gleich / Seiter (2020), S. 308; Ewert / Wagenhofer (2014), S. 514–515; Wieland (2007), S. 103–104.

[25] Vgl. Bantz (2019), S. 39; Küpper et al. (2013), S. 294; Franz / Winkler (2006), S. 70; Hebertinger (2002), S. 39.

[26] S. dazu im Rahmen der Agency-Problematik z. B. Küpper et al. (2013), S. 294–297, 349, 356, 653; Schabel (2004), S. 59.

Das Äquivalent zur Manipulationsfreiheit als grundlegende Anforderung des Controllings findet sich im IFRS-Framework in der gleichgewichteten fundamentalen Anforderung der *glaubwürdigen Darstellung* wieder.[27] Im Hinblick auf die drei konkretisierenden Kriterien der Vollständigkeit, Neutralität und Fehlerfreiheit wird zunächst Bezug zur Vollständigkeit genommen. Manipulationsfreiheit wird durch das konkretisierende Kriterium der *Vollständigkeit* gestützt, da eine unvollständige Darstellung zu einer Verzerrung der Informationsgrundlage führen würde.[28] Allerdings wird angemerkt, dass eine unvollständige Darstellung nicht zwangsläufig einer bewussten Entscheidung in Erwartung eines Vorteils im Sinne einer Manipulation entspringen muss. Das Kriterium der *Neutralität* ist dann erfüllt, wenn die übermittelten Informationen nicht einseitig verzerrt oder auf andere Art und Weise manipuliert sind, die das Verhalten der Adressaten positiv oder negativ beeinflussen. Dies kann als unmittelbare inhaltliche Übereinstimmung mit der Manipulationsfreiheit verstanden werden, da beide Anforderungen darauf ausgerichtet sind, einseitige Verzerrungen der dargestellten Informationen zur Erzielung eines persönlichen Vorteils zu vermeiden. *Fehlerfreiheit* ist der Anforderung der Manipulationsfreiheit ebenfalls zuträglich. Beide zielen darauf ab, dass die Erstellung und Darstellung der Informationen ohne bewusste Fehler oder dem Auslassen von Sachverhalten i.S.e. beeinflussenden Charakters erfolgen.[29] Allerdings kann die Fehlerfreiheit auch ohne das Vorliegen einer manipulativen Handlung verletzt werden. Insgesamt wird daher festgehalten, dass sich hinsichtlich der Anforderung der Manipulationsfreiheit von Informationen eine weitgehende inhaltliche Entsprechung mit der glaubwürdigen Darstellung im Rahmenkonzept des IASB erkennen lässt, wenngleich die inhaltliche Ausgestaltung der Anforderungen der Vollständigkeit und der Fehlerfreiheit Interpretationsspielraum dahingehend zulässt, dass diese auch dann verletzt werden können, wenn keine Manipulation vorliegt. Die Verletzung des Kriteriums der Neutralität wiederum kann nicht ohne eine einseitige Verzerrung bzw. manipulatives Handeln mit der Absicht der Verhaltensbeeinflussung erfolgen, wodurch sich die bereits thematisierte unmittelbare inhaltliche Übereinstimmung mit der Manipulationsfreiheit ergibt.

---

[27] S. hierzu auch Hirscher (2020), S. 45; Bantz (2019), S. 83.

[28] S. hierzu auch Hirscher (2020), S. 45; Bantz (2019), S. 84.

[29] S. hierzu auch Hirscher (2020), S. 45; Bantz (2019), S. 83–84.

4.1.3   Konkretisierung des Anforderungskatalogs für Informationen im Rahmen des Controllings

Aufgrund der Erkenntnisse der vorangegangenen Untersuchung wird nachfolgend in Anlehnung an die Ausführungen des IASB ein konkretisierter Anforderungskatalog an Informationen im Rahmen des Controllings aufgestellt. Hiermit soll vor allem hinsichtlich dem in der Verhaltenssteuerung zentralen Aspekt der Manipulationsfreiheit Rechnung getragen und Konformität mit den in der Controlling-Literatur verwendeten Begrifflichkeiten hergestellt werden. Die Erfüllung der aufgestellten Anforderungen zielt auf die Nützlichkeit von Informationen für die Zwecke des Controllings ab.[30]

Der Anforderung der *Relevanz* kommt eine zentrale Rolle zu, damit eine Information nützlich für interne Adressaten sein kann. So gelten Informationen immer dann als relevant für das Controlling, wenn sie unternehmensinterne Entscheidungen im Rahmen der Entscheidungsunterstützung und/oder der Verhaltenssteuerung beeinflussen können. Der Einfluss von Informationen auf eine Entscheidung äußert sich insbesondere durch eine mögliche Verwendung der Information für die Vorhersage von Ereignissen, zur Bestätigung oder Korrektur einer vorherigen Erwartung, für die Abbildung und Beurteilung vergangener oder aktueller Entwicklungen sowie die Identifikation damit verbundener Einflussfaktoren. Darüber hinaus muss sich die Information wesentlich auf die Entscheidung auswirken. Dies ist der Fall, wenn ein Auslassen oder eine Verschleierung der Information die Entscheidung beeinflussen würde. Der außerdem an dieser Stelle im IFRS-Framework aufgeführte Aspekt einer falschen Angabe wird allerdings kritisch betrachtet. Wird hypothetisch eine richtige Information ohne wesentlichen Einfluss auf eine Entscheidung angenommen, würde eine falsche Angabe dieser Information, welche in dieser Überlegung erst durch die falsche Angabe einen wesentlichen Einfluss auf die Entscheidung hätte, nicht den unwesentlichen Einfluss der originären (und richtigen) Information verändern. Somit hätte lediglich die falsche Angabe einen wesentlichen Einfluss auf die Entscheidung. Des Weiteren ist es trotz einer falschen Angabe einer Information, die korrekt angegeben einen wesentlichen Einfluss auf eine Entscheidung ausüben könnte, auch weiterhin möglich, dass auch die falsche Angabe einen wesentlichen Einfluss auf die Entscheidung ausüben kann. Daher erscheint der Aspekt der falschen Angabe ungeeignet, um die Wesentlichkeit des Einflusses einer Information auf

---

[30] Siehe für eine Zusammenfassung zu den erarbeiteten grundlegenden und unterstützenden Anforderungen sowie den geltenden Nebenbedingungen Tabelle 4.1.

eine Entscheidung zu charakterisieren und findet daher keine Berücksichtigung in der definitorischen Ausarbeitung der Anforderung der Relevanz.

Um die Anforderung der *Vollständigkeit* zu erfüllen, müssen alle Informationen, die eine bestimmte Entscheidung eines Entscheidungsträgers im Rahmen der Entscheidungsunterstützungs- und/oder der Verhaltenssteuerungsfunktion beeinflussen können, adäquat enthalten sein. Dies bedeutet, dass es sich hierbei um das Enthalten aller relevanten Informationen hinsichtlich einer Entscheidung handelt. Unvollständige Informationen können zwar durchaus relevant sein, jedoch müssen dem internen Adressaten alle entscheidungsrelevanten Informationen vorliegen, um bewusst die bestmögliche Entscheidung zu treffen. Dementsprechend wird der Vollständigkeit jeweils ein hohes Bedeutungsgewicht für die Entscheidungsunterstützung und Verhaltenssteuerung zugesprochen. Der adäquate Umfang und die Granularität der benötigten Informationen sind vom jeweiligen Verwendungszweck abhängig. Demnach könnten komplexe oder detailliertere Informationen einen Einfluss auf eine bestimmte Entscheidung ausüben und dürften somit nicht fehlen.

Die Anforderung der *Manipulationsfreiheit* ist dann erfüllt, wenn eine bewusste, opportunistische Verzerrung der Information durch den Ersteller bei deren Beschaffung, Aufbereitung oder Bereitstellung zur Erzielung eines eigenen Vorteils, der zu Lasten des Entscheidungsträgers gehen kann, ausgeschlossen ist. Dies ist erforderlich, da nicht davon ausgegangen werden kann, dass der Informationsersteller sein Verhalten bei Manipulationsmöglichkeiten an der Zielsetzung des Informationsempfängers ausrichtet. Der Aspekt der Manipulationsfreiheit hat somit im Rahmen der Verhaltenssteuerung ein wesentliches Bedeutungsgewicht. Im Vergleich mit dem vom IASB definierten Kriterium der Neutralität wird aufgrund der inhaltlichen Entsprechung ein expliziter Ausweis eben jener Neutralität im modifizierten Katalog redundant und damit obsolet. Die weiteren konkretisierenden Kriterien der Vollständigkeit und der Fehlerfreiheit sind zwar der Manipulationsfreiheit zuträglich, können allerdings auch jeweils unabhängig voneinander erfüllt bzw. verletzt werden. So wird argumentiert, dass ein expliziter Ausweis der Vollständigkeit sowie der Fehlerfreiheit zweckmäßig ist.

Fehlerfreiheit wird dann erreicht, wenn die Beschaffung, Aufbereitung und Bereitstellung der Information ohne Fehler erfolgt. Im Falle eines Fehlers ist dessen jeweilige Auswirkung auf die betroffene Entscheidung des internen Adressaten zu beurteilen, jedoch ist eine fehlerfreie Informationsbasis im Kontext von Entscheidungen grundsätzlich als essenziell einzustufen.

Die nachfolgenden Anforderungen werden, analog zu den Ausführungen des IASB, ebenfalls als unterstützend klassifiziert und weisen daher im Vergleich zu den grundlegenden Anforderungen ein geringeres Bedeutungsgewicht hinsichtlich der Entscheidungsunterstützung und der Verhaltenssteuerung auf. Die Anforderung der *Vergleichbarkeit* einer Information ist dann erfüllt, wenn sie die Identifikation und Beurteilung von Gemeinsamkeiten und Unterschieden von Vergleichsobjekten sowohl in sachlicher als auch in zeitlicher Hinsicht zulässt und dementsprechend ähnlichen Informationen gegenübergestellt und daran gemessen werden kann. Konsistente Bewertungsmethoden können helfen, um Vergleichbarkeit zu erreichen.

Die Anforderung der *Nachprüfbarkeit* wird dann erfüllt, wenn verschiedene sachverständige und unabhängige Entscheidungsträger direkt oder indirekt mittels der zugrunde gelegten Annahmen und Methoden einen Konsens erzielen könnten, ob die Informationen vollständig, manipulationsfrei und fehlerfrei sind. Die indirekte Modifikation dieser Anforderung macht sich folglich durch deren Ausrichtung auf die angepassten sprachlichen und inhaltlichen Ausgestaltungen der drei genannten Kriterien bemerkbar. Darüber hinaus wird dem IASB entsprechend argumentiert, dass eine vollständige Übereinstimmung der beteiligten Akteure nicht unbedingt notwendig ist, um der Erfüllung dieser Anforderung gerecht zu werden.

Die Anforderung der *Zeitnähe* wird dann erfüllt, wenn die Information rechtzeitig zur Verfügung steht, um eine Entscheidung beeinflussen zu können. Grundsätzlich wird angenommen, dass die Nützlichkeit einer Information mit deren zunehmendem Alter abnimmt.[31]

Die Anforderung der *Verständlichkeit* wird dann erfüllt, wenn die Information vom Entscheidungsträger ohne größere Anstrengung korrekt begriffen wird.[32] Dies bezieht sich auf Entscheidungsträger, die sich tatsächlich sorgfältig und gewissenhaft mit den bereitgestellten Informationen befassen. Um diese Anforderung zu erfüllen, sollen die Informationen den Entscheidungsträgern durch klares, prägnantes Klassifizieren, Charakterisieren und Präsentieren verständlich gemacht werden. Bei komplexen Sachverhalten könnte u. U. eine verständlichere Darstellung und Erklärung der Informationen durch eine Reduktion von deren Komplexität erreicht werden. Hierbei ist eine Nichtbereitstellung relevanter Informationen aufgrund ihrer Komplexität zu vermeiden.

Zusätzlich wird die Nebenbedingung „Cost" des IASB an den deutschen Sprachgebrauch angepasst und durch den Begriff „*Wirtschaftlichkeit*" substituiert. Hierdurch wird das Verhältnis zwischen dem monetär bewerteten Output

---

[31] Siehe hierzu auch Tallon (2013), S. 27.

[32] S. hierzu auch Rohweder et al. (2021), S. 27 und Kahn / Strong / Wang (2002), S. 187.

(Nutzen) und dem monetär bewerteten Input (Kosten) beschrieben.[33] Dieser Zusammenhang dient als Bewertungsmaßstab, wobei generell die Maximierung i.S.e. möglichst positiven Kosten-Nutzen-Verhältnis angestrebt wird. Dies steht zum einen im Einklang mit der oben dargelegten Ausführung des IASB zur Nebenbedingung „Cost", da hier die Kosten einer Information durch deren Nutzen nur dann gerechtfertigt werden können, wenn der Nutzen die Kosten übersteigt. Zum anderen wird auch in der Controlling-Literatur, wie in *Anhang 1* im elektronischen Zusatzmaterial dargestellt, die Bedeutung eines positiven Kosten-Nutzen-Verhältnisses der Informationsgewinnung und -verwendung hervorgehoben. Darüber hinaus wird der Kostenbegriff in einem weiter gefassten Sinne interpretiert, wonach neben direkt anfallenden Kosten einer Information auch damit verbundene Opportunitätskosten berücksichtigt werden.

Des Weiteren kann sich aus der Ermittlung des Informationsbedarfs die Problematik ergeben, dass die benötigte Information oder die hierfür benötigten Daten für einen bestimmten Zweck zwar vorhanden, deren *Verfügbarkeit* i. S. des Zugriffs jedoch teilweise oder vollständig eingeschränkt ist.[34] Dies kann sowohl den Zugriff auf zu verarbeitende als auch auf verarbeitete Informationen und damit sowohl den Informationsersteller als auch den Entscheidungsträger betreffen. Eine eingeschränkte Abrufbarkeit könnte durch fehlende Befugnisse, fehlende technische Zugriffsmöglichkeiten oder gesetzliche Datenschutzvorgaben begründet sein.[35] Ggf. lassen sich diese durch die Zuteilung von Zugriffsberechtigungen (teilweise) auflösen. Hierbei ist ein etwaiger Aufwand oder der zeitliche Aspekt, mit welchem die Informationen verfügbar gemacht werden können, zu berücksichtigen. So könnte sich bspw. die Dauer der Erteilung einer Zugriffsberechtigung negativ auf die Erfüllung der Anforderung an die Zeitnähe auswirken. Im Vergleich zu den Ausgestaltungen des IASB wird daher neben der Nebenbedingung der Wirtschaftlichkeit zusätzlich die Nebenbedingung der Verfügbarkeit von Informationen aufgenommen.

Eine tabellarische Zusammenfassung der grundlegenden und unterstützenden Anforderungen an die Nützlichkeit derartiger Informationen sowie die geltenden Nebenbedingungen und deren zugrunde gelegten Definitionen liefert Tabelle 4.1. Die jeweiligen Bedeutungsgewichte der Anforderungen hinsichtlich der Entscheidungsunterstützung und der Verhaltenssteuerung werden in Abbildung 4.2 grafisch veranschaulicht.

---

[33] Vgl. Czarnecki / Bensberg / Auth (2019), S. 803.
[34] Vgl. Blackburn et al. (2015), S. 416 und 425.
[35] Siehe bzgl. gesetzlicher Datenschutzvorgaben Ingelheim (2019), S. 68–71; Europäische Kommission (o. J.).

Bei dem aufgestellten Anforderungskatalog ist zu beachten, dass zwischen bestimmten Anforderungen konfliktäre Beziehungen vorliegen können.[36] So kann die Anforderung der Zeitnähe konfliktäre Beziehungen zur Vollständigkeit, Fehlerfreiheit und Verständlichkeit aufweisen. Hierbei könnte die rechtzeitige Zurverfügungstellung einer unvollständigen Informationsbasis vor einer zeitkritischen Entscheidung von größerer Bedeutung sein als die Bereitstellung des vollständigen Inhalts zu einem Zeitpunkt, zu dem eine geringere oder keine Entscheidungsbeeinflussung mehr ausgeübt werden kann. Ebenso kann die rechtzeitige Verfügbarkeit zeitkritischer Informationen im Konflikt mit deren möglichst klaren, verständlichen Darstellung und Erklärung stehen. Des Weiteren könnte neben der Erfüllung der Vollständigkeit auch die Erfüllung der Verständlichkeit in Bezug auf die damit verbundene Zeitintensität ein solches Ausmaß annehmen, dass die Informationen veraltet und weniger bzw. nicht mehr relevant für eine bestimmte Entscheidung wären. Im Hinblick auf die Fehlerfreiheit könnten potenzielle Fehler bei der Beschaffung, Aufbereitung und Bereitstellung in Kauf genommen werden, damit ebenfalls die Zeitnähe bei zeitkritischen Entscheidungen erreicht werden kann, bevor eine Information irrelevant für den Entscheidungsträger wird. Darüber hinaus steht die Vollständigkeit ebenso in einer konfliktären Beziehung zur Verständlichkeit. Dies wird damit begründet, dass das Auslassen relevanter Informationen aus Gründen der Komplexitätsreduktion (mit dem Ziel einer Erhöhung der Verständlichkeit) zur Verletzung der Anforderung der Vollständigkeit führen würde. Weiterhin gilt es, die Nebenbedingungen der Wirtschaftlichkeit und der Verfügbarkeit zu berücksichtigen. Insbesondere der Aspekt der Wirtschaftlichkeit ist aus rationalen Gesichtspunkten essenziell für die Beurteilung der Nützlichkeit einer Information. Dabei können ebenso Konflikte zwischen der Erfüllung der Anforderungen und der Nebenbedingungen auftreten. So kann bspw. die Beschaffung einer vollständigen Informationsgrundlage oder die Erfüllung der Zeitnähe nicht in einem zu rechtfertigendem Kosten-Nutzen-Verhältnis i. S. d. Wirtschaftlichkeit stehen oder an der Verfügbarkeit i. S. d. Zugriffs scheitern.

---

[36] Analog zum Conceptual Framework (2018), Paragraph 2.38.

Tabelle 4.1 Anforderungen und Nebenbedingungen an Informationen im Kontext des Controllings[37]

Grundlegende Anforderungen	
Relevanz	Informationen gelten immer dann als relevant für das Controlling, wenn sie unternehmensinterne Entscheidungen im Rahmen der Entscheidungsunterstützungs- und/oder der Verhaltenssteuerungsfunktion beeinflussen können. Der Einfluss von Informationen auf eine Entscheidung äußert sich insbesondere durch eine mögliche Verwendung der Information für die Vorhersage von Ereignissen, zur Bestätigung oder Korrektur einer vorherigen Erwartung, für die Abbildung und Beurteilung vergangener oder aktueller Entwicklungen sowie die Identifikation damit verbundener Einflussfaktoren. Darüber hinaus muss sich die Information wesentlich auf die Entscheidung auswirken. Dies ist der Fall, wenn ein Auslassen oder eine Verschleierung der Information die Entscheidung beeinflussen würde.
Vollständigkeit	Vollständigkeit wird dann erfüllt, wenn alle Informationen, die eine bestimmte Entscheidung eines Entscheidungsträgers im Rahmen der Entscheidungsunterstützungs- und/oder der Verhaltenssteuerungsfunktion beeinflussen können, adäquat enthalten sind.
Manipulationsfreiheit	Manipulationsfreiheit ist dann gegeben, wenn eine bewusste, opportunistische Verzerrung der Information bei deren Beschaffung, Aufbereitung oder Bereitstellung ausgeschlossen ist.
Fehlerfreiheit	Fehlerfreiheit wird dann erreicht, wenn die Beschaffung, Aufbereitung und Bereitstellung der Information ohne Fehler erfolgt.
Unterstützende Anforderungen	
Vergleichbarkeit	Eine Information ist dann vergleichbar, wenn sie die Identifikation und Beurteilung von Gemeinsamkeiten und Unterschieden von Vergleichsobjekten sowohl in sachlicher als auch in zeitlicher Hinsicht zulässt und dementsprechend ähnlichen Informationen gegenübergestellt und daran gemessen werden kann. Konsistente Bewertungsmethoden können helfen, Vergleichbarkeit zu erreichen

(Fortsetzung)

---

[37] Eigene Darstellung in Anlehnung an Wittköpper / Strathmann (2021), S. 16–17.

Tabelle 4.1 (Fortsetzung)

Nachprüfbarkeit	Nachprüfbarkeit wird dann erzielt, wenn verschiedene sachverständige und unabhängige Entscheidungsträger direkt oder indirekt mittels der zugrunde gelegten Annahmen und Methoden einen Konsens erzielen könnten, ob die Informationen vollständig, manipulationsfrei und fehlerfrei sind.
Zeitnähe	Zeitnähe wird dann erreicht, wenn die Informationen rechtzeitig zur Verfügung stehen, um eine Entscheidung beeinflussen zu können.
Verständlichkeit	Eine Information ist dann verständlich, wenn sie vom Entscheidungsträger ohne größere Anstrengung korrekt begriffen wird.
Nebenbedingungen	
Wirtschaftlichkeit	Die Nebenbedingung der Wirtschaftlichkeit ist erfüllt, wenn die Kosten der Information durch deren Nutzen gerechtfertigt werden.
Verfügbarkeit	Die Nebenbedingung der Verfügbarkeit ist erfüllt, wenn sowohl die zu verarbeitenden als auch die verarbeiteten Informationen abrufbar im Sinne des Zugriffs sind.

Insgesamt lässt sich aufgrund der konfliktären Beziehungen zwischen bestimmten Anforderungen sowie möglicher Unterschiede im Hinblick auf die zweckabhängigen Bedeutungsgewichte der unterschiedlichen Anforderungen feststellen, dass eine Erfüllung jeder einzelnen Anforderung wohl nur in Ausnahmefällen erreicht wird. Daher wird unter Beachtung der genannten Aspekte grundsätzlich eine zweckabhängige Maximierung der Erfüllung der Anforderungen angestrebt.[38] An dieser Stelle bleibt zu erwähnen, dass aufgrund der Zweckabhängigkeit weder eine exakte noch eine pauschale Aussage über die Dimension der Nützlichkeit einer Information anhand des Erfüllungsgrads der jeweiligen Anforderungen möglich ist. Vielmehr ist eine individuelle Betrachtung der aufgeführten Anforderungen unter Berücksichtigung des jeweiligen Verwendungszwecks erforderlich.

---

[38] Analog zum Conceptual Framework (2018), Paragraph 2.37.

Anforderungen an Informationen im Rahmen des Controllings		
Grundlegende Anforderungen	Entscheidungs-unterstützung	Verhaltens-steuerung
• Relevanz	+	+
• Vollständigkeit	+	+
• Manipulationsfreiheit	–	+
• Fehlerfreiheit	+	+
Unterstützende Anforderungen		
• Vergleichbarkeit	o	o
• Nachprüfbarkeit	o	o
• Zeitnähe	o	o
• Verständlichkeit	o	o
Nebenbedingungen		
• Wirtschaftlichkeit		
• Verfügbarkeit		
Legende Hohes (+), mittleres (o) oder geringes (–) Bedeutungsgewicht		

Abbildung 4.2 Bedeutungsgewichte der Anforderungen für die Zwecke des Controllings[39]

4.2   Implikationen für Anforderungen an Informationen im Rahmen ihrer Verwendung von Verrechnungspreisen im Controlling

Informationen müssen stets vor dem Hintergrund ihrer Verwendung bewertet werden. Die zuvor aufgezeigte Untersuchung ist vor dem Hintergrund der Verwendung von Informationen für Controlling-Zwecke entstanden. In diesem Kontext sollen Informationen zur Beeinflussung eigener oder fremder Entscheidungen im

---

[39] Eigene Darstellung in Anlehnung an Wittköpper / Strathmann (2021), S. 19.

Sinne der Entscheidungsunterstützungs- oder Verhaltenssteuerungsfunktion verwendet werden. Die Eignung einer Information für diese Zwecke lässt sich anhand der in Abschnitt 4.1.3 konkretisierten Anforderungen überprüfen. Für den weiteren Verlauf der Arbeit werden jedoch auch Anforderungen an Informationen benötigt, die nicht nur auf die Controlling-Funktionen im Allgemeinen, sondern auf die Funktionen von Verrechnungspreisen im Speziellen ausgerichtet sind. Daher stellt sich die Frage, ob und inwiefern die bereits erörterten Anforderungen an Informationen im Rahmen des Controllings auch im konkreten Kontext von Verrechnungspreisen herangezogen werden können, um Informationen hinsichtlich ihres Nutzens beurteilen zu können. Dieser Abschnitt liefert einen wichtigen Beitrag hinsichtlich der Beantwortung von *Forschungsfrage 3*.

In den Abschnitten 2.2.4.2 und 2.2.4.3 wurden die Erfolgsermittlungsfunktion und Koordinationsfunktion von Verrechnungspreisen vorgestellt. Dabei konnte aufgezeigt werden, dass die Bereichserfolge, welche auf Verrechnungspreisen basieren, als Entscheidungsgrundlage für das Bereichsmanagement und die Unternehmensleitung verwendet werden können und demnach der Entscheidungsunterstützungsfunktion des Controllings zuträglich sind. Durch die Verwendung der Bereichserfolge im Rahmen der Leistungsbeurteilung sowie durch eine Verknüpfung an ein finanzielles Anreizsystem enthält die Erfolgsermittlungsfunktion zudem Elemente, welche der Verhaltenssteuerungsfunktion des Controllings zuzuordnen sind. Außerdem werden Verrechnungspreise im Rahmen ihrer Koordinationsfunktion insbesondere für Zwecke der Verhaltenssteuerung eingesetzt. Insgesamt lässt sich festhalten, dass sich die Funktionen von Verrechnungspreisen mit den Zwecken des Controllings vereinbaren lassen. Daher wird angenommen, dass die Anforderungen, welche an Informationen im Rahmen ihrer Verwendung im Controlling gestellt werden, daher auch zur Bewertung von Informationen im Rahmen ihrer Verwendung von Verrechnungspreisen herangezogen werden können.

Neben dem aufgestellten Anforderungskatalog sind jedoch auch die zweckabhängigen Bedeutungsgewichte der einzelnen Anforderungen zu überprüfen. So unterscheidet der zuvor aufgestellte Anforderungskatalog zwischen der Bedeutung einer Anforderung für die Entscheidungsunterstützung und der Bedeutung für die Verhaltenssteuerung. Dabei wird in Bezug auf die Anforderung der *Manipulationsfreiheit* einer Information explizit ein unterschiedliches Bedeutungsgewicht für die beiden Funktionen festgestellt. Argumentiert wird, dass im Sinne der Entscheidungsunterstützung eine (bewusste) Manipulation von

Informationen zur eigenen Entscheidungsfindung als unwahrscheinlich einge-stuft wird, während die Gefahr von Manipulationen zur Beeinflussung fremder Entscheidungen sehr real ist. Im Rahmen der Erfolgsermittlungsfunktion von Verrechnungspreisen sollen unverzerrte Bereichsgewinne ermittelt werden, damit sowohl das Bereichsmanagement als auch die Unternehmensleitung bestmögliche Entscheidungen auf Basis des Bereichsgewinns treffen können. Eine potenzielle Gefahr für Interessenskonflikte besteht mit der Verknüpfung des Bereichserfolgs an ein Anreiz- oder Vergütungssystem. Mit der potenziellen Gefahr für Interes-senskonflikte steigt auch das Risiko für Manipulationen durch die Bereichsleiter. Daher wird der Anforderungen der Manipulationsfreiheit im Rahmen der Erfolgs-ermittlungsfunktion ein hohes Bedeutungsgewicht zugewiesen.

Die Koordinationsfunktion von Verrechnungspreisen wird primär zur Verhal-tenssteuerung der dezentralen Bereiche bzw. den ihnen vorstehenden Bereichslei-tern verwendet. Die Bedeutungsgewichte der Anforderungen an Informationen im Rahmen der Verhaltenssteuerung können auch auf die Anforderungen an Informationen im Rahmen der Koordinationsfunktion von Verrechnungspreisen herangezogen werden.

Insofern lässt sich zusammenfassend festhalten, dass der zuvor in Abschnitt 4.1.3 herausgearbeitete Anforderungskatalog zu Beurteilung von Infor-mationen für die Zwecke des Controllings auch im konkreten Kontext ihrer Verwendung im Rahmen von Verrechnungspreisen herangezogen werden kann. Die Bedeutungsgewichte der Anforderungen an Informationen im Rahmen ihrer Verwendung zur Erfolgsermittlung und Koordination können jeweils der nachfol-genden Abbildung 4.3 entnommen werden. Dieser Anforderungskatalog mit den entsprechenden Bedeutungsgewichten stellt eine wesentliche Grundlage für die Analyse in Abschnitt 5.3 dar:

Anforderungen an Informationen im Rahmen von Verrechnungspreisen		
Grundlegende Anforderungen	Erfolgsermittlung	Koordination
• Relevanz	+	+
• Vollständigkeit	+	+
• Manipulationsfreiheit	+	+
• Fehlerfreiheit	+	+
Unterstützende Anforderungen		
• Vergleichbarkeit	o	o
• Nachprüfbarkeit	o	o
• Zeitnähe	o	o
• Verständlichkeit	o	o
Nebenbedingungen		
• Wirtschaftlichkeit		
• Verfügbarkeit		
Legende Hohes (+), mittleres (o) oder geringes (–) Bedeutungsgewicht		

Abbildung 4.3 Bedeutungsgewichte der Anforderungen im Rahmen von Verrechnungs-preisen[40]

---

[40] Eigene Darstellung.

Analyse des Einflusses der Blockchain-Technologie auf die Erfüllung der Anforderungen an Informationen im Rahmen des Controllings am Beispiel von kostenorientierten Verrechnungspreisen

5

5.1 Einsatzmöglichkeiten privater Blockchains im Rahmen von Informationsprozessen im Unternehmen

In einer Blockchain lassen sich Informationen speichern, die für Controlling-Zwecke genutzt werden können. Trotz der potenziellen Vorteile, die Blockchain in diesem Kontext bieten könnte, ist die wissenschaftliche Auseinandersetzung mit den Potenzialen der Technologie entlang des gesamten Informationsprozesses bislang begrenzt.[1] In diesem Abschnitt sollen daher Einsatzmöglichkeiten privater Blockchains im Rahmen von Informationsprozessen im Unternehmen erörtert sowie die Einflussnahme von Blockchain auf betroffene Phasen eines Informationsprozesses untersucht werden. Damit zielt Abschnitt 5.1 auf die Beantwortung der *Forschungsfrage 1* dieser Arbeit ab: *Welche Einsatzpotenziale bietet die Blockchain-Technologie entlang eines ganzheitlichen, unternehmensinternen Informationsprozesses und wie kann der Informationsprozess durch den Einsatz von Blockchain beeinflusst werden?*

Zur Beantwortung der *Forschungsfrage 1* ist zunächst ein Blick auf die Informationsprozesse im Unternehmen erforderlich, um mögliche Anknüpfungspunkte von Blockchain entlang dieses Prozesses zu identifizieren. Der im Folgenden skizzierte Prozess stellt ein vereinfachtes Phasenmodell eines theoretischen, idealtypischen Informationsprozesses dar. In der Realität ist eine strikte Einhaltung

---

[1] Vgl. dazu u. a. Franke / Gao Fritz / Stenzel (2024) sowie die Ausführungen in Abschnitt 1.2 der vorliegenden Arbeit.

der zeitlichen und sachlichen Abfolge sowie eine klare Trennung der Phasen im Regelfall nicht gegeben.[2] Im einschlägigen Schrifttum lassen sich zwar grundsätzlich ähnliche Phasen des Informationsprozesses finden, doch häufig unterscheiden sich die Ansätze in der Anzahl, Benennung, den Bestandteilen und der inhaltlichen Abgrenzung der einzelnen Phasen.[3] Insgesamt kann ein Informationsprozess mit den folgenden Phasen skizziert werden (s. Abbildung 5.1): *Ermittlung des Informationsbedarfs, Informationsbeschaffung, Informationsaufbereitung, Informationsbereitstellung* und *Informationsverwendung.*

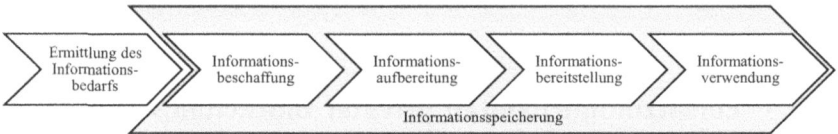

Abbildung 5.1 Phasenmodell eines idealtypischen Informationsprozesses[4]

An erster Stelle steht die **Ermittlung des Informationsbedarfs** für eine spezifische Aufgabe oder Entscheidungssituation.[5] Der Informationsprozess wird durch die Identifikation des Informationsbedarfs ausgelöst.[6] Man unterscheidet dabei typischerweise zwischen objektivem, subjektivem und geäußertem Informationsbedarf. Der *objektive Informationsbedarf* stellt die Menge an erforderlichen Informationen, die ein qualifizierter, repräsentativer und rationaler Entscheidungsträger für die Erfüllung einer Aufgabe benötigt, dar.[7] Der *subjektive Informationsbedarf* (auch: das *Informationsbedürfnis*) ist gekennzeichnet durch die Wahrnehmung des Aufgabenträgers, welche Informationen er für eine

---

[2] Vgl. Taschner (2013), S. 35.

[3] Vgl. u. a. Horváth / Gleich / Seiter (2024), S. 195; Vorndran (2024), S. 34; Weber / Schäffer (2022), S. 85–97; Bea / Haas (2019), S. 290–303; Krcmar (2015), S. 158; Taschner (2013), S. 13; Fischer / Möller / Schulze (2012), S. 89; Wall (1996), S. 17; Berthel (1975), S. 57. Auf eine Diskussion der unterschiedlichen Ansätze mit deren Gemeinsamkeiten und Unterschieden wird an dieser Stelle verzichtet, da dies nicht im Fokus der Arbeit liegt.

[4] Eigene Darstellung.

[5] Vgl. Horváth / Gleich / Seiter (2024), S. 195; Bea / Haas (2019), S. 290, 292; Taschner (2013), S. 13; Fischer / Möller / Schulze (2012), S. 89.

[6] Vgl. Taschner (2013), S. 16.

[7] Vgl. Vorndran (2024), S. 35; Krcmar (2015), S. 121; Taschner (2013), S. 17.

Aufgabenerfüllung als notwendig erachtet.[8] Dieser weicht oftmals vom objektiven Informationsbedarf ab.[9] Der tatsächlich vom Aufgabenträger *geäußerte Informationsbedarf* ist eine Teilmenge des subjektiven Informationsbedarfs und entspricht der *Informationsnachfrage*.[10] Demgegenüber steht das *Informationsangebot*, welches alle unternehmensinternen und -externen Informationen umfasst, die zur Deckung des Informationsbedarfs verfügbar sind.[11] In der Praxis kommt es häufig zu Diskrepanzen zwischen dem Informationsangebot des Controllings, der Informationsnachfrage seitens der Aufgabenträger und dem tatsächlichen Informationsbedarf zur Bewältigung einer Aufgabe.[12] Es ist die Aufgabe des Controllers, den tatsächlichen Informationsbedarf von Aufgabenträgern durch ein entsprechendes Informationsangebot zu decken.[13]

Sobald der Informationsbedarf ermittelt wurde, folgt die Phase der **Informationsbeschaffung**.[14] In dieser Phase werden die Informationsquellen identifiziert sowie die gewünschten und verfügbaren Informationen gesammelt und für eine spätere Verarbeitung zugänglich gemacht.[15] Dies geschieht unter Beachtung der Wirtschaftlichkeit.[16] Die Informationsgewinnung aus den identifizierten Quellen kann routinisiert oder fallbasiert erfolgen.[17] Die Identifikation von Informationsquellen kann bei routinisierten Prozessen ggfs. entfallen.[18] Die Informationsbeschaffung kann sowohl durch die Nutzung unternehmensinterner als auch -externer Quellen erfolgen.[19] Interne Informationsquellen sind z. B. das innerbetriebliche Rechnungswesen, Enterprise Resource Planning (ERP) Systeme

---

[8] Vgl. Krcmar (2015), S. 121–122; Taschner (2013), S. 17.

[9] Vgl. Krcmar (2015), S. 122, Taschner (2013), S. 17.

[10] Vgl. Krcmar (2015), S. 122.

[11] Vgl. Jung (2019).

[12] Vgl. Weber / Schäffer (2022), S. 95–96; Bea / Haas (2019), S. 292–293. Es gibt unterschiedliche Verfahren und Methoden zur Erkennung und zum Erheben des objektiven sowie subjektiven Informationsbedarfs. S. dazu bspw. Horváth / Gleich / Seiter (2024), S. 198–202; Krcmar (2015), S. 123–126.

[13] Vgl. Weber / Schäffer (2022), S. 95.

[14] Vgl. Bea / Haas (2019), S. 297–300; Taschner (2013), S. 14; Fischer / Möller / Schulze (2012), S. 93–94.

[15] Vgl. Bea / Haas (2019), S. 297; Krcmar (2015), S. 130; Taschner (2013), S. 197.

[16] Vgl. Bea / Haas (2019), S. 297. Zum Aspekt der Wirtschaftlichkeit s. auch Abschnitt 4.1.3.

[17] Vgl. Weber / Schäffer (2022), S. 88.

[18] Vgl. Taschner (2013), S. 16.

[19] Vgl. Krcmar (2015), S. 130; Taschner (2013), S. 86–87; Fischer / Möller / Schulze (2012), S. 93–94.

oder Kundendatenbanken.[20] Externe Quellen sind bspw. das Statistische Bundesamt oder Online-Datenbanken.[21] Aus Sicht der Praxis ergeben sich oft Probleme im Zuge der Informationsbeschaffung. So können relevante Informationsquellen häufig unbekannt sein, die Beschaffung ist nicht möglich oder die Information wird vom designierten Verwender nicht gewünscht.[22]

Bevor die Informationen, welche in der Phase der Informationsbeschaffung gesammelt wurden, verwendet werden können, müssen sie in der Regel noch bearbeitet werden.[23] Im Zuge der Phase der **Informationsaufbereitung** werden Informationen in das vom Informationsempfänger zur Bewältigung einer Aufgabe gewünschte Format gebracht.[24] Die Transformation von Informationen kann durch Aggregation, Selektion, Kombination, Dekomposition oder Extension geschehen.[25] Die Verarbeitung schließt eine Analyse sowie entsprechende Präsentation mit ein.[26] Eine Verarbeitung von Informationen aus unternehmensexternen Quellen kann aufwendiger sein als bei internen Quellen. Dies liegt u. a. an der ggfs. notwendigen Transformation von Datenformaten sowie Anpassungen an die unternehmenseigenen Terminologien.[27] Das Ergebnis der Phase der Informationsaufbereitung sind benutzer- und situationsspezifische Informationen, die anschließend an die richtigen Adressaten adäquat übermittelt werden müssen.[28] In der Praxis wird eine strikte Trennung der bisher beschriebenen Phasen und die entsprechende zeitliche Abfolge nicht immer gegeben sein. So kann die Informationsnachfrage i. S. d. Ermittlung des Informationsbedarfs auch erst durch das Vorhandensein einer Information nach der entsprechenden Informationsbeschaffung und -aufbereitung ausgelöst werden.[29] Die Phasen der *Ermittlung des Informationsbedarfs*, der *Informationsbeschaffung* und der *Informationsaufbereitung* können simultan erfolgen.[30]

---

[20] Vgl. Bea / Haas (2019), S. 299; Taschner (2013), S. 166.

[21] Vgl. Bea / Haas (2019), S. 298; Taschner (2013), S. 166.

[22] Vgl. Horváth / Gleich / Seiter (2024) S. 193.

[23] Vgl. Bea / Haas (2019), S. 300. Die Aufbereitung von originären Informationen ist nicht erforderlich. Vgl. dazu Taschner (2013), S. 14.

[24] Vgl. Horváth / Gleich / Seiter (2024), S. 205; Taschner (2013), S. 14, 43.

[25] Vgl. Taschner (2013), S. 99.

[26] Vgl. Bea / Hass (2019), S. 300; Taschner (2013), S. 43.

[27] Vgl. Taschner (2019), S. 91.

[28] Vgl. Taschner (2013), S. 43.

[29] Vgl. Horváth / Gleich / Seiter (2024), S. 205.

[30] Vgl. Horváth / Gleich / Seiter (2024), S. 205; Fischer / Möller / Schulze (2012), S. 93.

Im Rahmen der **Informationsbereitstellung** werden die aufbereiteten Informationen den Verwendern zur Verfügung gestellt. Wenn die Aufbereitung und Verwendung der Informationen zeitlich auseinanderfallen, ist eine vorherige Speicherung notwendig.[31] Die Übermittlung und damit das Verfügbarmachen der benutzer- und situationsspezifischen Informationen stellt ein Kernelement des Informationsprozesses dar und wird dann erforderlich, wenn der Informationsersteller (i. S. d. Informationsbeschaffung und -aufbereitung) und der Informationsverwender nicht dieselbe Person bzw. organisatorische Einheit sind.[32] Die Bereitstellung der Informationen kann bspw. durch ein unternehmensinternes Berichtswesen sowie durch externe Portale und Internetdienste erfolgen.[33] Weiterhin kann die Informationsbereitstellung durch die Zugriffsgewährung auf das entsprechende System, in welchem die Informationen gespeichert sind, erfolgen. Zu diesen Systemen zählen u. a. ERP-Systeme, Customer Relationship Management (CRM) Systeme, Business Intelligence (BI) Systeme oder ein Data Warehouse.[34] Die Informationsbereitstellung kann durch entsprechende Reportings fallweise (z. B. auf Anfrage) oder regelmäßig (z. B. in Form von Monats- oder Quartalsberichten) erfolgen.[35] Insofern sind die Phasen der Informationsbereitstellung und Informationsspeicherung eng miteinander verbunden.

Am Ende des Prozesses steht der Einsatz der aufbereiteten Informationen im Zuge der **Informationsverwendung**.[36] Der Informationsprozess zielt auf eine Verwendung von Informationen für bestimmte Aufgaben und Entscheidungssituationen ab. Informationen können – wie schon gezeigt – zur Entscheidungsunterstützung und Verhaltenssteuerung verwendet werden.[37] Dafür müssen die Informationen zur richtigen Zeit am richtigen Ort in der richtigen Art und Weise bereitgestellt werden.[38] Vor der tatsächlichen Verwendung einer Information nimmt der Nutzer eine Bewertung der Informationen hinsichtlich der Nützlichkeit für einen bestimmten Verwendungszweck vor (engl.: *Fitness for use*).[39] Die Nichtnutzung der Information kann dabei ebenfalls ein Ergebnis

---

[31] Vgl. Horváth / Gleich / Seiter (2024), S. 193; Taschner (2013), S. 14–15.

[32] Vgl. Horváth / Gleich / Seiter (2024), S. 337; Taschner (2013), S. 33, 168.

[33] Vgl. Krcmar (2015), S. 149.

[34] Vgl. Banerjee (2018b), S. 6; Pandea (o. J.), S. 1–2.

[35] Vgl. Weber / Schäffer (2022), S. 87.

[36] Vgl. Horváth / Gleich / Seiter (2024), S. 337; Taschner (2013), S. 13; Fischer / Möller / Schulze (2012), S. 89.

[37] S. dazu Abschnitt 2.1.2 dieser Arbeit.

[38] Vgl. Horváth / Gleich / Seiter (2024), S. 185.

[39] Vgl. Krcmar (2015), S. 156–157.

dieser Überprüfung sein. Die tatsächliche Verwendung einer Information ist demnach nicht nur eine Frage der Verfügbarkeit von Informationen, sondern hängt auch vom Individuum ab, welches über die Nutzung entscheidet.[40]

Während des Informationsprozesses kann die Speicherung von Informationen an verschiedenen Stellen und zu unterschiedlichen Zeitpunkten notwendig oder sinnvoll sein. Die **Informationsspeicherung** ist immer dann erforderlich, wenn die Informationsbeschaffung, -aufbereitung und -verwendung zeitlich auseinanderfallen.[41] Eine direkte Zuordnung zu einer bestimmten Phase oder Eingruppierung in den im Rahmen dieser Arbeit gezeigten Informationsprozess ist nicht zielführend. Daher wird die Informationsspeicherung nicht als separate Phase, sondern begleitend zum Informationsprozess angesehen. Üblich ist eine Speicherung zwischen der Informationsbeschaffung und -aufbereitung,[42] zwischen der Informationsaufbereitung und -bereitstellung[43] oder zwischen der Informationsbereitstellung und -verwendung.[44] Es wird davon ausgegangen, dass die Speicherung grundsätzlich zu jedem Zeitpunkt zwischen oder während dieser Phasen durchgeführt werden kann, wenn die Information zeitlich oder organisatorisch nicht unmittelbar weiterverarbeitet oder zum designierten Zweck verwendet wird und dabei eine spätere, erneute Nutzung nicht ausgeschlossen ist. Die Phase der Informationsspeicherung ist besonders durch den Einsatz technischer Hilfsmittel charakterisiert.[45]

Im Rahmen des zuvor dargestellten Phasenmodells des Informationsprozesses ist die **Verwendung einer privaten Blockchain** insbesondere in den Phasen der *Informationsbeschaffung* und *Informationsbereitstellung* denkbar. Zudem kann Blockchain zur *Informationsspeicherung* eingesetzt werden. Blockchain allgemein bietet im Rahmen der *Ermittlung des Informationsbedarfs*, der *Informationsaufbereitung* und *Informationsverwendung* hingegen keine Einsatzpotenziale. Diese Phasen sind in der Praxis vergleichsweise wenig automatisiert und stellen personengeprägte Phasen dar.[46]

Durch die **Verwendung von Blockchain im Rahmen der Informationsbeschaffung** können neue Informationen gewonnen werden. Die Beschaffung neuer Informationen mittels privater Blockchain kann beispielsweise durch die

---

[40] Vgl. Krcmar (2015), S. 745.

[41] Vgl. Horváth / Gleich / Seiter (2024), S. 193; Taschner (2013), S. 14–15.

[42] Vgl. Krcmar (2015), S. 158.

[43] Vgl. Krcmar (2015), S. 158; Taschner (2013), S. 13.

[44] Vgl. Taschner (2013), S. 13.

[45] Vgl. Taschner (2013), S. 204.

[46] Vgl. Taschner (2013), S. 169.

Verwendung von *Smart Contracts* und/oder die Anbindung an das *Internet of Things* (IoT, deutsch: Internet der Dinge) erfolgen. Durch das Aufsetzen von *Smart Contracts* auf einer privaten Blockchain sind neue Wege der Informationsbeschaffung für Unternehmen möglich.[47] Durch Smart Contracts können Prozesse automatisiert werden. Darunter fällt auch die automatisierte Abwicklung von Transaktionen nach Eintreten eines bestimmten Schlüsselereignisses.[48] Dies könnte zum Beispiel die automatische Veranlassung von Zahlungsvorgängen durch einen Smart Contract sein, wenn eine Ware an einem designierten Ort angekommen und dort digital erfasst wurde. Die dabei generieten Informationen zum Wareneingang und Zahlungsverkehr würden automatisch in der Blockchain gespeichert werden.[49] Weiterhin könnte ein Smart Contract innerhalb der Lieferkette die Waren überwachen, indem er Messdaten, Signaturen, Zeitstempel und weitere Informationen einer Warensendung erfasst und in einer Blockchain speichert.[50] Allgemein können durch die Ausführung des Smart Contracts bestehende Informationen ausgelesen oder neue Informationen in der zugrundeliegenden Blockchain gespeichert werden.[51]

Eine weitere Möglichkeit der Informationsgewinnung durch den Einsatz einer privaten Blockchain besteht durch die Anbindung an das *Internet of Things*.[52] Das IoT beschreibt die Vernetzung physischer Geräte wie Computer, Handys, Uhren und weiteren mobilen Geräten über das Internet, die mit Sensoren ausgestattet sind und so Daten sammeln und austauschen können.[53] Die mithilfe der Sensoren generierten Daten können unmittelbar, sicher und transparent in einer Blockchain gespeichert werden.[54] Anwendungsfälle von Blockchain in Verbindung mit dem IoT können durch den Einsatz von Smart Contracts ergänzt werden.[55] Weiterhin können mit Smart Contracts Transaktionen zwischen den Geräten angestoßen und

---

[47] Vgl. Wang et al. (2023), S. 109–112; Ionescu et al. (2022), S. 132–135; Jumaa / Shakir (2022), S. 87–94; Banerjee / Celar / Tewari (2021), S. 245–248; Aleksieva / Valchanov / Huliyan (2020), S. 1–4.

[48] S. dazu Abschnitt 3.6.

[49] Vgl. Heckmann / Schmid (2017), S. 19.

[50] Vgl. Wilkens / Falk (2019), S. 24.

[51] Vgl. Schütte et al. (2017), S. 20.

[52] Vgl. Chen et al. (2021), S. 1–14; Hou et al. (2021), S. 2753–2757; Cao et al. (2020), S. 78–83; Jo et al. (2020), S. 76–77. Je nach Anwendungsfall können auch öffentliche oder konsortiale Blockchains mit dem IoT verknüpft werden. Vgl. dazu Adam (2019), S. 153.

[53] Vgl. Wang et al. (2020), S. 3.

[54] Vgl. Wilkens / Falk (2019), S. 19; Banafa (2016).

[55] Vgl. Wilkens / Falk (2019), S. 18–20; Bamberger (2017), S. 9–10.

abgewickelt werden.[56] Demnach kann Blockchain im IoT für sichere und transparente Datenübertragungen sorgen, indem sie unveränderliche und dezentrale Transaktionsaufzeichnungen bereitstellt.[57] Dabei können – eine entsprechende Konfiguration und insb. Automatisierung vorausgesetzt – menschliche Interaktionen zwischen der Entstehung der Daten und der Speicherung der Daten in der Blockchain ausgeschlossen werden.[58] Der automatisierte Daten- und Informationsaustausch zwischen Geräten wird auch als Maschine-zu-Maschine (M2M) Kommunikation bezeichnet.[59] Durch die Kombination von IoT und Blockchain können für Unternehmen neue Informationsquellen erschlossen werden.[60]

Auch eine **Verwendung von Blockchain im Rahmen der Informationsbereitstellung** ist denkbar. Die Übermittlung von Informationen an einen Informationsempfänger kann über unterschiedliche Wege erfolgen. Eine Möglichkeit der Bereitstellung von Informationen ist dabei, dem Informationsempfänger Zugriffsrechte auf die entsprechenden Systeme zu erteilen, in welchem die Informationen gespeichert werden.[61] Blockchain kann hierbei allein oder in Verbindung mit anderen IT-Systemen verwendet werden. So ist beispielsweise eine Verknüpfung von Blockchain mit ERP-Systemen möglich.[62] Blockchain kann weiterhin zusammen mit BI-Anwendungen verwendet werden.[63] Allgemein kann Blockchain als Datenbank verwendet werden und damit als Speicher für unternehmensinterne, aufbereitete Informationen dienen. Die Informationen können Informationsempfängern durch eine entspreche Vergabe von Leserechten innerhalb der Blockchain bereitgestellt werden.

---

[56] Vgl. Alam (2019), S. 153–154.

[57] Vgl. Iablokov (2019), S. 19–20.

[58] Vgl. Dai / Zheng / Zhang (2019), S. 8084; Sok / Colin / Po (2018), S. 152–153.

[59] Vgl. Bundesnetzagentur (2016).

[60] Vgl. bspw. Pincheira et al. (2021), S. 105896. Für Beiträge zur IoT-(Daten-)Sicherheit siehe auch Satyanarayana et al. (2020), S. 406–410 und Minoli / Occhiogrosso (2018), S. 1–13. Anmerkung: Im Regelfall wird es sich dabei um neue **externe** Informationsquellen handeln. Es sind allerdings auch vollständig unternehmensinterne Anwendungsfälle denkbar. So könnte beispielsweise ein produzierendes Unternehmen alle Produktionsmaschinen mit entsprechender Sensorik ausrüsten, welche Daten an unternehmensinterne Datenbanksysteme senden. Hier wäre der Einsatz einer privaten Blockchain mit Unterstützung durch Smart Contracts denkbar. In diesem Fall würde das Unternehmen die **internen** Informationsquellen erweitern. Vgl. Jakob et al. (2018), S. 7–9; Schütte et al. (2017), S. 50–51.

[61] Im Kontext von Blockchain sind mit Zugriffsrechten die entsprechenden Leserechte gemeint. Für mehr Informationen zu Leserechten in Blockchains s. Abschnitte 3.4 und 3.5.1.

[62] Vgl. Kunduru (2023), S. 56–60; Sislian / Jaegler (2022), S. 738; Banerjee (2018a), S. 71; Banerjee (2018b), S. 6.

[63] Vgl. Louw (2024).

Der **Verwendung von Blockchain zur Informationsspeicherung** kommt während des Informationsprozesses eine besondere Bedeutung zu. Die Speicherung von Informationen kann an verschiedenen Stellen des Informationsprozesses erforderlich oder sinnvoll sein. Die Nutzung von Blockchain als Datenspeicher ist an jeder Stelle möglich, wenngleich unterschiedliche Rahmenbedingungen dabei von Bedeutung sind. Die *Informationsbeschaffung* kann beispielsweise unmittelbar durch die Verwendung von Blockchain erfolgen (s. o.). Dies kann eine automatische Speicherung der entsprechenden Informationen in der Blockchain implizieren. Dabei können menschliche Interaktionen ausgeschlossen werden, was mit geringeren bis hin zu keinen Manipulationsmöglichkeiten und einem reduzierten Fehlerpotenzial einhergeht.[64] Bei einer Informationsbeschaffung ohne Verwendung von Blockchain, können die beschaffenen Informationen dennoch in Blockchain (zwischen-)gespeichert werden. Je nach Grad der Automatisierung und der Integration in die IT-Infrastruktur können dabei unterschiedlich hohe Manipulationsmöglichkeiten und eine unterschiedlich stark ausgeprägte Fehleranfälligkeit einhergehen. Die *Informationsaufbereitung* findet grundsätzlich *off-chain*,[65] also außerhalb von Blockchain und ohne Zutun von Blockchain statt. Während der Aufbereitung können allerdings Informationen, die zu dem Zeitpunkt in einer Blockchain gespeichert sind, verwendet werden. Zwischenergebnisse und das Ergebnis der Aufbereitungsphase, also benutzer- und situationsspezifische Informationen, können zwischendurch und abschließend in einer Blockchain gespeichert werden. Die in Blockchain gespeicherten Informationen können den Informationsempfängern bzw. -verwendern mittels Blockchain während der *Informationsbereitstellung* zur Verfügung gestellt werden, bspw. indem entsprechende Leserechte gewährt werden. Für die letztendliche *Informationsverwendung* können Blockchain-basierte, also in ihre gespeicherte, Informationen herangezogen werden. Die tatsächliche Entscheidungssituation bzw. zu bewältigende Aufgabe, für welche die Informationen bestimmt sind, wird im Regelfall jedoch ebenfalls ohne Nutzung von Blockchain vonstattengehen.

Auch wenn die Informationsspeicherung nicht als eigene, spezifische Phase des Informationsprozesses gesehen wird, so nimmt sie mit Blick auf Blockchain einen hohen Stellenwert ein, welcher sich in den nachfolgenden Analyse-Abschnitten bemerkbar machen wird. Wichtig anzumerken ist daher, dass eine

---

[64] Ausführlicher dazu in den Abschnitten 5.2.1.3 und 5.2.1.4 dieser Arbeit.

[65] Aktionen, welche zwar im Kontext von Blockchain geschehen, jedoch nicht in einer Blockchain selbst, werden als *off-chain* bezeichnet. Dies ist beispielsweise immer dann der Fall, wenn Informationen aus einer Blockchain-Datenbank entnommen und außerhalb eines Blockchain-Ökosystems bearbeitet werden, bevor sie ggfs. anschließend wieder in der Blockchain gespeichert werden.

Bezugnahme zur „Speicherung" von Informationen stets im Kontext der zugehörigen Phase des Informationsprozesses betrachtet werden sollte.

Somit lässt sich mit Blick auf die Beantwortung der *Forschungsfrage 1* zusammenfassen, dass die Verwendung von privaten Blockchains im Rahmen eines Informationsprozesses insbesondere in den Phasen der Informationsbeschaffung (durch die Erschließung neuer Informationsquellen), Informationsbereitstellung und den gesamten Informationsspeicherungsprozess möglich ist. Eine Verwendung im Rahmen der Ermittlung des Informationsbedarfs, der Informationsaufbereitung und der abschließenden Informationsverwendung scheint hingegen nicht sinnvoll. Durch die Verwendung von Blockchain-basierten Smart Contracts und die Anbindung an das IoT lassen sich zudem Automatisierungspotenziale erschließen, Transparenz schaffen und Manipulationsmöglichkeiten reduzieren. Um die Auswirkungen, die mit der Verwendung einer privaten Blockchain einhergehen, auf die Nützlichkeit von Informationen für Controlling-Zwecke nachvollziehen zu können, werden in Abschnitt 5.2 die Einflüsse des Blockchain-Einsatzes auf die Erfüllung der Anforderungen an Informationen untersucht.

5.2   Einfluss von Blockchain auf die Erfüllung der Anforderungen an Informationen im Rahmen des Controllings

5.2.1   Grundlegende Anforderungen

5.2.1.1   Relevanz

Im vorherigen Abschnitt wurde exemplarisch aufgezeigt, welche Einsatzmöglichkeiten von Blockchain entlang von unternehmerischen Informationsprozessen bestehen. Im weiteren Verlauf wird der Fokus auf das Controlling gelegt. Dabei wird der Einsatz einer privaten Blockchain im Rahmen der Beschaffung, Aufbereitung und Bereitstellung von Informationen betrachtet, welche zur Entscheidungsunterstützung und Verhaltenssteuerung von Entscheidungsträgern verwendet werden. In den folgenden Abschnitten wird die potenzielle Einflussnahme des Einsatzes einer privaten Blockchain auf die Anforderungen an Informationen im Rahmen ihrer Verwendung für Controlling-Zwecke untersucht. Dabei ist zu betonen, dass im Rahmen der nachfolgenden Untersuchung eine Betrachtung im Sinne der engeren Definition der einzelnen Anforderungen erfolgt, ohne auf vorliegende Dependenzen oder Interdependenzen zwischen den Anforderungen einzugehen. Demnach wird eine direkte Einflussnahme von

Blockchain auf die jeweilige Anforderung untersucht. Abschnitt 5.2 zielt damit auf die Beantwortung der *Forschungsfrage 2* ab, welche sich auf die Beeinflussung der Erfüllung der Controlling-spezifischen Anforderungen durch die Verwendung von Blockchain bezieht.

Die Analyse in Abschnitt 5.2 ist wie folgt aufgebaut: Zunächst wird die Definition der jeweiligen Anforderung, welche in Abschnitt 4.1.3 herausgearbeitet wurde, aufgegriffen. Auf Basis der jeweiligen Definition werden mögliche Anknüpfungspunkte durch den Einsatz einer privaten Blockchain herausgestellt. Diese werden in der Folge kritisch auf ihren Einfluss auf die jeweilige Anforderung hin analysiert. Dabei wird untersucht, ob ein Einfluss besteht. Falls dieser (potenziell) vorhanden ist, werden die Einflussrichtung (positiv / negativ) und der Einflussgrad (gering bis hoch) bestimmt. Abschließend wird ein Fazit zum Einfluss von Blockchain auf die jeweilige Anforderung gezogen. In Abschnitt 5.2.4 werden die Ergebnisse zu einem Zwischenfazit zusammengefasst und im Hinblick auf die Entscheidungsunterstützung und Verhaltenssteuerung eingeordnet.

Die *Relevanz* ist eine grundlegende Anforderung, welche für die Entscheidungsunterstützung und Verhaltenssteuerung ein hohes Bedeutungsgewicht hat. Sie ist in Tabelle 5.1 definiert.

Tabelle 5.1 Definition der grundlegenden Anforderung „Relevanz"[66]

Grundlegende Anforderung	
Relevanz	Informationen gelten immer dann als relevant für das Controlling, wenn sie unternehmensinterne Entscheidungen im Rahmen der Entscheidungsunterstützungs- und/oder der Verhaltenssteuerungsfunktion beeinflussen können. Der Einfluss von Informationen auf eine Entscheidung äußert sich insbesondere durch eine mögliche Verwendung der Information für die Vorhersage von Ereignissen, zur Bestätigung oder Korrektur einer vorherigen Erwartung, für die Abbildung und Beurteilung vergangener oder aktueller Entwicklungen sowie die Identifikation damit verbundener Einflussfaktoren. Darüber hinaus muss sich die Information wesentlich auf die Entscheidung auswirken. Dies ist der Fall, wenn ein Auslassen oder eine Verschleierung der Information die Entscheidung beeinflussen würde.

Im Vordergrund dieser Definition steht insbesondere die Verwendung einer Information für Zwecke der Entscheidungsunterstützungs- und/oder Verhaltenssteuerungsfunktion. Damit eine Information relevant ist, muss sie einen Einfluss auf unternehmensinterne Entscheidungen im Rahmen der genannten Funktionen ausüben. Die Einflussnahme auf eine Entscheidung hängt von der Information

---

[66] Wittköpper / Strathmann (2021), S. 16.

selbst ab und nicht unmittelbar davon, in welcher Datenbank sie gespeichert wird oder welche Technologie der Datenbank zugrunde liegt. Blockchain als Datenbank-Technologie zur Speicherung von Daten scheint demnach keinen direkten Einfluss auf die Relevanz von Informationen zu nehmen. Im weiteren Verlauf der Definition der Anforderung wird konkretisiert, dass sich der Einfluss durch eine „mögliche Verwendung der Information für die Vorhersage von Ereignissen, zur Bestätigung oder Korrektur einer vorherigen Erwartung, für die Abbildung und Beurteilung vergangener oder aktueller Entwicklungen sowie die Identifikation damit verbundener Einflussfaktoren" ausdrücken kann. Auch die Verwendung der Informationen wird nicht *direkt* durch die Nutzung von Blockchain beeinflusst. Zwar lässt sich argumentieren, dass sich zuverlässigere Informationen besser für die oben genannten Zwecke aus Sicht von Entscheidungsträgern eignen, doch die Zuverlässigkeit einer Information wird im Wesentlichen durch andere, im weiteren Verlauf noch zu untersuchende, Anforderungen bestimmt und kann daher nur einen indirekten Einfluss auf die Relevanz ausüben. Da an dieser Stelle nur die direkten Einflüsse im engeren Sinne der jeweiligen Definition betrachtet werden, kann bisher nicht von einem Einfluss der Blockchain-Technologie auf die „Relevanz" einer Information gesprochen werden.

Letztlich verbleibt die möglicherweise *wesentliche Einflussnahme* einer Information auf eine Entscheidung, welche sich durch „ein Auslassen oder eine Verschleierung der Information die Entscheidung beeinflussen würde." Ob eine Information auf einer privaten Blockchain oder in einer anderen Datenbank gespeichert wird, ist weiterhin unerheblich für den Einfluss, den eine Information durch Weglassen oder Verschleiern auf eine bestimmte Entscheidungssituation ausübt.

So bleibt festzuhalten, dass Blockchain **keinen (direkten) Einfluss** auf die Erfüllung der Anforderung der „Relevanz" einer Information ausübt (s. Tabelle 5.2).

Tabelle 5.2 Ergebnis der Untersuchung des Einflusses von Blockchain auf die „Relevanz"[67]

Relevanz	Einflussnahme	Einflussrichtung	Einflussgrad
	nein	–	–

---

[67] Eigene Darstellung.

5.2.1.2 Vollständigkeit

Die *Vollständigkeit* ist eine grundlegende Anforderung, welche für die Entscheidungsunterstützung und Verhaltenssteuerung ein hohes Bedeutungsgewicht hat. Sie ist in Tabelle 5.3 definiert.

Tabelle 5.3 Definition der grundlegenden Anforderung „Vollständigkeit"[68]

Grundlegende Anforderung	
Vollständigkeit	Vollständigkeit wird dann erfüllt, wenn alle Informationen, die eine bestimmte Entscheidung eines Entscheidungsträgers im Rahmen der Entscheidungsunterstützungs- und/oder der Verhaltenssteuerungsfunktion beeinflussen können, adäquat enthalten sind.

Im Rahmen der Anforderung der „Vollständigkeit" von Informationen, ist zunächst zu diskutieren, ob *alle* Informationen, die einen Entscheidungsträger bei seiner Entscheidungsfindung beeinflussen können, in einem Set von Informationen enthalten sind. Vor einer Entscheidung sollten zunächst der objektive Informationsbedarf für den spezifischen Verwendungszweck bestimmt werden. Möglicherweise weicht das subjektive Empfinden eines Entscheidungsträgers davon ab, welche Informationen seine Entscheidungen objektiv betrachtet beeinflussen könnten.[69] Blockchain als Datenbank-Technologie ist allerdings kein Instrument zur Ermittlung des Informationsbedarfs und kann nicht beeinflussen, welche Informationen für bestimmte Entscheidungen benötigt werden. Damit kann eine Blockchain selbst auch nicht sicherstellen, dass alle benötigten Informationen für eine Entscheidung vollständig und adäquat zur Verfügung stehen. Eine Blockchain kann dies jedoch technisch ermöglichen, da grundsätzlich die Speicherung aller quantitativ oder qualitativ erfassbaren Informationen in Blockchains möglich ist. Das ist allerdings eine Frage der Anforderung „Verfügbarkeit" im Sinne der in Abschnitt 4.1.3 aufgestellten Definitionen und ist daher in Abschnitt 5.2.3.2 zu analysieren.

Blockchain kann darüber hinaus zur Beschaffung neuer Informationen durch die Erschließung neuer Informationsquellen genutzt werden. Mittels Konfiguration von zweckmäßigen Smart Contracts und der Anbindung von Blockchain (ggfs. auch in Form von Smart Contracts) an das Internet der Dinge lassen

---

[68] Wittköpper / Strathmann (2021), S. 16.

[69] Zur Diskrepanz zwischen dem objektivem Informationsbedarf und dem subjektiven Informationsbedürfnis s. Abschnitt 5.1.

sich weitere Informationsquellen erschließen.[70] So können beispielsweise ganze Lieferketten überwacht und Daten zu Transportwegen, Messdaten zur Kontrolle der Kühlkette oder Wareneingänge generiert werden.[71] Diese können sicher und transparent in einer privaten Blockchain gespeichert werden und stehen dem Unternehmen damit intern zur Verfügung.[72]

In den skizzierten Fällen handelt es sich um spezifische Informationen, welche nur in bestimmten Entscheidungssituationen relevant sind. Daher kann aus der vorangegangenen Erörterung kein allgemeingültiger Schluss gezogen werden, dass Blockchain zu einer vollständigen Informationsbasis durch die Erschließung neuer Informationsquellen beiträgt. Blockchain bietet für bestimmte Geschäftsfelder oder spezifische Entscheidungssituationen das Potenzial ein umfangreicheres Informationsangebot für Entscheidungsträger zu ermöglichen und somit zu einer Vollständigkeit der Informationen beizutragen. Demnach hat Blockchain das Potenzial, sich positiv auf die Erfüllung der Anforderung „Vollständigkeit" auszuwirken (s. Tabelle 5.4).

Tabelle 5.4 Ergebnis der Untersuchung des Einflusses von Blockchain auf die „Vollständigkeit"[73]

Vollständigkeit	Einflussnahme	Einflussrichtung	Einflussgrad
	potenziell ja	positiv	gering bis hoch[74]

5.2.1.3 Manipulationsfreiheit

Die *Manipulationsfreiheit* ist eine grundlegende Anforderung, welche für die Entscheidungsunterstützung ein geringes und für die Verhaltenssteuerung ein hohes Bedeutungsgewicht hat. Sie ist in Tabelle 5.5 definiert.

---

[70] Vgl. Wang et al. (2023), S. 109–112; Ionescu et al. (2022), S. 132–135; Jumaa / Shakir (2022), S. 87–94; Banerjee / Celar / Tewari (2021), S. 245–248; Chen et al. (2021), S. 1–14; Hou et al. (2021), S. 2753–2757; Aleksieva / Valchanov / Huliyan (2020), S. 1–4; Cao et al. (2020), S. 78–83; Jo et al. (2020), S. 76–77.

[71] Vgl. Wilkens / Falk (2019), S. 24.

[72] Vgl. Wilkens / Falk (2019), S. 19; Banafa (2016). Für eine ausführlichere Darstellung zur Möglichkeit der Informationsbeschaffung mittels Blockchain in unterschiedlichen Anwendungsfällen s. Abschnitt 5.1.

[73] Eigene Darstellung.

[74] Fallspezifische Unterscheidung erforderlich.

Tabelle 5.5 Definition der grundlegenden Anforderung „Manipulationsfreiheit"[75]

Grundlegende Anforderung	
Manipulationsfreiheit	Manipulationsfreiheit ist dann gegeben, wenn eine bewusste, opportunistische Verzerrung der Information bei deren Beschaffung, Aufbereitung oder Bereitstellung ausgeschlossen ist.

Die Manipulationsfreiheit einer Information ist von besonderer Bedeutung für die Verwendung einer Information im Rahmen der Verhaltenssteuerung. Sie soll gewährleisten, dass eine bewusste, opportunistische Verzerrung einer Information durch den Ersteller zum eigenen Vorteil im Rahmen ihrer Beschaffung, Aufbereitung oder Bereitstellung, die zu Lasten des Entscheidungsträgers gehen kann, ausgeschlossen ist. Die Anforderung kommt demnach insbesondere dann zum Tragen, wenn Ersteller und Verwender (Entscheidungsträger) einer Information unterschiedliche Personen sind. In Bezug auf die Blockchain-Technologie stellt sich die Frage, inwiefern die Technologie dazu beitragen kann, dass Manipulationen von Informationen durch die Nutzung von Blockchain verhindert oder technisch bedingt sogar ausgeschlossen werden können. Da Blockchain als nicht manipulierbar gilt,[76] sollte von einem besonders starken Einfluss auf diese Anforderung ausgegangen werden. Die möglichen Einflüsse, aber auch nicht zu vernachlässigende Einschränkungen, werden in diesem Abschnitt diskutiert.

Im Rahmen der **Beschaffung** von Informationen müssen unterschiedliche Möglichkeiten der Informationsbeschaffung mittels und -speicherung in einer privaten Blockchain betrachtet werden. Grundsätzlich muss davon ausgegangen werden, dass Manipulationen von Informationen möglich sind, bevor diese in der Blockchain gespeichert werden.[77] Blockchain bietet keine Möglichkeit, diese Manipulationen zu verhindern. Sofern die manipulierten Informationen für die am Validierungsprozess beteiligten Knoten im Blockchain-Netzwerk plausibel erscheinen und den zuvor definierten Regeln entsprechen, kann es vorkommen, dass manipulierte Informationen in der Blockchain gespeichert werden. Dies kann beispielsweise bei bewussten Verzerrungen im Rahmen subjektiver Einschätzungen im Kontext von Prognosen der Fall sein, wenn diese Ergebnisse anschließend in eine Blockchain-Datenbank übernommen werden. In diesem Fall besteht bezüglich der Prognosewerte eine mögliche Einflussnahme zur opportunistischen Verzerrung durch den Ersteller der Prognose. Bei der Speicherung dieser

---

[75] Wittköpper / Strathmann (2021), S. 16.

[76] Vgl. dazu u. a. Nazzini (2019), S. 1; Roberts / Karras (2019), S. 5.

[77] Vgl. Meinel / Gayvoronskaya / Schnjakin (2018), S. 44.

Prognosewerte in der Blockchain findet insbesondere bei abstimmungsbasierten Konsensmechanismen eine Überprüfung der Informationen hinsichtlich potenzieller Fehler statt.[78] Sofern die Prognoseerstellung plausibel erscheint und die Bedingungen, welche das Blockchain-Protokoll an zu speichernde Informationen definiert, erfüllt, könnten die Validierer für die Aufnahme der manipulierten Informationen in die Blockchain stimmen. Sobald die Information in der Blockchain gespeichert wurde, ist hingegen eine Manipulation weitestgehend ausgeschlossen, wie im Verlauf dieses Abschnittes noch zu zeigen ist.

Es gibt jedoch auch Möglichkeiten, bei der Blockchain einen Einfluss auf die Manipulationsfreiheit von Informationen bereits im Rahmen ihrer Beschaffung ausüben kann. Dies ist immer dann der Fall, wenn von der Entstehung einer Information bis zur Speicherung dieser Information in der Blockchain menschliche Interaktionen und Einflussnahmen ausgeschlossen sind. Konkret ergeben sich diese bei Anwendungsfällen mit Verknüpfung zum IoT oder durch Nutzung von Smart Contracts.[79] In manchen Fällen ist es demnach möglich, die Manipulationsfreiheit auch auf Informationen auszuweiten, bei denen die Generierung der Information und deren Speicherung auf der Blockchain stattfand oder zumindest direkt nach Entstehung eine automatisierte Speicherung in der Blockchain vorgenommen wurde.[80] Zusammenfassend lässt sich festhalten, dass ein Einfluss von Blockchain auf die Manipulationsfreiheit von Informationen im Rahmen ihrer Beschaffung im Regelfall nicht gegeben, unter bestimmten Voraussetzungen jedoch möglich und dann positiv ist.

Die **Aufbereitung** von Informationen findet nicht innerhalb der Blockchain statt, sondern stellt einen sogenannten *off-chain* Prozessschritt dar. Informationen aus der Blockchain werden abgefragt, außerhalb der Blockchain (gegebenenfalls zusammen mit weiteren, nicht der Blockchain entstammenden Informationen) bearbeitet und aufbereitet. Anschließend können die transformierten Informationen erneut in Blockchain gespeichert werden. Blockchain bietet keine Möglichkeit, diese *off-chain* Prozessschritte hinsichtlich Manipulationsmöglichkeiten einzuschränken bzw. diese zu verhindern. Auf diesem Weg ist es erneut (s. o. in Bezug die Beschaffung) möglich, manipulierte Informationen in Blockchain zu speichern. Grundsätzlich ist demnach kein Einfluss der Verwendung von Blockchain auf die Manipulationsfreiheit von Informationen im Rahmen ihrer Aufbereitung zu erkennen.

---

[78] Vgl. Ahmad et al. (2021), S. 59; Sunyaev (2020), S. 284; Nguyen / Kim (2018), S. 117; Zoican et al. (2018), S. 181.

[79] S. dazu die Beispiele aus Abschnitt 5.1.

[80] Vgl. Iablokov (2019), S. 19–20.

Einen starken Einfluss auf die Manipulationsfreiheit von Informationen kann Blockchain im Rahmen der **Bereitstellung** ausüben. Viele Komponenten der Blockchain wirken sich auf die Manipulationsfreiheit aus. In den folgenden Absätzen wird der Frage nachgegangen, welchen Einfluss die Blockchain auf die Manipulationsfreiheit von Informationen ausübt, die zum Zeitpunkt eines möglichen Manipulationsversuches bereits in Blockchain gespeichert sind und damit Informationsempfängern bereitgestellt werden (können).

Die *Teilnehmerzahl* ist ein wichtiges Kriterium bei der Beurteilung der Manipulationsmöglichkeiten bzw. Sicherheiten gegen Manipulationsversuche. Je mehr Teilnehmer im Netzwerk vertreten sind, desto schwieriger wird es für eine einzelne Personen, Manipulationen von in der Blockchain gespeicherten Informationen im Netzwerk durchzuführen und anschließend eine Mehrheit des Netzwerkes davon zu überzeugen, die manipulierten Informationen als gültigen Datenbestand anzusehen. Umgekehrt sind kleinere Netzwerke, welche bei privaten Blockchains häufiger aufzufinden sind, anfälliger gegenüber manipulativem Verhalten.[81] Bei Konsensmechanismen, die einen zufallsbasierten Algorithmus zur Auswahl berechtigter Validatoren enthält, sinkt die Wahrscheinlichkeit der Auswahl eines bestimmten böswillig agierenden Netzwerk-Teilnehmers, je mehr Teilnehmer zur Auswahl im Validierungsprozess in Frage kommen. Generell ist die möglichst gleichmäßige Verteilung von Ressourcen ein weiteres Kriterium, welches nachweisbasierte Konsensmechanismen in ihrer Manipulationssicherheit stärkt. Ein einzelner Teilnehmer oder eine Gruppe von Teilnehmern mit gleichen Interessen, der oder die mehr als 50 % der Ressourcen[82] im Netzwerk hält, wird die Regeln des Netzwerks eigenständig ändern können und über die Bestätigung oder Ablehnung von Transaktionen entscheiden können. Je gleichverteilter die Ressourcen sind, desto wahrscheinlicher ist es, dass zufällig ein stets wechselnder Teilnehmer zur Blockvalidierung ausgewählt wird. Ein einzelner Teilnehmer wird bei solchen Konsensmechanismen nicht vorhersagen können, wann er zur Blockvalidierung ausgewählt wird.[83] Andernfalls könnte er bewusst falsche bzw. manipulierte Informationen unmittelbar vorher zur Validierung anfragen und dann selbst bestätigen. Beliebig häufige Versuche, manipulierte Informationen an das Netzwerk zu senden, sind aus wirtschaftlichen Gründen nicht zielführend,

---

[81] Vgl. Pahlajani / Kshirsagar / Pachghare (2019), S. 2.

[82] Ressourcen können beispielsweise die Rechenleistung beim PoW, Besitzanteile beim PoS oder die Speicherkapazität beim PoSpace und PoC sein. Die daraus resultierende Gefahr ist auch als „51 %-Attacke" bekannt. S. dazu bspw. Hellwig / Karlic / Huchzermeier (2021), S. 68 oder auch die weiteren Ausführungen in Abschnitt 3.5.2 dieser Arbeit.

[83] Vgl. Bogensperger / Zeselmair / Hinterstocker (2018), S. 39.

da diese stets Transaktionsgebühren kosten. Es ist demnach nicht unmöglich, jedoch unwahrscheinlich, dass ein Informationsersteller in Blockchains, die auf nachweisbasierte Konsensmechanismen setzen, Manipulationen vornehmen kann, welche einen bestimmten unternehmensinternen Entscheidungsträger gezielt beeinflussen.

Blockchains gibt es mit vielen unterschiedlichen technischen Ausgestaltungsmöglichkeiten, welche sich auch auf die Manipulationsfreiheit von Informationen auswirken können. So gibt es einige Blockchains, welche eine bewusste *Latenz* der Blockvalidierung herbeiführen. Dies führt zu Verzögerungen bei der Blockerstellung, -validierung und -verbreitung, was es für böswillig agierende Teilnehmer im Blockchain-Netzwerk schwieriger macht, Manipulationen nachträglich und unentdeckt durchzuführen, da sie dafür alle nachfolgenden Hashwerte und kryptographischen Puzzle neu berechnen bzw. lösen müssten und die längste existierende Blockkette einholen müssten, um anschließend das Netzwerk von der eigenen, manipulierten Version des Datenbestandes zu überzeugen.[84] Dies wird durch die Latenz zusätzlich erschwert. Da in privaten Blockchains im Regelfall die Leistungsfähigkeit des Netzwerkes stärker gewichtet wird als die Manipulationsresistenz, werden üblicherweise geringere Latenzen eingebaut sein als in öffentlichen Blockchains.[85]

Die Kombination vieler Komponenten kann Blockchain so sicher gegen Manipulationen machen. Als besonders sicher vor Manipulationen gelten Blockchains mit einem nachweisbasierten, probabilistischen Konsensmechanismus wie dem PoW oder PoS und einer sehr hohen Teilnehmerzahl ohne einseitige Ressourcenverteilung.[86] Um eine nachträgliche Manipulation einer Information vorzunehmen, müsste ein böswillig agierender Akteur eine Vielzahl an Hürden nehmen, um einen erfolgreichen Betrugsversuch durchzusetzen: Er müsste zunächst die Änderung einer bereits gespeicherten Information vornehmen. Dann müsste er den Hashwert der zugehörigen Transaktion und die kombinierten Hashwerte des Merkle Trees im gleichen Block neu ermitteln.[87] Anschließend müsste er das mathematische Rätsel zur Erstellung des Block-Hashes lösen, welches beim PoW enorme Energiemengen verbraucht.[88] Die Block-Hashes aller folgenden Blöcke müsste er ebenfalls neu ermitteln, um neue fehlerfreie Verkettungen der Blöcke aufzubauen. Dies müsste der Angreifer so lange machen,

---

[84] Vgl. Tasca / Tessone (2019), S. 14; Pass /Seeman / Shelat (2016), S. 1–3.

[85] Vgl. Hou et al. (2021), S. 2753–2754.

[86] Vgl. Fridgen et al. (2019), S. 34.

[87] Vgl. Urban (2020), S. 20; Drescher (2017a), S. 144–145.

[88] Vgl. Adam (2022), S. 30–31.

bis er die derzeit längste Kette im Netzwerk einholt (welche in der Zwischenzeit bei einem entsprechenden Transaktionsaufkommen ebenfalls länger werden kann) und das alles trotz möglicher Latenzen. Sobald er die längste Kette im Netzwerk eingeholt hat, müsste eine Mehrheit im Netzwerk von seiner Version der Block-kette überzeugt sein, um diese zu akzeptieren und weiter zu verbreiten. Erst dann wäre eine Manipulation tatsächlich erfolgreich.[89] Selbst wenn diese technische Möglichkeit besteht, in der Praxis wäre eine solche Manipulation aufgrund der Verzögerungen der Blockvalidierung bei gleichzeitig hohem Transaktionsaufkom-men sowie der energie- und damit kostenaufwendigen Nachweiserbringung durch Lösung eines mathematischen Rätsels zur Ermittlung der Block-Hashwerte nicht umsetzbar. Unter den eingangs genannten Aspekten kann daher davon ausgegan-gen werden, dass Blockchain für die in ihr gespeicherten Informationen eine aus heutiger Sicht maximale Sicherheit gegen nachträgliche Manipulationen mitbringt und demnach einen starken, positiven Einfluss auf die Erfüllung der Anforderung der Manipulationsfreiheit ausübt.[90]

Allerdings sind die in der vorangestellten Argumentation erwähnten Kon-sensmechanismen PoW und PoS tendenziell für sehr große und öffentliche Blockchain-Netzwerke geeignet. Die bekannten Anwendungsfälle (wie die bei-den größten Kryptowährungen Bitcoin und Ethereum) sind sehr speziell und für Unternehmen oft nicht geeignet oder stellen nur einen kleinen Teil mögli-cher Informationsquellen im Rahmen der Beschaffung von Informationen dar. Für unternehmensinterne Anwendungsfälle wird eher auf private Blockchains mit einem kleinen Teilnehmerkreis und abstimmungsbasierten Konsensmecha-nismen zurückgegriffen.[91] Auch diese bieten einen gewissen Grad der Sicherheit gegen Manipulationsversuche, haben jedoch in Bezug auf bestimmte Teilbereiche geringere Hürden, welche im Folgenden erläutert werden.

In der Diskussion um private Blockchains wird stets ein Grundvertrauen in die Teilnehmer der Blockchain vorausgesetzt. Alle Teilnehmer sind bekannt und im

---

[89] S. dazu auch Abschnitt 3.3.

[90] Es kann nicht ausgeschlossen werden, dass die Entwicklung von Quantencomputern zukünftig eine Gefahr für bestehende Verschlüsselungsalgorithmen, welche in Blockchains gängig sind, darstellen kann. Nach derzeitigem Kenntnisstand ist jedoch nicht von einer akuten Gefahr durch Quantencomputer für Hash-Algorithmen wie SHA-256 oder SHA-512 auszugehen. Die Entwicklung sollte jedoch aufmerksam verfolgt werden, da eine zukünf-tige Gefährdung möglich erscheint. Vgl. u. a. Riess (2023); Sven (2023); Lautwein (2021), S. 104–113; Erbguth (2019b), S. 655; TR Online (2019); o.V. (o. J. b).

[91] Vgl. Kunde et al. (2017), S. 9; BitFury Group (2015), S. 11; Peters / Panayi (2015), S. 5. Eine ausführliche Darstellung von privaten Blockchains erfolgt in Abschnitt 3.5.

Regelfall Mitarbeiter des Unternehmens, welches die Blockchain verwaltet.[92] Der Fokus liegt tendenziell auf einer besseren Performance durch schnellere Transaktionsverarbeitung, höhere Transaktionsraten und einer guten Skalierbarkeit für erweiterte Anwendungsfälle. Dies kann von böswillig agierenden Mitarbeitern ausgenutzt werden, auch wenn sie dabei persönlich belangt werden können, wenn die Manipulationen aufgedeckt werden sollten. Die Sicherheit von privaten Blockchain-Anwendungen, welche auf CFT-Konsensmechanismen bauen, bezieht sich auf die Ausfallsicherheit des Systems.[93] CFT-Mechanismen wie Paxos und Raft haben keine besonderen Schutzmechanismen gegen böswillig agierende Teilnehmer im Netzwerk. Für einen solchen zusätzlichen Schutz müsste auf BFT-Mechanismen zurückgegriffen werden, welche bis zu einem gewissen Grad auch gegen byzantinische Fehler und damit böswillig agierende Teilnehmer Schutz bieten. Je nach konkretem BFT-Konsensmechanismus kann der Grad der Fehlertoleranz unterschiedlich hoch sein. Der Konsensmechanismus PBFT bietet beispielsweise Sicherheit, wenn weniger als 1/3 der Teilnehmer böswillig agieren.[94] Je geringer die Teilnehmerzahl in der privaten Blockchain, desto eher können sich unter den zur Validierung berechtigten Nutzern auch zwei Gruppierungen mit konträren Interessen bilden, welche jeweils mehr als 1/3 der Teilnehmer ausmachen.[95]

Bei der Verwendung eines Konsensmechanismus, bei dem die Genehmigung von Transaktionen und Erstellung von Blöcken durch einzelne Autoritäten erfolgt, wie beispielsweise beim Proof-of-Authority, ist ein besonderes Vertrauen in die jeweilige Autorität notwendig. Dieser Mechanismus bietet keinen besonderen, technisch bedingten Schutz vor Manipulationen durch eine berechtigte Autorität. Ein gewisser Schutz vor Manipulationen durch die Autorität ergibt sich nur durch

---

[92] Konsortiale Blockchain-Anwendungen, welche in der Regel von mehreren Unternehmen oder einem Unternehmensnetzwerk betrieben werden, werden hier weiterhin nicht betrachtet.

[93] S. Abschnitt 5.2.3.2.

[94] Vgl. Hellwig / Karlic / Huchzermeier (2021), S. 73; Rama (2021), S. 3; Belotti et al. (2019), S. 3804.

[95] Beispielsweise ist es denkbar, dass im Rahmen eines Forecasting-Prozesses unter den verantwortlichen Personen mit Validierungsrechten unterschiedliche Vorhersagen als wahrscheinlich eingestuft werden. In einem Konfliktfall könnte sich eine Gruppierung mit mehr als 1/3 der Validierer gegen di festgelegten Prognosewerte aussprechen und die Aufnahme in den Blockchain-Datenbestand verhindern.

die Gefahr des Reputationsverlustes und möglicher Sanktionen, wenn Fehlverhalten erkannt wird. Die Manipulationsfreiheit ist bei diesem Mechanismus demnach eingeschränkt.[96]

Zusammenfassend kann demnach nicht von einer Gewährleistung der Manipulationsfreiheit von Informationen, welche in privaten Blockchain gespeichert werden, ausgegangen werden. Grundsätzlich bietet Blockchain dennoch viele Möglichkeiten zum Schutz vor Manipulationen. Wie gezeigt wurde, ist eine differenzierte Betrachtungsweise unterschiedlicher Konfigurationsmöglichkeiten notwendig, um die Frage präziser zu beantworten. Allgemein lässt sich festhalten, dass der Schutz vor Manipulationen in öffentlichen Blockchains, welche in der Regel auf nachweisbasierte Konsensmechanismen zurückgreifen und eine große Teilnehmerzahl besitzen, tendenziell sehr hoch ist. Teilweise, wie bei Nutzung des PoW als Konsensmechanismus, ist der Schutz so hoch, dass Manipulationen quasi ausgeschlossen sind. In anderen Fällen wird der Schutz vor Manipulationen jedoch deutlich eingeschränkt. Dies gilt insbesondere für private Blockchains und dabei zunehmend, je kleiner die Teilnehmerzahl oder die Anzahl am Validierungsprozess beteiligter Personen. Es bieten sich für böswillig agierende Teilnehmer mit Validierungsrechten eher Möglichkeiten der Manipulationen. Teilnehmer ohne Validierungsrechte haben hingegen auch in privaten Blockchains nur geringfügige Manipulationsmöglichkeiten. Dennoch bietet jede Blockchain Möglichkeiten, diese nachträglichen Manipulationen aufzudecken und einer bestimmten Nutzeradresse zuzuordnen. In privaten Blockchains, in denen die Teilnehmer bekannt sind, besteht demnach zwar kein umfassender technischer Schutz vor Manipulationen durch am Validierungsprozess beteiligte Personen, aber das Risiko kann durch drohende Reputationsverluste und Strafen bei aufgedecktem Fehlverhalten jedoch verringert werden.[97] Zudem besteht ein Schutz gegen Attacken von außerhalb des Netzwerkes, wie Hackerangriffen. Das Fazit zum Einfluss der Blockchain-Technologie auf die Erfüllung der Anforderung der Manipulationsfreiheit lautet demnach, dass in privaten Blockchains zwar ein positiver Einfluss erkennbar ist, dieser kann jedoch eingeschränkt sein und muss stets kritisch im Einzelfall betrachtet werden (s. Tabelle 5.6).

---

[96] Vgl. Adam (2022), S. 38; Tasca / Tessone (2019), S. 12.

[97] Vgl. dazu bspw. Adam (2022), S. 40.

Tabelle 5.6 Ergebnis der Untersuchung des Einflusses von Blockchain auf die „Manipulationsfreiheit"[98]

Manipulationsfreiheit	Einflussnahme	Einflussrichtung	Einflussgrad
	ja[99]	positiv	mittel bis hoch[100]

5.2.1.4 Fehlerfreiheit

Die *Fehlerfreiheit* ist eine grundlegende Anforderung an Informationen, welche für die Entscheidungsunterstützung und Verhaltenssteuerung ein hohes Bedeutungsgewicht hat. Sie ist in Tabelle 5.7 definiert.

Tabelle 5.7 Definition der grundlegenden Anforderung „Fehlerfreiheit"[101]

Grundlegende Anforderungen	
Fehlerfreiheit	Fehlerfreiheit wird dann erreicht, wenn die Beschaffung, Aufbereitung und Bereitstellung der Information ohne Fehler erfolgt.

Die Definition der Anforderungen „Fehlerfreiheit" erfordert eine differenzierte Auseinandersetzung mit möglichen Fehlerquellen im Rahmen der **Beschaffung**, **Aufbereitung** und **Bereitstellung** von Informationen.

In Abschnitt 5.1 wurden unterschiedliche Möglichkeiten zur Erschließung neuer Informationsquellen durch die Nutzung von Blockchain erörtert. Demnach sollten in Bezug auf die **Beschaffung** von Informationen potenzielle Fehlerquellen sowie Reduktionspotentiale von Fehlern im Zusammenhang mit der Verwendung von Smart Contracts sowie der Anbindung an das IoT untersucht werden.

Eine Möglichkeit zur Verwendung von Blockchain im Rahmen der Informationsbeschaffung ist die Einbindung von *Smart Contracts*. Smart Contracts führen einfache Operationen nach Eintreten eines vordefinierten Schlüsselereignisses aus. Sowohl die Schlüsselereignisse (z. B. Übertreten eines bestimmten Schwellenwertes, Geldeingang auf einem Konto, …) als auch die entsprechend folgende

---

[98] Eigene Darstellung.

[99] Diese Einschätzung bezieht sich vordergründig auf die Phase der Informationsbereitstellung. Eine Einflussnahme im Rahmen der Informationsbeschaffung ist nur unter bestimmten Voraussetzungen gegeben. Keine Einflussnahme im Rahmen der Informationsaufbereitung.

[100] Tendenziell mittlerer Einfluss im Rahmen der Informationsbeschaffung und hoher Einfluss im Rahmen der Informationsbereitstellung.

[101] Wittköpper / Strathmann (2021), S. 16.

Operation (z. B. Erstellen eines Adhoc-Reports, Versand einer Bestätigung über den Geldeingang, …) müssen eindeutig in den Code des Smart Contracts eingebaut werden und dürfen dabei keinen Interpretationsspielraum zulassen.[102] Bei der Programmierung können Fehler in den Code eingebaut werden, welche zu einem nicht oder nicht vollständig korrekt funktionierenden Smart Contract führen können. Sobald der Smart Contract jedoch fehlerfrei programmiert und implementiert wurde, reduziert er weitere Fehlerquellen, da er stets zuverlässig seinen Code ausführt und menschliche Fehler, die bspw. durch Übermüdung oder Unachtsamkeit entstehen können, ausschließt.[103] Die Programmierung und Implementierung eines fehlerfreien Smart Contracts kann sich unter Umständen negativ auf die Zeitnähe (s. Abschnitt 5.2.2.3) und die Wirtschaftlichkeit (s. Abschnitt 5.2.3.1) auswirken. Tendenziell ist jedoch davon auszugehen, dass ein positiver Einfluss auf die Erfüllung der Anforderung „Fehlerfreiheit" durch Smart Contracts genommen wird.

Eine weitere Möglichkeit der Verwendung von Blockchain im Rahmen der Informationsbeschaffung ist die Anbindung an das *Internet der Dinge*. Dabei wird angenommen, dass menschliche Interaktionen zwischen der Generierung und Speicherung von Informationen ausgeschlossen sind.[104] Daher werden auch menschliche Fehlerquellen in diesen Prozessschritten vollständig eliminiert. Bei der M2M-Kommunikation als klassischer Anwendungsfall des IoT können gelegentlich Soft- und Hardwarefehler auftreten.[105] Diese führen in der Regel jedoch dazu, dass Transaktionen nicht ausgeführt werden oder die Kommunikation nicht stattfindet. Dadurch werden keine Informationen generiert. Zudem sind Soft- und Hardwarefehler im Allgemeinen kein spezifisches Blockchain-Problem, müssen jedoch auch in der Diskussion um Blockchain beachtet werden.

Die zuvor angeführte Untersuchung hat explizit neue Möglichkeiten der Verwendung von Blockchain im Rahmen der Informationsbeschaffung thematisiert. Allerdings können im Sinne der Beschaffung auch Informationen aus anderen Quellen des Unternehmens herangezogen werden, welche bisher nicht mit einer Blockchain verknüpft wurden. Dabei können bei der Beschaffung dieser Informationen, um sie in einer Blockchain zu speichern, ebenfalls Fehler durch bspw. menschliches Versagen auftreten. Der mögliche Einfluss von Blockchain auf die

---

[102] Vgl. Wilkens / Falk (2019), S. 12; Scherk / Pöchhacker-Tröscher (2017), S. 27.

[103] Vgl. Wilkens / Falk (2019), S. 5, 13; Rentrop (2017); Scherk / Pöchhacker-Tröscher (2017), S. 27; Kaulartz / Heckmann (2016), S. 618.

[104] S. dazu auch Abschnitt 5.1.

[105] Vgl. Pincheira et al. (2021), S. 105896; Satyanarayana et al. (2020), S. 406–410; Minoli / Occhiogrosso (2018), S. 1–13; Bundesnetzagentur (2016).

fehlerfreie Beschaffung von Informationen ist letztlich nicht eindeutig bestimmbar, da verschiedene Einflüsse mit unterschiedlichen Einflussrichtungen auftreten können. Die vorangestellte Diskussion lässt jedoch den Schluss zu, dass Blockchain in verschiedenen Szenarien das Potenzial besitzt, zu einer fehlerfreien Informationsbeschaffung beizutragen.

In Abschnitt 5.1 wurde bereits aufgezeigt, dass Blockchain keinen erkennbaren Nutzen im Rahmen der **Aufbereitung** von Informationen bringt und daher üblicherweise keine direkte Verwendung dabei findet. Daher nimmt Blockchain auch keinen Einfluss auf Erfüllung der Fehlerfreiheit im Rahmen der Aufbereitung.

Im Rahmen der **Bereitstellung** von Informationen lassen sich mehrere Einflussmöglichkeiten auf die Anforderung der „Fehlerfreiheit" erkennen. Blockchains bieten **Fehlertoleranz.**[106] Dies liegt insbesondere an den verwendeten Konsensmechanismen. Dabei muss zwischen den CFT- und den BFT-Konsensmechanismen unterschieden werden. Auch wenn diese Unterscheidung insbesondere bei Konsensmechanismen für private Blockchains vorgenommen wird, so gelten auch die gängigsten Konsensmechanismen für öffentliche Blockchains mindestens als CFT, in der Regel sogar als BFT.[107] *CFT-Mechanismen* sind fehlertolerant gegenüber Software- und Hardwarefehlern. So ermöglichen diese Mechanismen eine zuverlässige Konsensfindung, auch wenn nicht alle Knoten, welche zur Validierung im Netzwerk befähigt sind, reibungslos an der Konsensfindung teilnehmen können.[108] Wenn die CFT-Konsensmechanismen keine Fehlertoleranz gegenüber Ausfällen einzelner Knoten hätten, so wäre die Konsensfindung im Netzwerk gefährdet. Dies hätte zur Folge, dass mehrere, konträre Versionen der Transaktionshistorie mit widersprüchlichen Informationen existieren könnten und somit keine konsistenten Rückmeldungen bei Datenabfragen an das Netzwerk gewährleistet werden könnten. Dies würde zu widersprüchlichen und somit fehlerbehafteten Informationen führen. *BFT-Mechanismen* bieten neben der Fehlertoleranz gegenüber Software- und Hardwarefehlern auch einen gewissen Grad der Fehlertoleranz gegenüber byzantinischen Fehlern, also auch gegen bewusst böswilliges Fehlverhalten von Knoten. Je nach konkretem Konsensmechanismus unterscheidet sich der Grad der Fehlertoleranz.[109] Somit lässt sich die vorangegangene Argumentation in Bezug auf die CFT-Mechanismen auch auf die BFT-Mechanismen ausweiten, jedoch zuzüglich einer Fehlertoleranz

---

[106] Vgl. Tasca / Tessone (2019), S. 10–13.
[107] Vgl. BSI (2019), S. 25.
[108] Vgl. BSI (2019), S. 21.
[109] S. dazu auch die Ausführungen zu den BFT-Konsensmechanismen in Abschnitt 3.5.2.

gegen bewusst bösartiges Verhalten von Knoten im Netzwerk. Letzteres ist wiederum überwiegend eine Frage der Manipulationsfreiheit (s. Abschnitt 5.2.1.3). Schlussendlich führen sowohl CFT- als auch BFT-Mechanismen zu einer Aufrechterhaltung der Konsensfindung in der Blockchain. Dabei unterstützen sie die fehlerfreie Informationsbereitstellung durch die Ermöglichung **konsistenter Datenbestände** und somit **konsistenter Rückmeldungen** bei Abfragen an das Netzwerk.

Nach der Konsensfindung wird das aktuelle Ledger als lokale Kopie auf allen Knoten des Netzwerkes gespeichert. An dieser Stelle tritt eine weitere wesentliche Stärke von verteilten P2P-Netzwerken wie Blockchain ein: die hohe **Ausfallsicherheit des Systems**.[110] Durch die hohe Redundanz der Transaktionshistorien, welche auf allen Knoten als lokale Kopie gespeichert wird,[111] bleibt das Netzwerk funktionsfähig, wenn einzelne Knoten ausfallen (bspw. durch Software- oder Hardwarefehler oder durch dauerhaftes Ausscheiden aus dem Netzwerk), da die anderen Knoten diesen Ausfall kompensieren können.[112] Es gibt keinen Single-Point-of-Failure, der das ganze System zum Absturz bringen kann.[113]

In privaten Blockchains können *abstimmungsbasierte* Konsensmechanismen verwendet werden, welche einen **hohen Grad der Fehlerüberprüfung** beinhalten. Dazu zählt u. a. Paxos, bei welchem in mehreren Abstimmungsrunden ein Konsens gefunden wird. In jeder Abstimmungsrunde werden dabei die zu validierenden Transaktionen durch die berechtigten Validierer auf Richtigkeit hin überprüft. Dadurch steigt die Wahrscheinlichkeit des Aufdeckens von fehlerbehafteten Informationen bereits im Speicherungsprozess. Informationen, über deren Speicherung in der Blockchain ein Konsens gefunden wurde, und welche anschließend allen Netzwerk-Teilnehmern in der Blockchain bereitgestellt werden, können demnach eher als mutmaßlich fehlerfreie Informationen eingestuft werden.[114]

Durch die Fehlertoleranz der Konsensfindung, der hohen Ausfallsicherheit des Netzwerkes sowie dem hohen Grad der Fehlerüberprüfung, speziell in privaten Blockchains mit abstimmungsbasierten Konsensmechanismen, wird die Funktionsfähigkeit der Blockchain gestärkt und somit ein positiver Beitrag zur fehlerfreien Bereitstellung von Informationen geleistet.

---

[110] Vgl. Touron (2019).

[111] Vgl. Adam (2022), S. 27; Tasca / Tessone (2019), S. 5.

[112] Vgl. Schollmeier (2002), S. 2.

[113] Vgl. Majaski (2023); Scardovi (2016), S. 36.

[114] Vgl. Ongaro / Ousterhout (2014), S. 306–307.

Zusammenfassend muss die Beurteilung des Einflusses von Blockchain auf die Fehlerfreiheit von Informationen sehr differenziert vorgenommen werden. Insgesamt lässt sich jedoch ein tendenziell positiver Einfluss von Blockchain auf die Erfüllung der Fehlerfreiheit von Informationen im Rahmen der Beschaffung und ein überwiegend positiver Einfluss im Rahmen der Bereitstellung festhalten. Im Rahmen der Aufbereitung von Informationen nimmt Blockchain jedoch keinen Einfluss auf die Erfüllung der Fehlerfreiheit (s. Tabelle 5.8).

Tabelle 5.8   Ergebnis der Untersuchung des Einflusses von Blockchain auf die „Fehlerfreiheit"[115]

Fehlerfreiheit	Einflussnahme	Einflussrichtung	Einflussgrad
	ja[116]	positiv	mittel bis hoch[117]

5.2.2   Unterstützende Anforderungen

5.2.2.1 Vergleichbarkeit

Die *Vergleichbarkeit* ist eine unterstützende Anforderung, welche für die Entscheidungsunterstützung und Verhaltenssteuerung ein mittleres Bedeutungsgewicht hat. Sie ist in Tabelle 5.9 definiert.

Tabelle 5.9   Definition der unterstützenden Anforderung „Vergleichbarkeit"[118]

Unterstützende Anforderung	
Vergleichbarkeit	Eine Information ist dann vergleichbar, wenn sie die Identifikation und Beurteilung von Gemeinsamkeiten und Unterschieden von Vergleichsobjekten sowohl in sachlicher als auch in zeitlicher Hinsicht zulässt und dementsprechend ähnlichen Informationen gegenübergestellt und daran gemessen werden kann. Konsistente Bewertungsmethoden können helfen, Vergleichbarkeit zu erreichen.

---

[115] Eigene Darstellung.

[116] Diese Einschätzung bezieht sich vordergründig auf die Phase der Informationsbereitstellung. Eine Einflussnahme im Rahmen der Informationsbeschaffung ist nur unter bestimmten Voraussetzungen gegeben. Keine Einflussnahme im Rahmen der Informationsaufbereitung.

[117] Tendenziell mittlerer Einfluss im Rahmen der Informationsbeschaffung und hoher Einfluss im Rahmen der Informationsbereitstellung.

[118] Wittköpper / Strathmann (2021), S. 17.

Die Anforderung zielt auf die Sicherstellung der Vergleichbarkeit von Objekten ab. Demnach geht es hierbei darum, dass Informationen vergleichbare Rückschlüsse zulassen müssen, wenn sie gegenübergestellt werden. Dafür sollten die Informationen einen vergleichbaren Aussagegehalt haben. Durch den Einsatz konsistenter Bewertungsmethoden kann die Vergleichbarkeit eher erzielt werden.

Blockchain ist keine Technologie, welche zur Aufbereitung von Informationen genutzt wird. Die Informationen, die in das System eingebracht werden, werden bei Abfragen auch wieder ausgegeben. Der Einsatz von Blockchain führt zu keinen Veränderungen an den Informationen, welche wiederum zu einer Identifikation und Beurteilung von Gemeinsamkeiten und Unterschieden von Vergleichsobjekten führen. Die Vergleichbarkeit wird von Blockchain demnach nicht beeinflusst.

Blockchain ermöglicht hingegen eine vergleichbare Darstellungsform von Informationen. Im Blockchain-Protokoll wird festgehalten, welche Informationen in welchem Format zulässig sind und entsprechend in die Blockchain aufgenommen werden dürfen.[119] Informationen, welche in Blockchain gespeichert werden, sind demzufolge in vergleichbaren Formaten gespeichert. Zu jeder Transaktion werden die gleichen Transaktionsbestandteile gespeichert.[120] Dies ist jedoch nicht ausreichend, um eine Vergleichbarkeit von Informationen zu gewährleisten. Beispielsweise könnten über Blockchain der Kauf von Rohstoffen einer Abteilung und der Verkauf von Produkten einer anderen Abteilung mit vergleichbaren Transaktionsbestandteilen (Datum des Kaufs / Verkaufs, Rechnungssumme, Stückzahl, Sender, Empfänger, etc.) aufgelistet sein, ohne dass diese Transaktionsdetails vergleichbare Rückschlüsse ermöglichen würden, da ihnen gänzlich unterschiedliche Geschäftsaktivitäten zugrunde liegen. Die Möglichkeit, Informationen in vergleichbaren Formaten zu speichern und darzustellen, stellt demnach noch keine inhaltliche Vergleichbarkeit im Sinne der gleichen Rückschlussmöglichkeiten dar. Demzufolge ist auch dieser Aspekt nicht als Einfluss von Blockchain auf die Anforderung der Vergleichbarkeit zu bewerten.

Zusammenfassend lässt sich festhalten, dass Blockchain für eine vergleichbare Darstellung von Informationen weder förderlich noch hinderlich ist. Die Technologie ermöglicht zwar eine vergleichbare Darstellung, ist selbst dafür jedoch nicht ursächlich, d. h. dass Informationen durch Blockchain keinen höheren Grad der

---

[119] Vgl. Adam (2022), S. 27; Tasca / Tessone (2019), S. 5; Meinel / Gayvoronskaya / Schnjakin (2018), S. 44.
[120] Vgl. Fill / Härer / Meier (2020), S. 10; Urban (2020), S. 18.

Vergleichbarkeit erlangen. Folglich lässt sich weder ein positiver noch ein negativer Einfluss der Verwendung von Blockchain auf die Erfüllung der Anforderung der „Vergleichbarkeit" feststellen (s. Tabelle 5.10).

Tabelle 5.10 Ergebnis der Untersuchung des Einflusses von Blockchain auf die „Vergleichbarkeit"[121]

Vergleichbarkeit	Einflussnahme	Einflussrichtung	Einflussgrad
	nein	–	–

5.2.2.2 Nachprüfbarkeit

Die *Nachprüfbarkeit* ist eine unterstützende Anforderung, welche für die Entscheidungsunterstützung und Verhaltenssteuerung ein mittleres Bedeutungsgewicht hat. Sie ist in Tabelle 5.11 definiert.:

Tabelle 5.11 Definition der unterstützenden Anforderung „Nachprüfbarkeit"[122]

Unterstützende Anforderung	
Nachprüfbarkeit	Nachprüfbarkeit wird dann erzielt, wenn verschiedene sachverständige und unabhängige Entscheidungsträger direkt oder indirekt mittels der zugrunde gelegten Annahmen und Methoden einen Konsens erzielen könnten, ob die Informationen vollständig, manipulationsfrei und fehlerfrei sind.

Voraussetzung für einen Einfluss auf die Erfüllung der Nachprüfbarkeit durch den Einsatz einer Blockchain ist, dass sich die verschieden sachverständigen und unabhängigen Entscheidungsträger alle im Blockchain-Netzwerk befinden und mit den notwendigen Leserechten ausgestattet sind. Eine Überprüfung der Informationen hinsichtlich ihrer Vollständigkeit, Manipulationsfreiheit und Fehlerfreiheit kann ohne Zugang zu den Informationen nicht erfolgen.

Blockchain bietet mehrere Anhaltspunkte, welche sich auf die Anforderung der Nachprüfbarkeit auswirken. Durch eine lückenlose Speicherung der gesamten Transaktionshistorie und der Möglichkeit der Einsehbarkeit dieser durch alle berechtigten Teilnehmer eines Blockchain-Netzwerkes lassen sich alle jemals in

---

[121] Eigene Darstellung.
[122] Wittköpper / Strathmann (2021), S. 17.

der Blockchain gespeicherten Informationen und über die Blockchain abgewickelten Transaktionen überprüfen.[123] Da eine nachträgliche Löschung technisch quasi unmöglich ist, sind die Informationen in einer Blockchain irreversibel gespeichert. Somit lassen sich Informationen hinsichtlich ihrer **Vollständigkeit**[124] mittels Blockchain jederzeit überprüfen.[125]

Nachträgliche Änderungen der final in der Blockchain gespeicherten Informationen sind nur schwer umsetzbar, würden bei Erfolg allerdings umgehend auffallen, da sich die Hashwerte der Informationen ändern und dadurch Hash-Ketten auflösen würden. Durch die Struktur der Merkle Trees in einzelnen Blöcken würde sich eine direkte Lokalisierung der Änderung durchführen lassen.[126] Da jegliche Aktionen in der Blockchain durch digitale Signaturen bestätigt werden müssen, ließe sich jede Änderung zudem einer konkreten Nutzeradresse zuordnen.[127] Digitale Signaturen ermöglichen darüber hinaus eine Überprüfung der Autoren einer Information.[128] Dies bezieht sich auf Anfragen an das Netzwerk, Durchführung einer Transaktion sowie Speicherung und Validierung von Transaktionen. Nutzern in der Blockchain ist es daher jederzeit möglich, die Echtheit und den Ursprung von Transaktionen und Nachrichten im Netzwerk nachzuprüfen. Dies dient einerseits der Manipulationsprävention und andererseits der Manipulationsaufdeckung. Insgesamt übt der Einsatz der Blockchain daher einen positiven Einfluss auf die Nachprüfbarkeit der **Manipulationsfreiheit** von Informationen aus.[129]

---

[123] Vgl. Stahlbock et al. (2020), S. 241.

[124] In Bezug auf die Nachprüfbarkeit der Vollständigkeit wird vorausgesetzt, dass bekannt ist, welche Informationen in welchem Umfang für eine spezifische Entscheidungsfindung durch einen Entscheidungsträger benötigt werden. Ausführlicher dazu s. Abschnitt 5.2.1.2.

[125] Je nach Konsensmechanismus kann die Irreversibilität der Speicherung erst nach einer gewissen Zeitspanne eintreten. S. dazu insb. die Argumentation in Bezug auf probabilistische Konsensmechanismen in den Abschnitten 3.2.4 und 5.2.2.3. Technisch gesehen kann eine Änderung je nach Konsensmechanismus möglich, jedoch sehr unwahrscheinlich und wirtschaftlich in der Regel nicht sinnvoll sein. Die meisten Konsensmechanismen verfügen entweder über hohe Sicherheitsmechanismen, die betrügerisches Verhalten verhindern, oder über Anreizmechanismen, die solches Verhalten verhindern sollen. Auf die Möglichkeit von 51 %-Attacken sei an dieser Stelle verwiesen, auf eine erneute Ausführung dieser Schwachstelle wird jedoch verzichtet.

[126] Vgl. Sunyaev (2020), S. 279; Ganne (2018), S. 115.

[127] Vgl. Sunyaev (2020), S. 280; Meier / Stormer (2018), S. 1142; Drescher (2017a), S. 123–124.

[128] Vgl. Pelzl (2019), S. 1127.

[129] An dieser Stelle sei erneut darauf hingewiesen, dass sich die Manipulationsfreiheit von Informationen ausschließlich auf eine nachträgliche Manipulation von Informationen

Die Funktionsweise von Konsensmechanismen, welche einen erheblichen Anteil an der Funktionsweise von Blockchain ausmachen, kann bei den meisten gängigen Konsensmechanismen im jeweils zugehörigen Whitepaper nachgelesen werden. Die Funktionsweise ist zudem im Protokoll einer jeden Blockchain definiert.[130] Für IT-Spezialisten, häufig auch für Mathematiker, können die Whitepaper und die Blockchain-Protokolle vermutlich verständlich und im Hinblick auf eine fehlerfreie Umsetzung und Funktionsfähigkeit hin nachprüfbar sein. Für alle anderen Entscheidungsträger, welche sich nicht bereits intensiv mit den technischen Aspekten von Blockchain auseinandergesetzt haben, gilt dies vermutlich nicht. Die Nachprüfbarkeit hinsichtlich der technisch fehlerfreien Funktionsweise und damit der fehlerfreien Generierung eines Outputs (hier: Informationen) durch Blockchain ist demnach eingeschränkt.

In Bezug auf die Fehlerfreiheit wurde jedoch bereits festgestellt, dass Blockchain einen positiven Beitrag zur fehlerfreien Beschaffung und Bereitstellung von Informationen liefern kann. Dafür wurden u. a. die Konsistenz und Ausfallsicherheit des Netzwerks sowie der hohe Grad der Fehlerüberprüfung in manchen Konsensmechanismen verantwortlich gemacht. Die Fehlertoleranz von Blockchain äußert sich in konsistenten Rückmeldungen des Netzwerks bei Abfragen an die Datenbank.[131] Eine Überprüfung hinsichtlich konsistenter Rückmeldungen des Netzwerks wäre möglich, wenn ein und dieselbe Abfrage mehrfach hintereinander in sehr kurzen Abständen oder von mehreren Knoten gleichzeitig ausgeführt werden würde.[132] Würde zu jedem Zeitpunkt und bei allen Knoten die gleiche Antwort der Blockchain erscheinen, könnte mit hinreichender Sicherheit von einer konsistenten und fehlerfreien Funktionsweise der Blockchain zu diesem Zeitpunkt ausgegangen werden.

Ein Ausfall der Blockchain würde Nutzern in der Regel direkt auffallen. Zwar wäre die Ursache für den Ausfall nicht zwangsläufig bekannt, aber eine

---

bezieht, sobald diese in der Blockchain gespeichert wurden. Die Manipulationsfreiheit von Informationen vor der Speicherung in der Blockchain kann mittels Blockchain nicht gewährleistet werden. Für eine ausführliche Argumentation s. Abschnitt 5.2.1.3.

[130] Vgl. Adam (2022), S. 27; Tasca / Tessone (2019), S. 5; Meinel / Gayvoronskaya / Schnjakin (2018), S. 44.

[131] Vgl. Hellwig / Karlic / Huchzermeier (2021), S. 59; Buterin (2017).

[132] Je größer die Abstände, desto größer ist die Wahrscheinlichkeit, dass sich Informationen tatsächlich und richtigerweise geändert haben und somit unterschiedliche Rückmeldungen generiert werden. Dies würde wiederum kein Hinweis auf Inkonsistenzen im Netzwerk darstellen.

Überprüfbarkeit hinsichtlich einer ausfallfreien und damit fehlerfreien Informationsbereitstellung des Netzwerks ist gegeben.[133]

Der Grad der Fehlerüberprüfung bei abstimmungsbasierten Konsensmechanismen lässt sich schwieriger nachprüfen. Wenn im Zuge der Konsensfindung fehlerhafte Informationen aufgedeckt werden, würden diese nicht gespeichert und validiert werden und somit kein Bestandteil der Blockchain sein. Über abgelehnte Transaktionen wird allerdings keine Dokumentation in der Blockchain angelegt. Die Nachprüfbarkeit hinsichtlich des hohen Grads der Fehlerüberprüfung ist damit beschränkt auf die Tatsache, dass bei bestimmten abstimmungsbasierten Konsensmechanismen wie Paxos mehrere Abstimmungsrunden zur Konsensfindung tatsächlich stattgefunden haben und der Möglichkeit, die gespeicherten Informationen jederzeit selbstständig erneut auf Fehler hin zu überprüfen.

Insgesamt ist auf Basis der vorangegangenen Argumentation dennoch davon auszugehen, dass Blockchain einen überwiegend positiven Einfluss auf die Nachprüfbarkeit der **Fehlerfreiheit** von Informationen leistet.

Da hinsichtlich der Nachprüfbarkeit von vollständigen, manipulationsfreien und fehlerfreien Informationen ein positiver Einfluss des Einsatzes von Blockchain festgestellt wurde, ist folglich der Einfluss von Blockchain auf die Anforderung der Nachprüfbarkeit von Informationen insgesamt positiv (s. Tabelle 5.12).

Tabelle 5.12 Ergebnis der Untersuchung des Einflusses von Blockchain auf die „Nachprüfbarkeit"[134]

Nachprüfbarkeit	Einflussnahme	Einflussrichtung	Einflussgrad
	ja	positiv	hoch

5.2.2.3 Zeitnähe

Die *Zeitnähe* ist eine unterstützende Anforderung, welche für die Entscheidungsunterstützung und Verhaltenssteuerung ein mittleres Bedeutungsgewicht hat. Sie ist in Tabelle 5.13 definiert.

---

[133] Vgl. Schollmeier (2002), S. 2.
[134] Eigene Darstellung.

Tabelle 5.13 Definition der unterstützenden Anforderung „Zeitnähe"[135]

Unterstützende Anforderung	
Zeitnähe	Zeitnähe wird dann erreicht, wenn die Informationen rechtzeitig zur Verfügung stehen, um eine Entscheidung beeinflussen zu können.

Entsprechend der Definition der Anforderung der Zeitnähe muss eine Information rechtzeitig zur Beeinflussung einer Entscheidung zur Verfügung stehen. Grundsätzlich muss dafür bekannt sein, wann eine Entscheidung getroffen wird, die durch eine bestimmte Information beeinflusst werden kann oder soll. Das ist in der Praxis oft ex ante nicht feststellbar. Allgemein lässt sich sagen, dass die Wahrscheinlichkeit einer rechtzeitigen Verfügbarkeit steigt, je schneller eine Information beschafft, aufbereitet und bereitgestellt werden kann. Jede Stellschraube, die zu einer Beschleunigung des Informationsbereitstellungsprozesses führt, kann sich positiv auf die Zeitnähe auswirken. Entsprechend führen Verzögerungen zu einer negativen Auswirkung auf die Zeitnähe. Entlang des Informationsprozesses mittels Blockchain lassen sich viele solcher Stellschrauben identifizieren, welche sich auf die Zeitnähe einer Information auswirken und nachfolgend diskutiert werden.

Die Verwendung einer privaten Blockchain begründet viele unterschiedliche Einflüsse auf die Zeitnähe über die Wahl des Konsensmechanismus und dessen Funktionsweise. Die Einflussfaktoren im Rahmen der Konsensfindung sind u. a. die Wahl eines deterministischen oder probabilistischen Konsensmechanismus, die Latenz der finalen Datenspeicherung, der Schwierigkeitsgrad des Konsensmechanismus, die Anzahl von Validierungsrunden, ein lokales oder globales Gossiping sowie die Erreichbarkeit der Knoten im Netzwerk.

Wie bereits in Abschnitt 3.2.4 dargestellt, lassen sich Konsensmechanismen in Bezug auf die Finalität der Datenspeicherung in deterministisch und probabilistisch unterscheiden. Bei **deterministischen Konsensmechanismen** gelten einmal in der Blockchain gespeicherte Informationen als final. Sie sind mit Sicherheit und endgültig in der Blockchain gespeichert. Eine Löschung der Daten gilt als nahezu ausgeschlossen.[136] Bei deterministischen Konsensmechanismen stehen die in der entsprechenden Blockchain gespeicherten Informationen unverzüglich zur Verfügung und können mit hoher Sicherheit weiterverwendet werden.[137]

---

[135] Wittköpper / Strathmann (2021), S. 17.

[136] Für die theoretischen Möglichkeiten einer nachträglichen Änderung der Daten s. auch S. 137–138.

[137] Vgl. Sunyaev (2020), S. 281; Tasca / Tessone (2019), S. 14–15.

Im Gegensatz dazu können Informationen, die durch einen **probabilistischen Konsensmechanismus** gespeichert wurden, zwar ebenfalls unverzüglich zur Verfügung stehen,[138] jedoch besteht hier das Risiko, dass diese Daten nicht endgültig in der Blockchain gespeichert werden und im weiteren Zeitablauf wieder entfernt werden. Mit zunehmender Zeitdauer steigt die Sicherheit in Bezug auf die Endgültigkeit der Speicherung der Information in der Blockchain an.[139] Entsprechend stehen diese Informationen zwar ebenfalls zeitnah zur Verfügung, sind jedoch zunächst weniger verlässlich. Es lässt sich argumentieren, dass Informationen, welche ein nicht vernachlässigbares Risiko des schnellen Verfalls mit sich bringen, im Regelfall nicht als fundierte Entscheidungsgrundlage angesehen werden können. Unter der Annahme, dass bis zu einem hinreichend sicheren Zustand der Finalität der Datenspeicherung gewartet wird, bis eine Information für entsprechende Entscheidungsprozesse einbezogen wird, muss festgehalten werden, dass probabilistische Konsensmechanismen die Dauer der Informationsbereitstellung verzögern und sich somit negativ auf die Anforderung der Zeitnähe auswirken. Viele der in privaten Blockchains gängigen Konsensmechanismen sind jedoch deterministisch und nicht probabilistisch.[140] Zudem wird bei den probabilistischen Konsensmechanismen, welche für private Blockchains infrage kommen, die Finalität innerhalb von ein paar Sekunden bis hin zu wenigen Minuten erreicht. Der Konsensmechanismus Proof-of-Elapsed-Time wird beispielsweise bei der privaten Blockchain Hyperledger Sawtooth verwendet.[141] Die Zeit bis zum Erreichen der Finalität variiert je nach Größe des Netzwerkes. Bei einer Anzahl von 20 teilnehmenden Knoten wird die Finalität nach ca. 35 Sekunden erreicht.[142] Der negative Einfluss auf die Zeitnähe hält sich für viele Entscheidungssituationen demnach in Grenzen.

Die **Latenz** eines Konsensmechanismus gibt an, ob die Kommunikation im Netzwerk synchron oder asynchron abläuft.[143] Bei Konsensmechanismen, welche über synchrone Kommunikationsprotokolle verfügen, werden Regeln definiert, welche Transaktionen und Anfragen an das Netzwerk automatisch

---

[138] Einschränkungen in Bezug auf die unmittelbare Verfügbarkeit von Informationen, welche in einem probabilistischen Konsensverfahren in der Blockchain gespeichert werden, können durch die Art der Verbreitung eines neuen Blocks im Netzwerk („Gossiping") entstehen. S. dazu Tasca / Tessone (2019), S. 13.

[139] Vgl. Sunyaev (2020), S. 281; Tasca / Tessone (2019), S. 14–15.

[140] Vgl. u. a. Bosamia / Patel (2020), S. 431; Sharma / Lal (2020), S. 12.

[141] Vgl. Wang et al. (2022), S. 1.

[142] Vgl. Hyperledger Performance and Scale Working Group (2018), S. 13.

[143] Vgl. Tasca / Tessone (2019), S. 14; Pass /Seeman / Shelat (2016), S. 1–3.

verwerfen, wenn der jeweilige Zeitstempel länger zurückliegt als es ein vorde-finierter Schwellenwert erlaubt. Dies führt dazu, dass beispielsweise in Zeiten hoher Netzwerkauslastung oder schlechter Internetverbindung möglicherweise Transaktionen und Anfragen aus dem Validierungsprozess rausfallen, da die Übermittlungszeit zu lang ist. Die betroffenen Transaktionen und Anfragen müss-ten erneut gesendet werden, um eine Chance zu erhalten, im Netzwerk wie gewünscht bearbeitet zu werden. Dadurch kann ein Validierungsprozess für spe-zifische Informationen in die Länge gezogen werden. Im Falle einer asynchronen Kommunikation wird zwar dem Problem, dass Anfragen aus Zeitgründen ver-worfen werden, umgangen. Dies führt jedoch dazu, dass Antwortzeiten des Netzwerkes unvorhersehbar lang sein können.[144] Sowohl bei synchronen als auch asynchronen Kommunikationsregeln eines Konsensmechanismus besteht dem-nach das Risiko einer verlangsamten Verarbeitungsdauer von Transaktionen oder anderweitigen Anfragen an das Netzwerk, weshalb die Latenz des Konsensme-chanismus zumindest potenziell negative Einflüsse auf die Erfüllung der Zeitnähe von Informationen ausüben kann.

In nachweisbasierten Konsensmechanismen wie dem Proof-of-Work kann der **Schwierigkeitsgrad** der Nachweiserbringung als Voraussetzung zur Block-validierung angepasst werden. Dies geschieht in der Regel mit Hinblick auf die vorhandene Rechenleistung im Netzwerk. Durch eine stetige Anpassung soll gewährleistet werden, dass die Transaktionsvalidierungsraten einer ungefähr gleichbleibenden Taktung folgen. Würde diese Anpassung des Schwierigkeits-grads ausbleiben oder nicht schnell genug erfolgen, so würden Transaktionen bei steigender Rechenleistung im Netzwerk wahrscheinlich schneller und bei sinkender Rechenleistung wahrscheinlich langsamer validiert werden.

Insbesondere am Beispiel von Bitcoin, welches auf den ressourceninten-siven Konsensmechanismus Proof-of-Work setzt, lässt sich das Dilemma der hohen Sicherheitsansprüche zu Lasten der Perfomance des Systems anschau-lich darstellen.[145] So kann es vom Zeitpunkt der Transaktionsanfrage an das Bitcoin-Netzwerk bis zur finalen und unumkehrbaren Transaktionsabwicklung mitunter 30 Minuten dauern. Vor allem im Vergleich zu typischen Kreditkar-tentransaktionen ist dies sehr lang.[146] Nicht nur in Bezug auf die Verarbei-tungsgeschwindigkeit, sondern auch in Bezug auf die Transaktionsraten kann Bitcoin nicht mit Zahlungsdienstleitern wie MasterCard oder VISA mithalten.

---

[144] Vgl. Tasca / Tessone (2019), S. 14.

[145] Vgl. Drescher (2017a), S. 225–227.

[146] Vgl. Hellwig / Karlic / Huchzermeier (2021), S. 67–68.

In privaten Blockchain-Anwendungen werden u. a. aus diesem Grund Konsensmechanismen verwendet, welche zwar Abstriche in Bezug auf Sicherheitsaspekte mitbringen, jedoch zu einer deutlich höheren Performance beitragen. In einer Studie von Wu / Song / Wang (2020) wurden die Transaktionsraten der Konsensmechanismen PoW, PoS, PBFT und Raft über einen Erhebungszeitraum von drei Monaten in unterschiedlichen Netzwerken miteinander vergleichen. Im Durchschnitt konnten mit PoW 6 Transaktionen pro Sekunde (TpS), mit PoS 50,76 TpS, mit PBFT 1.122,56 TpS und mit Raft 1.694,59 TpS durchgeführt werden. Die in privaten Netzwerken verwendeten PFBT und Raft ermöglichten in dieser Studie also mindestens eine 23-fache Transaktionsrate (PBFT vs. PoS) bis hin zur über 300-fachen Transaktionsrate (Raft vs. PoW) im Vergleich zu den in öffentlichen Netzwerken verwendeten PoW und PoS Konsensmechanismen.[147] VISA hingegen kann mehr als 10.000 Transaktionen pro Sekunde abwickeln.[148] Doch die Entwicklung von Konsensmechanismen für Blockchain-Anwendungen schreitet voran. So kündigte beispielsweise Neo, eine Blockchain mit dem Ziel der „Smart Economy", an, dass ihr Netzwerk mit dem Konsensmechanismus Delegated Byzantine Fault Tolerance (dBFT) das Potenzial bietet, ca. 10.000 Transaktionen pro Sekunde abzuwickeln und damit das Niveau von bspw. VISA erreichen kann.[149]

In abstimmungsbasierten Konsensmechanismen sind eine oder mehrere **Abstimmungsrunden** erforderlich, um einen Konsens zu finden. In Raft ist beispielsweise nur eine Abstimmungsrunde erforderlich, um einen Konsens zu finden.[150] Paxos hingegen ist so konzipiert, dass mehrere Abstimmungsrunden notwendig sind.[151] Je mehr Abstimmungsrunden erfolgen, desto länger dauert die Konsensfindung und desto später stehen die Informationen in der Blockchain zur Verfügung.

Die Auflistung der Einflüsse des Konsensmechanismus und der Konfiguration einzelner Komponenten der Blockchain erhebt an dieser Stelle keinen Anspruch auf Vollständigkeit. Die vorangegangene Diskussion soll vielmehr aufzeigen, welche Arten von Einflüssen möglich sind. Gleichermaßen soll das Bild vermittelt werden, dass viele Stellschrauben in unterschiedliche Richtungen einen Einfluss

---

[147] Vgl. Wu / Song / Wang (2020), S. 8–11. In Bezug auf PBFT muss darauf hingewiesen werden, dass die Transaktionsraten mit steigender Teilnehmerzahl im Netzwerk jedoch sinken. Vgl. dazu Wu / Song / Wang (2020), S. 11.

[148] Vgl. Adam (2022), S. 32; Baliga (2020), S. 8.

[149] Vgl. Neo (2020).

[150] Vgl. Nguyen / Kim (2018), S. 120; Howard (2014), S. 50.

[151] Vgl. Ongaro / Ousterhout (2014), S. 306–307.

auf die Zeitnähe ausüben. Grundsätzlich lässt sich festhalten, dass die Einflüsse auf die Zeitnähe sehr stark von der Wahl des Konsensmechanismus abhängen. Allerdings ist den derzeit verbreiteten Blockchain-Netzwerken gemein, dass sie langsamer als herkömmliche Datenbanksysteme sind. Daher muss in Bezug auf den Teilaspekt der Konsensmechanismen von einem tendenziell negativen Einfluss ausgegangen werden.

Allerdings gibt es noch andere Einflussfaktoren neben den Konsensmechanismen, welche einen Einfluss auf die Zeitnähe ausüben können. Dies sind insbesondere **Smart Contracts** und das damit verbundene Automatisierungspotenzial, welches zu einer Beschleunigung des Informationsprozesses führen kann.[152] An dieser Stelle sei noch einmal auf die bereits angeführten Beispiele zur automatisierten Datengenerierung und Informationsbeschaffung mittels Smart Contracts in Abschnitt 5.1 sowie im Rahmen der Diskussion um die Anforderungen der Vollständigkeit (Abschnitt 5.2.1.2) und Fehlerfreiheit (Abschnitt 5.2.1.4) verwiesen. Die automatisierte Generierung und Speicherung von automatisiert abgewickelten Transaktionen macht eine manuelle Interaktion obsolet, was sich wiederum beschleunigend auf den Informationsprozess auswirkt.

Auch im Zuge der Verarbeitung von Informationen können Smart Contracts zur beschleunigten Verarbeitung eingesetzt werden. Allerdings betrifft dies nur solche Fälle, die sich auch im Vorfeld eindeutig als Bedingung und Aktion in den Code eines Smart Contracts schreiben lassen. Denkbar wären automatisierte Standardberichte mit einer standardisierten Datengrundlage. Für Ad-hoc-Berichte mit einer heterogenen Datenbasis könnten die Anwendungsfälle schnell zu komplex für sinnvolle Smart Contract-Lösungen werden. Die Bereitstellung der Berichte über eine Blockchain-Anwendung ließe sich ebenfalls automatisiert mit Smart Contracts durchführen und somit beschleunigen.

Den Automatisierungspotenzialen stehen jedoch auch Herausforderungen im Umgang mit Smart Contracts gegenüber. Ein Smart Contract benötigt klar definierte Bedingungen, wann er aktiviert werden soll und ebenfalls klar definierte Aktionen, die er nach Erfüllung der Bedingungen durchführen soll.[153] Je komplexer die Sachverhalte sind, desto komplexer wird die Programmierung des oder der Smart Contracts. Ein komplexer Sachverhalt wird deutlich mehr Zeit in Anspruch nehmen, um ihn in einen funktionierenden Code einzubetten. Die Testung des Codes für komplexe Fälle dauert ebenfalls länger als bei einfachen

---

[152] Vgl. Wilkens / Falk (2019), S. 9; Rentrop (2017); Scherk / Pöchhacker-Tröscher (2017), S. 27; Kaulartz / Heckmann (2016), S. 618.
[153] Vgl. Rauscher / Cupic (2018), S. 9–10.

Sachverhalten. Ein Smart Contact kann zudem bei sich ändernden Rahmenbedingungen nicht einfach angepasst werden, oft muss ein vollständig überarbeiteter Code implementiert werden.[154] Die Programmierung, Testung und Implementierung von Smart Contracts kann je nach Sachverhalt einen großen Zeitaufwand verursachen, welcher sich (zumindest kurzfristig) negativ auf die Zeitnähe und im Extremfall sogar auf die grundsätzliche Verfügbarkeit auswirken können.

Ähnliche Möglichkeiten der schnelleren Informationsgenerierung und -speicherung lassen sich auch durch die Anbindung einer Blockchain an das **Internet of Things** feststellen.[155] Hierbei dürften die Nutzungspotenziale zwar langlebiger sein, allerdings beschränken sie sich im Wesentlichen auf die Beschaffung und Speicherung von Informationen. Die Informationsaufbereitung und -bereitstellung kann anschließend jedoch mit den bereits geschilderten Möglichkeiten von Smart Contracts weitergeführt werden.

Blockchain in Verbindung mit Smart Contracts oder einer Anbindung an das IoT bieten Möglichkeiten der automatisierten und damit schnelleren Beschaffung und Speicherung von Informationen. Durch Smart Contracts können zudem die Verarbeitung und Weitergabe von Informationen automatisiert werden. Ob ein Unternehmen von diesen Potenzialen Gebrauch machen kann, hängt jedoch vom Geschäftsmodell sowie spezifischen Prozessen im Unternehmen ab. Die Verzögerungen, die mit der Implementierung solcher Lösungen einher gehen, müssen stets berücksichtigt werden. Diesen Potenzialen stehen die unterschiedlich starken, negativen Einflüsse der Konsensmechanismen auf die Erfüllung der Anforderung der Zeitnähe von Informationen gegenüber. Die Unterschiede in Bezug auf die Datenverarbeitungsgeschwindigkeiten von bekannten Konsensmechanismen sind erheblich. Es kommen immer neue Mechanismen auf den Markt, welche sich auch in Bezug auf die Geschwindigkeit der Konsensfindung verbessern. Allerdings ist derzeit noch kein Konsensmechanismus erprobt, der die Verarbeitungsgeschwindigkeiten traditioneller Datenbanksysteme konstant und verlässlich erreichen kann. Trotz der Automatisierungspotenziale muss daher insgesamt von einem in den meisten Fällen negativen Einfluss des Einsatzes von Blockchain auf die Erfüllung der Anforderung der Zeitnähe ausgegangen werden (s. Tabelle 5.14).[156]

---

[154] Vgl. Wilkens / Falk (2019), S. 12; Scherk / Pöchhacker-Tröscher (2017), S. 27.

[155] S. dazu auch die Beispiele und Ausführungen in den Abschnitten 5.1, 5.2.1.2 und 5.2.1.4.

[156] Diese Einschätzung beruht u. a. darauf, dass ein Konsensmechanismus in jedem Anwendungsfall von Blockchain und dabei bei jeder Transaktionsabwicklung über die Blockchain involviert ist, während die Automatisierungspotenziale nur für ausgewählte Fälle zum Tragen kommen und dabei zunächst die unterschiedlich lang anfallenden Konzeptions- und Implementierungszeiten aufwiegen muss.

Tabelle 5.14 Ergebnis der Untersuchung des Einflusses von Blockchain auf die „Zeitnähe"[157]

Zeitnähe	Einflussnahme	Einflussrichtung	Einflussgrad
	ja	überwiegend negativ	eher gering[158]

5.2.2.4 Verständlichkeit

Die *Verständlichkeit* ist eine unterstützende Anforderung, welche für die Entscheidungsunterstützung und Verhaltenssteuerung ein mittleres Bedeutungsgewicht hat. Sie ist in Tabelle 5.15 definiert.

Tabelle 5.15 Definition der unterstützenden Anforderung „Verständlichkeit"[159]

Unterstützende Anforderung	
Verständlichkeit	Eine Information ist dann verständlich, wenn sie vom Entscheidungsträger ohne größere Anstrengung korrekt begriffen wird.

Im Vordergrund der Definition steht das korrekte Begreifen einer Information durch einen Entscheidungsträger. Das Verständnis des Entscheidungsträgers hängt u. a. von dessen Kompetenzen und Erfahrungen ab, welche stets individuell zu beurteilen sind und daher an dieser Stelle nicht weiter untersucht werden. Stattdessen wird davon ausgegangen, dass ein Entscheidungsträger grundsätzlich die notwendigen Kompetenzen besitzt und sich sorgfältig und gewissenhaft mit den bereitgestellten Informationen befasst, um diese korrekt zu begreifen.

Somit bleibt die Frage offen, ob die Blockchain-Technologie zu einer besseren Verständlichkeit der Information beitragen kann. Anhand der Definition dieser Anforderung lassen sich zunächst keine direkten Einflusspotenziale von Blockchain erkennen. Somit lohnt sich ein Blick in die weiteren Ausführungen zur Anforderung aus Abschnitt 4.1.3. Demnach „sollen die Informationen den Entscheidungsträgern durch klares, prägnantes Klassifizieren, Charakterisieren und Präsentieren verständlich gemacht werden."[160] Das Klassifizieren,

---

[157] Eigene Darstellung.

[158] Starke Abhängigkeit vom verwendeten Konsensmechanismus und Verwendungszweck. Unternehmensinterne Anwendungsfälle mit moderatem Transaktionsaufkommen und deterministischem Konsensmechanismus gehen im Regelfall nur mit einer geringfügig langsameren Transaktionsverarbeitungsgeschwindigkeit einher als herkömmliche Datenbanksysteme.

[159] Wittköpper / Strathmann (2021), S. 17.

[160] Abschnitt 4.1.3, S. 113.

Charakterisieren und Präsentieren von Informationen erfolgt vordergründig durch menschliches Zutun im Rahmen der Informationsaufbereitungsphase. Wenngleich Informationen mittels Blockchain den Entscheidungsträgern zur Verfügung gestellt und präsentiert werden können, so ist von der Technologie nicht zu erwarten, dass diese eine Präsentation der Informationen vornehmen kann, die zu einer leichteren Verständlichkeit führt. Eine Klassifizierung und Charakterisierung von Informationen kann auch ohne menschliches Zutun erreicht werden. Dazu werden allerdings beispielsweise regelbasierte Algorithmen benötigt, welche je nach Art und Umfang der Informationsbasis höhere Anforderungen erfüllen müssen. Dazu könnten Techniken des Maschinellen Lernens oder der Künstlichen Intelligenz eingesetzt werden.[161] Diese Technologien sind jedoch strikt von Blockchain zu trennen. Blockchain kann somit keine unmittelbare Klassifizierung oder Charakterisierung von Informationen durchführen.

Man könnte argumentieren, dass auch das System, welches die Informationen bereitstellt (hier: Blockchain), die Anforderung der Verständlichkeit erfüllen muss. Ein Entscheidungsträger wird „ohne größere Anstrengung" oder technisches Know-How der Technologie im Regelfall kein tiefergehendes Verständnis der Funktionsweise und Prinzipien der Blockchain-Technologie besitzen und somit nicht im Detail nachvollziehen können, weshalb Informationen in der Blockchain bspw. quasi nicht-manipulierbar sind. Diese Argumentation führt allerdings weg von der Definition der Anforderung „Verständlichkeit" im engeren Sinne, da diese die Verständlichkeit der Information als solche adressiert und nicht an die zugrunde gelegten technischen Systeme zur Speicherung und Bereitstellung der Information gerichtet ist.

Somit bleibt festzuhalten, dass auf Basis der vorangegangenen Diskussion kein Einfluss der Blockchain-Technologie auf die Erfüllung der Anforderung der *Verständlichkeit* von Informationen erkennbar ist (s. Tabelle 5.16).

Tabelle 5.16 Ergebnis der Untersuchung des Einflusses von Blockchain auf die „Verständlichkeit"[162]

Verständlichkeit	Einflussnahme	Einflussrichtung	Einflussgrad
	nein	–	–

---

[161] Vgl. Vorndran (2024), S. 141; Schäffer / Plank (2021), S. 22; Gunning et al. (2019), S. 2.
[162] Eigene Darstellung.

5.2.3   Nebenbedingungen

5.2.3.1   Wirtschaftlichkeit

Die *Wirtschaftlichkeit* ist eine Nebenbedingung. Sie ist in Tabelle 5.17 definiert.

Tabelle 5.17 Definition der Nebenbedingung „Wirtschaftlichkeit"[163]

Nebenbedingung	
Wirtschaftlichkeit	Die Nebenbedingung der Wirtschaftlichkeit formuliert, dass die Kosten der Information durch deren Nutzen gerechtfertigt werden.

Die Quantifizierung des entstehenden Nutzens einer Information sowie der zur Beschaffung, Aufbereitung und Bereitstellung von Informationen erforderlichen Kosten im Rahmen der Verwendung von Blockchain für das Controlling muss stets im konkreten Einzelfall vorgenommen werden. Doch selbst bei Betrachtung eines konkreten Anwendungsfalls ist die Quantifizierung der Kosten und des Nutzens herausfordernd. Die folgenden Ausführungen fokussieren sich daher insbesondere auf alle zu berücksichtigenden Kostentreiber und die Nutzungspotenziale durch die Verwendung von Blockchain in abstrahierter Form.

Der Nutzen einer Information spiegelt sich in ihrer Bedeutung für eine Entscheidung oder zur Bewältigung einer Aufgabe wider. Generell steigert sich die Nützlichkeit einer Information durch die Erfüllung der an sie gestellten Anforderungen. Der Einfluss von Blockchain auf den Nutzen einer Information kann daher durch den Einfluss von Blockchain auf die vorangehend untersuchten grundlegenden und unterstützenden Anforderungen näher bestimmt werden. Demnach kann Blockchain den Nutzen einer Information durch den potenziell positiven Einfluss auf die Anforderungen der Vollständigkeit, Manipulationsfreiheit, Fehlerfreiheit und Nachprüfbarkeit erhöhen. Durch einen tendenziell negativen Einfluss auf die Zeitnähe kann der Nutzen jedoch wiederum sinken. Die ausbleibenden Einflüsse auf die Relevanz, Vergleichbarkeit und Verständlichkeit von Informationen spielen für die Bewertung der Veränderung des Nutzens durch die Verwendung von Blockchain hingegen keine Rolle. Hervorzuheben sind dabei insbesondere die möglichen Automatisierungspotenziale, der Wert von potenziell nur durch Blockchain entstehenden oder beschaffbaren Informationen sowie die Wichtigkeit von verlässlichen Informationen im Sinne der Manipulations- und Fehlerfreiheit. Aus den Automatisierungspotenzialen lassen sich zudem potenziell weitere Nutzen bspw. durch freiwerdende personelle Kapazitäten realisieren.

---

[163] Wittköpper / Strathmann (2021), S. 17.

Die Kosten einer Information werden maßgeblich durch die Kosten, welche durch deren Beschaffung, Verarbeitung und Bereitstellung entstehen, bestimmt. Um den Einfluss von Blockchain auf die Kosten einer Information zu untersuchen, müssen folglich auch die Kosten der Implementierung und Nutzung von Blockchain selbst in die Betrachtung mit einbezogen werden sowie der Einfluss von Blockchain auf die Kosten der involvierten Informationsprozesse.

Bei der Verwendung einer privaten Blockchain tritt das Unternehmen nicht nur als Teilnehmer im Netzwerk auf. Das Unternehmen ist für die Programmierung, Implementierung und Aufrechterhaltung der privaten Blockchain verantwortlich. Dabei kann das Unternehmen auf eigens entwickelte Lösungen bauen oder auf bestehende Infrastruktur zurückgreifen und für diese eigene Zwecke modifizieren. Letzteres ist als Blockchain-as-a-Service (BaaS) bekannt.[164] Derzeit bieten verschiedene Software-Unternehmen BaaS-Lösungen an.[165] Im Folgenden werden die möglichen Kostentreiber im Rahmen der Nutzung einer privaten Blockchain ohne Nutzung von BaaS-Lösungen dargelegt.[166]

Bevor eine private Blockchain zur Beschaffung, Verarbeitung und Bereitstellung von Informationen genutzt werden kann, muss sie, so wie andere Anwendungen auch, geplant, programmiert, getestet, implementiert und integriert werden. Im Zuge der Planung fallen insbesondere zuzurechnende Personalkosten an, welche durch die allgemeine Recherche über Blockchain-Lösungen, den Entscheidungsfindungsprozess zur Nutzung einer privaten Blockchain und die Wahl des richtigen Konsensmechanismus, interne Abstimmungsrunden, Durchführung einer Wirtschaftlichkeitsanalyse, ggfs. Klärung der Finanzierung etc. anfallen. Sofern die interne Entwicklung einer privaten Blockchain entschieden ist, fallen Kosten der Programmierung an. Dafür muss das Unternehmen über

---

[164] BaaS ermöglicht den Unternehmen, Cloud-basierte Lösungen von Drittanbietern zu nutzen, um ihre eigenen Blockchain-Anwendungen und damit verbundene Funktionen auf der Blockchain zu erstellen, zu hosten und zu betreiben. Gleichzeitig hält der Cloud-basierte Drittanbieter die Infrastruktur flexibel und betriebsbereit. Vgl. Frankenfield (2021).

[165] Namhafte Anbieter von BaaS sind beispielsweise Microsoft mit der Plattform Microsoft Azure oder Amazon Web Services (AWS) mit Amazon Managed Blockchain. Vgl. Gray (2015) bzw. AWS (2019).

[166] Auf eine ausführliche Einführung und Betrachtung von BaaS-Lösungen wird im Rahmen dieser Arbeit daher verzichtet. Für eine systematische Übersicht und Würdigung unterschiedlicher BaaS-Anwendungsmöglichkeiten und -Anbieter s. bspw. Li et al. (2020), S. 1–17. Falls ein Unternehmen auf BaaS zurückgreift, können manche der nachfolgend angeführten Kostenreiber wegfallen oder stärker bzw. schwächer ins Gewicht fallen oder es können neue Kosten wie Lizenzgebühren entstehen. Für Vor- und Nachteile von BaaS-Anwendungen s. Li et al. (2020), S. 7–11, 14.

geeignete Mitarbeiter verfügen, die eine private Blockchain programmieren können. Andernfalls entfallen Ausbildungskosten oder die Programmierung muss ausgesourct werden.[167] Während der Programmierung, Testung und Implementierung fallen größtenteils Personalkosten an. Zudem müssen Serverkapazitäten bereitgestellt werden, auf denen die private Blockchain laufen soll. Die Implementierung und Integration von Technologien in die bestehende IT-Infrastruktur kann für viele Unternehmen, insbesondere große Unternehmen mit einer Vielzahl involvierter Prozesse und Systeme, eine riesige Herausforderung sein. Die benötigten Ressourcen dürfen dafür nicht unterschätzt werden. Weiterhin sind während des gesamten Prozesses mögliche Beratungskosten zu berücksichtigen.

Wenn ein Unternehmen über die private Blockchain Smart Contracts laufen lassen möchte, müssen für die Programmierung, Testung und Implementierung von jedem Smart Contract ebenfalls genügend Ressourcen bereitgestellt werden, die auf der Kostenseite der Wirtschaftlichkeitsberechnung berücksichtigt werden müssen.

Zur Nutzung mancher Blockchains kann jedoch bestimmte Hardware erforderlich sein, die gegebenenfalls beschafft werden muss.[168] Zudem kann es erforderlich sein, spezielle Software zu installieren. Welche Software benötigt wird, hängt von der geplanten Nutzung der Blockchain sowie dem konkreten Netzwerk, welchem das Unternehmen beitreten möchte, ab. Möchte ein Unternehmen Kryptowährungen verwenden, so benötigt es eine Wallet-Software, für welche es verschiedene, kostenlose Anbieter gibt.[169] Um die gesamte Transaktionshistorie einer Blockchain einsehen zu können oder darüber Smart Contracts abzuwickeln, kann zudem spezielle, oft kostenlose Software notwendig sein.[170]

---

[167] In diesem Fall stellt sich allerdings die Frage, ob für das Unternehmen nicht doch eine BaaS-Lösung geeignet wäre.

[168] Dies betrifft beispielsweise Blockchains, welche den Konsensmechanismus Proof-of-Elapsed-Time (PoET) nutzen. Vgl. Hellwig / Karlic / Huchzermeier (2021), S. 74.

[169] Für eine Übersicht unterschiedlicher Anbieter für Wallets sowie deren Sicherheitsfunktionen, s. Wimmer (2023).

[170] Für Bitcoin gibt es bspw. die Software Bitcoin-Core. Diese ermöglicht den Zugang zur vollständigen Transaktionshistorie. Gleichzeitig kann sie als Wallet genutzt werden. Vgl. Bitcoin Core (2023) Ethereum gibt es verschiedene vergleichbare Software. Eine davon ist Geth (Kurzform für Go-Ethereum). Die Installation von Geth ermöglicht zudem die Nutzung von Smart Contracts, welche über Ethereum ausgeführt werden. Vgl. The go-ethereum Authors (2023).

Bei der Durchführung von Transkationen auf einer Blockchain fallen Transaktionsgebühren an, welche sich je nach Blockchain-Netzwerk unterscheiden und zudem starken Schwankungen im Zeitablauf unterliegen.[171]

Nach erfolgreicher Implementierung der privaten Blockchain und ggfs. von Smart Contracts fallen laufende Kosten an. Dazu zählen Energiekosten, Serverkosten, Kosten für benötigten Speicherplatz sowie Aus- und Weiterbildungskosten für Personal, welches mit der Verwaltung der Blockchain beauftragt wird oder Mitarbeiter, welche Blockchain als Anwendung nutzen. Weiterhin fallen Kosten für die Verwaltung der Blockchain an. Neben der technischen Verwaltung betrifft dies die Festlegung, Einhaltung und Überprüfung der Regeln, die der Blockchain zugrunde liegen, die Teilnehmer- und damit die Rechteverwaltung sowie die laufende Durchführung des Konsensmechanismus zur Transaktionsvalidierung.

Die Höhe der einzelnen Kostenbestandteile hängt von einer Vielzahl an Faktoren ab. Die genaue Höhe der zu erwartenden Kosten muss jedes Unternehmen im Einzelfall für jeden möglichen Blockchain-Anwendungsfall kalkulieren. Die in diesem Abschnitt angeführten möglichen Kostentreiber sollten dabei jedoch stets berücksichtigt werden. Die Beschaffung, Aufbereitung und Bereitstellung von Informationen über eine private Blockchain verursachen Kosten, welche größtenteils den oben geschilderten, laufenden Kosten entsprechen.

Die Entwicklungen rund um die Blockchain-Technologie schreiten voran. Wie auch bei anderen Technologien kann davon ausgegangen werden, dass sich die Kosten der Nutzung in den nächsten Jahren schnell reduzieren werden. Die „Digital Laws" besagen, dass sich die Kosten für die Verarbeitung digitaler Informationen alle 18 Monate halbieren (Moore's Law), sich die Kosten für die Speicherung digitaler Informationen alle zwölf Monate halbieren (Kryder's Law) und sich die Kosten für den Transfer digitaler Informationen alle 24 Monate halbieren (Nielsen's Law).[172] Dies dürfte zwar auch der Nutzung von Blockchain zu Gute kommen, betrifft aber grundsätzlich jeden Aspekt der digitalen Speicherung, Verarbeitung und Verbreitung von Informationen.

In die Betrachtung der Wirtschaftlichkeit müssen auch Aspekte einbezogen werden, wie die durch Blockchain beeinflusste Prozesseffizienz, Vorteile der Automatisierung über Smart Contracts inkl. dem Freiwerden von Personal, welches für andere Aufgaben eingesetzt werden kann, und die Ausfallsicherheit des Systems, welche vor Datenverlust und Netzwerkausfällen schützt.

---

[171] Für eine exemplarische Übersicht der Entwicklung der Transaktionsgebühren ausgewählter Kryptowährungen im Zeitraum Januar 2018 bis März 2019 s. Mendoza-Tello et al. (2019), S. 199. Für eine Erklärung der Kostenstruktur von Transaktionsgebühren unterschiedlicher Blockchain-Netzwerke s. Cakirkaya (2023).

[172] Vgl. Davidson / de Filippi / Potts (2016), S. 3; Satell (2011).

Durch den erhöhten Schutz gegen Manipulationen können Kosten in der Fraud-Prävention und -Bekämpfung möglicherweise reduziert werden. Zudem können Kosten, die durch Schäden von Betrug oder Netzwerkproblemen entstehen, eingespart werden. Ob die Implementierung von Blockchain zusätzlich zu anderen Datenbank-Technologien sinnvoll ist oder diese (teilweise) ersetzen soll, muss darüber hinaus berücksichtigt und individuell je nach konkretem Nutzungszweck entschieden werden.

Zusammenfassend lässt sich demnach feststellen, dass die Verwendung von privaten Blockchains die Wirtschaftlichkeit erheblich beeinflusst. Ob die relevanten Kosten den Nutzen in einem konkreten Fall rechtfertigen, so wie es die Wirtschaftlichkeit fordert, kann jedoch nur in einer Einzelfallbetrachtung beantwortet werden.

5.2.3.2 Verfügbarkeit

Die *Verfügbarkeit* ist eine Nebenbedingung. Sie ist in Tabelle 5.18 definiert.

Tabelle 5.18 Definition der Nebenbedingung „Verfügbarkeit"[173]

Nebenbedingung	
Verfügbarkeit	Die Nebenbedingung der Verfügbarkeit formuliert, dass sowohl die zu verarbeitenden als auch die verarbeiteten Informationen im Sinne des Zugriffs abrufbar sind.

Die Erfüllung aller grundlegenden und unterstützenden Anforderungen an Informationen resultiert in keinem Nutzen, wenn dieselben Informationen für eine Entscheidungsfindung nicht zur Verfügung stehen. Daher fordert die Nebenbedingung der Verfügbarkeit, dass die Information im Sinne des Zugriffs abrufbar sein muss. Dies bezieht sich sowohl auf verarbeitete Informationen als auch solche, die verarbeitet werden sollen. Diese Unterscheidung ist mit Blick auf die Verwendung der Information wichtig, da diesbezüglich auch zwischen Informationsersteller und Informationsverwender unterschieden werden muss.[174] Wenngleich diese Unterscheidung mit Hinblick auf Implikationen der (Nicht-)Verfügbarkeit von Informationen für eine konkrete Entscheidungssituation von wesentlicher Bedeutung ist, so kann auf die Unterscheidung an dieser Stelle zunächst verzichtet werden. Denn für eine Untersuchung des Einflusses der Blockchain-Technologie auf die Erfüllung der Nebenbedingung der Verfügbarkeit ist es irrelevant, ob eine

---

[173] Wittköpper / Strathmann (2021), S. 17.

[174] S. dazu auch Abschnitt 4.1.3.

Information verarbeitet wurde oder zu verarbeiten ist. Entscheidend ist zunächst nur, ob diese Information in der Blockchain gespeichert wurde. Auf eine Information, welche nicht in der Blockchain gespeichert wurde, kann durch Blockchain auch kein Einfluss genommen werden und somit auch keine Auswirkungen auf die Verfügbarkeit festgestellt werden.

Die nachfolgenden Argumente beziehen sich ausschließlich auf Informationen, welche tatsächlich in einer Blockchain gespeichert wurden. Die Frage nach der Verfügbarkeit der Informationen in einer Blockchain hängt vordergründig von zwei Faktoren ab: Den Zugriffsberechtigungen eines Nutzers in der Blockchain einerseits und der grundsätzlichen, technisch bedingten Abrufbarkeit der Information aus dem System andererseits.

Die Zugriffsberechtigungen eines Nutzers werden je nach Blockchain-Netzwerk unterschiedlich vergeben.[175] In privaten Blockchains kann das Unternehmen, welches die Blockchain betreibt, in Form der berechtigten Administratoren des Netzwerkes frei entscheiden, welcher Nutzer der Blockchain welche Zugriffsrechte erhält.[176] Demnach kann je Nutzer oder Nutzergruppe die Verfügbarkeit von Informationen individuell eingeschränkt oder ermöglicht werden.[177] Zwar sind demnach Einschränkungen bei der Nebenbedingung der Verfügbarkeit von Informationen durch die Verwendung einer privaten Blockchain möglich. Da diese jedoch (bei korrekter Rechtevergabe) im Sinne des Unternehmens sind oder andernfalls die Zugriffsbeschränkungen einfach aufgehoben werden könnten, kann Blockchain bis hierhin grundsätzlich das Potenzial eines positiven Einflusses auf die Verfügbarkeit von Informationen zugeschrieben werden.

Doch selbst wenn ein Nutzer über die notwendigen Leseberechtigungen verfügt, die ihm den Zugriff auf Informationen ermöglicht, kann die Verfügbarkeit der Information aus anderen technischen Gründen bei einer Verwendung durch Blockchain beeinträchtigt sein. Daher muss neben den Zugriffsberechtigungen auch die Verfügbarkeit von in Blockchain gespeicherten Informationen in Bezug auf die technischen Voraussetzungen hin untersucht werden. Grundsätzlich gelten P2P-Netzwerke wie die Blockchain als ausfallsicher, was eine stete Verfügbarkeit und Zuverlässigkeit des Netzwerkers zur Folge hat. Demnach kann ein Nutzer auf die korrekte Funktionsfähigkeit des Netzwerkes vertrauen, selbst wenn

---

[175] Vgl. Kunde et al. (2017), S. 9; Mattila (2016), S. 8–9; Schlatt et al. (2016), S. 11.

[176] Vgl. Urban (2020), S. 22; Buterin (2015).

[177] Vgl. Garg (2023), S. 31.

einzelne Knoten des Netzwerkes ausfallen.[178] Die Verfügbarkeit der aktuellen, synchronisierten Informationen ist dabei weiterhin gewährleistet.[179] Allerdings gilt dies nur, sofern der Knoten des Nutzers (in der Regel der eigene Computer, der Laptop, das Smartphone oder ein sonstiges internetfähiges Endgerät, welches den Zugang zur Blockchain ermöglicht) nicht selbst vom Ausfall betroffen ist. Zu einem Ausfall können Hardware-Probleme wie ein defektes Endgerät oder Software-Probleme führen. Darunter zählt auch eine unterbrochene Internetverbindung. Eine intakte Internetverbindung wird vorausgesetzt, um mit Sicherheit auf den aktuellen, synchronisierten Datenbestand zugreifen zu können, über den im Netzwerk ein Konsens herrscht. Im Falle eines (kurzzeitigen) Ausfalls der Internetverbindung kann ein Nutzer im Blockchain-Netzwerk weiterhin auf die auf seinem Rechner zuletzt lokal gespeicherte Kopie und die daran gespeicherten Informationen zugreifen. Je länger jedoch eine Synchronisierung mit dem Netzwerk ausbleibt, desto wahrscheinlicher wird ein veralteter Datenbestand, was sich einerseits auf die Anforderung der Zeitnähe (s. Abschnitt 5.2.2.3) auswirkt, andererseits auch zu einer Nicht-Verfügbarkeit neu-gespeicherter Informationen führen kann.

Eine funktionsfähige, zuverlässige und sichere Internetanbindung ist heutzutage allerdings in den meisten Fällen, welche eine digitale Arbeitsweise beinhalten, eine notwendige Grundvoraussetzung. Dies ist kein spezifisches Problem, welches durch die Nutzung einer Blockchain entsteht, gleichwohl aber auch die Nutzung von Blockchain betrifft. Demnach lässt sich insgesamt festhalten, dass zwar eine Abhängigkeit zur intakten Internetverbindung mit der Nutzung einer Blockchain einhergeht, andernfalls jedoch keine Blockchain-spezifischen Einschränkungen im Rahmen der Nebenbedingung der Verfügbarkeit von Informationen zu erwarten sind. Im Gegenteil: Insbesondere die hohe Ausfallsicherheit eines Blockchain-Netzwerkes trägt zur Erfüllung der Verfügbarkeit bei.

5.2.4 Zwischenfazit

In den vorangegangen Abschnitten wurde der Einfluss der Verwendung von Blockchain auf die Erfüllung der Anforderungen an Informationen im Rahmen

---

[178] Die Ausfallsicherheit steigt mit der Anzahl der Teilnehmer im Netzwerk und der dadurch steigenden Zahl lokaler Replikationen des verteilten Datenbestands der Blockchain. Die Ausfallsicherheit kann in sehr kleinen Netzwerken eingeschränkt sein.

[179] Vgl. Touron (2019); Schollmeier (2002), S. 2.

des Controllings untersucht. Dabei wurde aufgezeigt, dass die möglichen Einflüsse stark heterogen sein können und ebenso unterschiedliche Folgen nach sich ziehen. Dennoch konnten die Potenziale von Blockchain im Rahmen der Anforderungen aufgezeigt und Einflusstendenzen deutlich gemacht werden.

In Bezug auf die **grundlegenden Anforderungen** an Informationen im Rahmen des Controllings fällt zunächst auf, dass die Erfüllung der *Relevanz* von Informationen nicht direkt durch Blockchain beeinflusst werden kann. Informationen können durch den Einsatz von Blockchain durchaus an Relevanz gewinnen, allerdings lässt sich dies nur durch indirekte Einflüsse, welche im Rahmen anderer Anforderungen ursächlich zu verorten sind, begründen. Die Erfüllung der Anforderungen *Vollständigkeit*, *Manipulationsfreiheit* und *Fehlerfreiheit* können durch private Blockchains (überwiegend)[180] positiv beeinflusst werden. Der Grad der Einflussnahme hängt von einer Vielzahl an Faktoren ab und unterscheidet sich dabei insbesondere durch die Wahl des Konsensmechanismus.

Die Erfüllung der **unterstützenden Anforderungen** *Vergleichbarkeit* und *Verständlichkeit* werden durch Blockchain nicht beeinflusst. Demgegenüber wird die Erfüllung der *Nachprüfbarkeit* durch die Verwendung von Blockchain stark positiv beeinflusst. Auch in Bezug auf die Zeitnähe sind viele Einflüsse durch Blockchain erkennbar, welche sich sowohl positiv (insb. durch Automatisierungspotenziale) als auch negativ (vordergründig durch aufwendige Konsensmechanismen und in der Folge vergleichsweise geringen Transaktionsraten) auf die Erfüllung der Zeitnähe auswirken. Insgesamt muss dabei von einem eher negativen, wenn auch geringen Einfluss auf die Zeitnähe ausgegangen werden.

Bei der Beantwortung der Frage, ob sich die Verwendung einer privaten Blockchain sich insgesamt als nützlich in diesem Kontext erweist, müssen die **Nebenbedingungen** berücksichtigt werden. Wie die vorangegangene Untersuchung gezeigt hat, sind bei der Nutzung von Blockchain vielfältige Kosten- und Nutzeneffekte im Hinblick auf die *Wirtschaftlichkeit* zu berücksichtigen. Ob der Nutzen einer Information den Kosten des Blockchain-Einsatzes gerechtfertigt ist, muss jedoch stets im Einzelfall geprüft werden. Eine pauschale Bewertung der Erfüllung oder Nicht-Erfüllung ist daher nicht möglich. Die Blockchain schränkt die *Verfügbarkeit* von Informationen im Regelfall nicht ein und unterstützt sie zusätzlich, beispielsweise durch die hohe Ausfallsicherheit des Netzwerks. Die Ergebnisse aus der vorangegangenen Untersuchung sind in der nachfolgenden Abbildung 5.2 zusammengefasst:

---

[180] An der Stelle sei daran erinnert, dass Blockchain im Rahmen der *Informationsaufbereitung* (im Gegensatz zur *Informationsbeschaffung* und *Informationsbereitstellung*) keine

	Anforderung	Einflussnahme	Einflussrichtung	Einflussgrad
Grundlegende Anforderungen	Relevanz	⊗	-	-
	Vollständigkeit	✓	⊕	★☆☆ - ★★★ [b]
	Manipulationsfreiheit	✓ [a]	⊕	★★☆ - ★★★ [c]
	Fehlerfreiheit	✓ [a]	⊕	★★☆ - ★★★ [c]
Unterstützende Anforderungen	Vergleichbarkeit	⊗	-	-
	Nachprüfbarkeit	✓	⊕	★★★
	Zeitnähe	✓	⊖	★☆☆ [d]
	Verständlichkeit	⊗	-	-

Legende:

Einflussnahme: ✓ = (potenzieller) Einfluss vorhanden ⊗ = kein Einfluss

Einflussrichtung: ⊕ = (überwiegend) positiver Einfluss ⊖ = (überwiegend) negativer Einfluss

Einflussgrad: ★☆☆ = geringer Einfluss ★★☆ = mittlerer Einfluss ★★★ = hoher Einfluss

Anmerkungen:

[a] Diese Einschätzung bezieht sich vordergründig auf die Phase der Informationsbereitstellung. Eine Einflussnahme im Rahmen der Informationsbeschaffung ist nur unter bestimmten Voraussetzungen gegeben. Keine Einflussnahme im Rahmen der Informationsaufbereitung.

[b] Fallspezifische Einschätzung erforderlich.

[c] Tendenziell mittlerer Einfluss im Rahmen der Informationsbeschaffung und hoher Einfluss im Rahmen der Informationsbereitstellung.

[d] Starke Abhängigkeit vom verwendeten Konsensmechanismus und Verwendungszweck. Unternehmensinterne Anwendungsfälle mit moderatem Transaktionsaufkommen und deterministischem Konsensmechanismus gehen im Regelfall nur mit einer geringfügig langsameren Transaktionsverarbeitungsgeschwindigkeit einher als herkömmliche Datenbanksysteme.

Abbildung 5.2 Zusammenfassung des Einflusses auf die Anforderungen und Nebenbedingungen[181]

Auf Basis dieser Zwischenergebnisse lassen sich sowohl für die Entscheidungsunterstützung als auch die Verhaltenssteuerung ähnliche Rückschlüsse ziehen, da sich in Bezug auf die Bedeutungsgewichte für die jeweilige Hauptfunktion nur das Bedeutungsgewicht der Manipulationsfreiheit voneinander unterscheidet.[182] Da die Manipulationsfreiheit insgesamt stark positiv beeinflusst wird,

---

Potenziale bietet und somit keinen Einfluss auf die Erfüllung der Anforderungen der Manipulationsfreiheit und Fehlerfreiheit nimmt.

[181] Eigene Darstellung.

[182] Eine Übersicht der Anforderungen mit ihren jeweiligen Bedeutungsgewichten für die Entscheidungsunterstützung und Verhaltenssteuerung befindet sich in Abschnitt 4.1.3.

fällt dieser Aspekt für die Verhaltenssteuerung stärker ins Gewicht. Für beide Hauptfunktionen lässt sich festhalten, dass die grundlegenden Anforderungen insgesamt positiv beeinflusst werden. Die Erfüllung der unterstützenden Anforderungen wird insgesamt in einem geringeren Maße von Blockchain beeinflusst. Entscheidend ist dabei insbesondere das Ausmaß des Einflusses auf die Zeitnähe. Für Anwendungsfälle mit hohem Automatisierungspotenzial, bei denen Informationen nicht in Echtzeit vorliegen müssen, wird tendenziell ein positiver Einfluss entstehen können. In allen anderen Fällen dürfte die Zeitnähe einen herausfordernden Aspekt in Bezug auf die Entscheidungsunterstützung und Verhaltenssteuerung einnehmen. Die Nebenbedingungen gilt es stets zu beachten. Dabei muss ein besonderes Augenmerk auf die Wirtschaftlichkeit einer potenziellen Blockchain-Implementierung gelegt werden. Die Verfügbarkeit von Informationen kann durch die Verwendung von Blockchain gesteigert werden. Demnach lassen sich zwar keine immer gültigen Rückschlüsse auf die Hauptfunktionen des Controllings ziehen, doch das Potenzial, zu nützlicheren Informationen im Rahmen der Entscheidungsunterstützung und Verhaltenssteuerung beizutragen, bringt Blockchain mit.

Abschnitt 5.2 adressierte die Beantwortung der *Forschungsfrage 2* und zeigte auf, welche Einflüsse durch die Verwendung einer privaten Blockchain auf die Erfüllung der Anforderungen an Informationen vor dem Hintergrund der Entscheidungsunterstützung und Verhaltenssteuerung im Controlling zu erwarten sind. Somit stellt dieser Abschnitt insgesamt einen wichtigen Beitrag zur wissenschaftlichen Literatur dar, da erstmals der Einfluss von Blockchain auf die Nützlichkeit von Informationen im Rahmen ihrer Verwendung für Controlling-Zwecke auf Basis eines umfassenden und hinreichend präzisierten Anforderungskatalogs untersucht wurde.

5.3 Auswirkungen der Verwendung Blockchain-basierter Informationen zur Festlegung kostenorientierter Verrechnungspreise im Controlling

Die Analyse in Abschnitt 5.2 fokussierte sich auf den Einfluss der Verwendung einer privaten Blockchain auf die Erfüllung der Anforderungen an Controlling-Informationen im Allgemeinen. Daraus ließen sich Rückschlüsse auf die Nützlichkeit Blockchain-basierter Informationen für die Controlling-Zwecke der Entscheidungsunterstützung und Verhaltenssteuerung ableiten. Für

eine Übertragung der theorieorientierten Ergebnisse auf praktische Anwendungsfälle eignet sich der Blick auf konkrete Instrumente des Controllings, welche
Einsatzpotenziale für Blockchain bieten. Wie bereits in der Problemstellung aufgezeigt, stellen Verrechnungspreise aus Sicht des Controllings ein geeignetes
Untersuchungsfeld dar.[183] Beiträge zum Einsatz von Blockchain bei Verrechnungspreisen, wie etwa von *Tönnissen / Teuteberg (2018)*, *Demirhan (2020)* und
Tönnissen / Beinke / Teuteberg (2020), fokussieren sich jedoch primär auf steuerliche Aspekte der Verrechnungspreisgestaltung. Eine Analyse des Potenzials
von Blockchain-basierten Informationen für die Festlegung von Verrechnungs-
preisen zur Erfolgsermittlung und zur Koordination der am innerbetrieblichen
Leistungsaustausch beteiligten Abteilungen fehlt bisher. Um diese Forschungslücke zu schließen, werden in diesem Abschnitt die Auswirkungen durch die
Verwendung von Blockchain-basierten Informationen auf die Festlegung von
Verrechnungspreisen untersucht. Dabei liegt der Fokus auf kostenorientierten
Verrechnungspreisen. Dieser Abschnitt adressiert die Beantwortung des zweiten
Teils der *Forschungsfrage 3*, welcher auf die Untersuchung der Auswirkungen
der Verwendung von Blockchain-basierten Informationen auf die kostenorientierte Verrechnungspreisbildung abzielt. Unter Einbezug der Ergebnisse aus dem
vorherigen Abschnitt wird nachfolgend überprüft, welchen Einfluss die Verwendung von Blockchain auf die Erfüllung der Anforderungen an Informationen im
Rahmen ihrer Verwendung zur Festlegung kostenorientierter Verrechnungspreise
hat.[184]

Um ein gemeinsames Verständnis für den folgenden Analyserahmen herzustellen, müssen Annahmen aufgestellt werden. Zunächst wird davon ausgegangen,
dass die Zentrale den kostenorientierten Verrechnungspreis festlegt und den
Bereichen vorgibt. Sie möchte den Verrechnungspreis so festlegen, dass die
Bereiche, die sich am Verrechnungspreis orientieren, ihre Entscheidungen im
Sinne des Unternehmens treffen (Koordinationsfunktion).[185] Zudem soll der Verrechnungspreis eine leistungsgerechte Erfolgszuweisung ermöglichen, so dass

---

[183] Siehe dazu Abschnitt 1.2 sowie die Beiträge von *Brück / Nikiforow / Wagener (2018)* und
Tisson / Rieck (2018).

[184] Dafür wird der in Abschnitt 4.1.3 aufgestellt Anforderungskatalog an Informationen im
Rahmen des Controllings, welcher in Abschnitt 4.2 auf den Kontext von Verrechnungspreisen angepasst wurde, zugrunde gelegt.

[185] Vgl. Velthuis et al. (2017), S. 42; Küpper et al. (2013), S. 516; Becker et al. (2012), S. 303.

aussagekräftige Bereichserfolge ermittelt werden können (Erfolgsermittlungs-funktion).[186] Zur Festlegung von kostenorientierten Verrechnungspreisen benötigt die Zentrale Informationen über die Kosten- und Erlösfunktionen der beteiligten Bereiche.[187] Die Kosten- und Erlösinformationen, welche zur Festlegung von kostenorientierten Verrechnungspreisen herangezogen werden, sind in aller Regel vergleichsweise leicht zu ermitteln, da sie aus dem Rechnungswesen abgeleitet werden können.[188] Diese Informationen sind dabei typischerweise in internen Informationssystemen wie ERP-Systemen gespeichert,[189] welche wiederum auf der Blockchain-Technologie aufgesetzt werden können.[190] Dabei können, wie zuvor bereits gezeigt wurde, Informationen für interne Zwecke mittels einer priva-ten Blockchain beschaffen und bereitgestellt werden. Daher wird für die weitere Analyse angenommen, dass alle benötigten Informationen zur Bildung kostenori-entierter Verrechnungspreise durch die Verwendung einer privaten Blockchain für die Zentrale bereitgestellt werden können. Unter diesen Bedingungen können die Ergebnisse aus der Analyse in Abschnitt 5.2 herangezogen und auf den Kontext von Verrechnungspreisen übertragen werden.[191]

Eine private Blockchain übt insgesamt verschiedenartige Einflüsse auf die Erfüllung der Anforderungen an Informationen im Rahmen ihrer Verwendung zur Festlegung von Verrechnungspreisen vor dem Hintergrund der Erfolgser-mittlung und Koordination aus. In Bezug auf die *grundlegenden Anforderungen*, welche jeweils ein hohes Bedeutungsgewicht für die Verrechnungspreisfunktio-nen besitzen, lassen sich überwiegend positive Einflüsse auf die Vollständigkeit, Manipulationsfreiheit und Fehlerfreiheit festhalten. Auf die Relevanz einer Infor-mation nimmt eine private Blockchain keinen direkten Einfluss. Insgesamt lässt

---

[186] Vgl. Langfield-Smith et al. (2018), S. 586; Reichmann / Kißler / Baumöl (2017), S. 782; Coenenberg / Fischer / Günther (2016), S. 724–725; Küpper et al. (2013), S. 516; Ossadnik (2009), S. 246; Martini (2007), S. 10.

[187] Vgl. Weber / Schäffer (2020), S. 222; Fischer / Möller / Schultze (2015), S. 474; Ewert / Wagenhofer (2014), S. 605.

[188] Vgl. Weber / Schäffer (2020), S. 220; Coenenberg / Fischer / Günther (2016), S. 751; Fischer / Möller / Schultze (2015), S. 463; Ossadnik (2009), S. 253.

[189] Vgl. Hasenfratz (2021).

[190] Vgl. Moalagh / Ghadi (2022), S. 211–243.

[191] Die Analyse in Abschnitt 5.2 adressiert den Einfluss von Blockchain auf die Erfüllung der Anforderungen an Informationen im Rahmen ihrer Verwendung für die Controlling-Zwecke. Wie in Abschnitt 4.2 gezeigt werden konnte, können diese Anforderungen auch an Informationen gestellt werden, welche für die Verrechnungspreisbildung zum Zwecke der Koordination der Bereiche und deren Erfolgsermittlung gebildet werden. Daher lassen sich die Ergebnisse aus 5.2 auf den Kontext von Verrechnungspreisen aus Sicht des Controllings übertragen.

sich somit die Tendenz eines positiven Einflusses der Verwendung einer privaten Blockchain auf die Erfüllung der grundlegenden Anforderungen an Informationen für die Verrechnungspreiszwecke festhalten. In Bezug auf die *unterstützenden Anforderungen*, welche jeweils ein mittleres Bedeutungsgewicht für die Verrechnungspreisfunktionen besitzen, lässt sich ein überwiegend positiver Einfluss auf die Nachprüfbarkeit festhalten. Die Erfüllung der Zeitnähe wird hingegen tendenziell negativ beeinflusst. Auf die Vergleichbarkeit und Verständlichkeit einer Information nimmt eine private Blockchain wiederum keinen direkten Einfluss. Somit lässt sich insgesamt keine eindeutige Tendenz über die Einflussrichtung der Verwendung einer privaten Blockchain auf die Erfüllung der unterstützenden Anforderungen an Informationen für die Verrechnungspreiszwecke festhalten. Bei einem zudem unbestimmten Ergebnis bei der Betrachtung der *Nebenbedingung* der Wirtschaftlichkeit und einem Beitrag zur Erfüllung der Nebenbedingung der Verfügbarkeit ist daher keine eindeutige Aussage über den Einfluss einer privaten Blockchain für die Nützlichkeit von Informationen im Rahmen von Verrechnungspreisen möglich. Es spricht insgesamt jedoch mehr für einen positiven Einfluss als für einen negativen Einfluss. Daher kann festgehalten werden, dass die Verwendung einer privaten Blockchain potenziell nützlichere Informationen zur Festlegung von Verrechnungspreisen begünstigt.

Informationen, welche zur Festlegung von Verrechnungspreisen nützlicher sind, können folglich zu besseren Verrechnungspreisen führen. Bessere Verrechnungspreise sind dadurch gekennzeichnet, dass sie einen höheren Nutzen für die Zwecke von Verrechnungspreisen bringen. Somit kann durch diese Verrechnungspreise eine potenziell bessere Koordination der beteiligten Bereiche (im Sinne einer gezielteren Abstimmung der Bereiche aufeinander) erzielt werden. Zudem können diese Verrechnungspreise zu einer konsequenteren Ausrichtung der Bereichsentscheidungen am übergeordneten Unternehmensziel beitragen. Weiterhin lassen sich die Bereichserfolge auf Basis dieser Verrechnungspreise verursachungsgerechter ermitteln und führen somit zu aussagekräftigeren Bereichserfolgen im Rahmen der Erfolgsermittlung, so dass sich die Bereichserfolge besser zur Performancemessung und Leistungsbeurteilung der am Leistungsaustauch beteiligten Bereiche eignen.

Die vorangegangene Argumentation zeigt auf, dass die Verwendung einer privaten Blockchain im Rahmen der Verrechnungspreisfestlegung in einer abstrahierten Betrachtungsweise und den aufgestellten Annahmen das Potenzial besitzt, einen positiven Einfluss auf die Koordinationsfunktion und Erfolgsermittlungsfunktion von Verrechnungspreisen auszuüben. Allerdings greift diese Betrachtungsweise, u. a. aufgrund der aufgestellten Annahmen, insgesamt zu kurz. Im Folgenden werden daher **ausgewählte Detailprobleme** thematisiert, welche verdeutlichen, dass die Beurteilung des Einflusses einer privaten Block-chain bei der Festlegung kostenorientierter Verrechnungspreise differenzierter und detaillierter erfolgen sollte, um ein aussagekräftiges Ergebnis zu erhalten.

Blockchain nimmt, wie bereits geschildert, grundsätzlich keinen Einfluss auf die Relevanz einer Information.[192] Unter Berücksichtigung des potenziell posi-tiven Einflusses einer privaten Blockchain auf Informationen im Rahmen der Verwendung von Verrechnungspreisen, könnte die Unternehmensleitung veranlas-sen, dass nur noch Informationen zur Verrechnungspreis-Festlegung herangezo-gen werden, die in einer unternehmensinternen Blockchain gespeichert sind. Eine potenziell relevante Information, welche nicht in der privaten Blockchain gespei-chert wird, wäre somit von einer Nutzung ausgeschlossen. Eine solche, grundsätz-lich relevante Information, welche nicht in der Blockchain gespeichert ist, würde somit ihre Relevanz für die Entscheidungsfindung verlieren. Folglich könnte Blockchain in diesem Szenario indirekt einen negativen Einfluss auf die Relevanz von bestimmten Informationen einnehmen. In der Praxis muss sich die Unter-nehmensleitung daher im Vorfeld damit beschäftigen, welche Informationen sie tatsächlich für die Festlegung von kostenorientierten Verrechnungspreisen benö-tigt und ob diese alle in einer privaten Blockchain gespeichert werden können und sollen. Andernfalls wird die ausschließliche Nutzung von Blockchain-basierten Informationen nicht zwangsläufig zu einer besseren Entscheidungsfindung und somit nicht zur besseren Verrechnungspreisbildung führen.

Blockchain bietet unter bestimmten Voraussetzungen Möglichkeiten, neue Informationsquellen zu erschließen und dadurch andere und mehr Informatio-nen zu beschaffen und zu generieren.[193] Dies gilt jedoch vordergründig für Informationen, welche automatisch generiert werden, wenn andere Systeme mit einer Blockchain verknüpft sind oder Geschäftsvorgänge mittels Smart Contracts abgewickelt werden. Müssen Informationen erst manuell in eine Blockchain eingetragen werden, kann unter anderem auch ein negativer Einfluss auf die Erfüllung der Vollständigkeit ausgeübt werden. Beispielsweise könnten Informa-tionen bewusst oder unbewusst (z. B. wenn die Eintragung schlicht vergessen und nicht ausreichend kontrolliert wird) nicht in die Blockchain eingetragen wer-den. Wenn Bereichsleiter Informationen über ihre Bereichskosten und -erlöse eigenständig in eine Blockchain eintragen sollen, könnten sie aufgrund des Infor-mationsvorsprungs bezüglich ihres Bereichs einen Anreiz haben, die Eintragung teilweise oder ausnahmslos zu unterlassen.[194] Das bewusste Vernachlässigen der

---

[192] S. Abschnitt 5.2.1.1.
[193] S. Abschnitt 5.2.1.2.
[194] Vgl. Fischer / Möller / Schultze (2015), S. 466.

Eintragung von Informationen ist jedoch kein Blockchain-spezifisches Problem, sondern betrifft alle Systeme, bei denen manuelle Eintragungen erforderlich sind. Es wird dann ein Blockchain-spezifisches Problem, wenn mit der Verwendung von Blockchain den Beteiligten suggeriert würde, durch die Blockchain sei die Informationsbasis umfangreicher oder zumindest nicht weniger umfangreich. Dieses Missverständnis könnte beispielsweise durch entsprechende Kommunikation und Schulung von Beteiligten reduziert werden. Zur Vermeidung der bewussten oder unbewussten, unvollständigen Informationsübernahme in die private Blockchain müssten entsprechende Kontrollmechanismen eingesetzt werden, welche sich wiederum auf den Aspekt der Wirtschaftlichkeit auswirken.

Private Blockchains gelten als weitreichend sicher vor Manipulationen. Doch wie bereits gezeigt, sind Möglichkeiten zur Manipulation in privaten Blockchains vorhanden und leichter umzusetzen als in öffentlichen Blockchains.[195] Besonders relevant ist dabei, wer welche Anreize zur Manipulation hat und ob solche Versuche unerkannt bleiben könnten. Im Kontext kostenorientierter Verrechnungspreise zeigt sich, dass die Art der Kostenbasis eine entscheidende Rolle spielt. Wenn die Zentrale den Bereichen beispielsweise grenzkostenbasierte Verrechnungspreise vorgibt, können daraus Anreizprobleme entstehen.[196] In der Regel verfügen die Bereichsleiter über genauere Kenntnisse ihrer Bereiche und der entsprechenden Kostenfunktionen als die Zentrale. Diese ist daher darauf angewiesen, dass die Bereichsleiter ihre Grenzkosten wahrheitsgemäß berichten.[197] Wird der liefernde Bereich anhand der variablen Kosten beurteilt, entsteht für den Bereichsleiter der Anreiz, diese bewusst zu hoch anzugeben, um kurzfristig seinen eigenen Erfolg auszuweisen.[198] Dazu reicht es aus, eine Kostenfunktion glaubhaft darzustellen, die einen höheren Verrechnungspreis rechtfertigt und somit zu seinem Vorteil verzerrt ist.[199] Eine Blockchain kann diese Art der Verzerrung nicht verhindern. Auf der Seite des abnehmenden Bereichs bieten sich Anreize zu falschen Angaben bezüglich der Beschaffungsmöglichkeiten oder des Absatzpotenzials am externen Markt. Auch diese können von Blockchain nicht ausgeschlossen oder gar verringert werden.[200] Neben der Frage nach den Anreizen ist die Entstehungsweise der

---

[195] Vgl. Bundesnetzagentur (2021), S. 14; Mattila (2016), S. 8.

[196] Vgl. Ewert / Wagenhofer (2014), S. 587; Küpper et al. (2013), S. 523.

[197] Vgl. Fischer / Möller / Schultze (2015), S. 466; Ewert / Wagenhofer (2014), S. 587–588; Küpper et al. (2013), S. 523.

[198] Vgl. Coenenberg / Fischer / Günther (2016), S. 755.

[199] Vgl. Ewert / Wagenhofer (2014), S. 588; Küpper et al. (2013), S. 523.

[200] Möglichkeiten zur Reduzierung des Manipulationspotenzials bestehen lediglich, sofern diese Informationen automatisiert (bspw. via Smart Contracts) von vertrauenswürdigen und transparenten Quellen beschaffen und in Blockchain gespeichert werden.

Informationen relevant zur Beurteilung der Manipulationsfreiheit. Kosteninformationen, welche in einer privaten Blockchain gespeichert sind, können daher nicht pauschal als manipulationsfrei angesehen werden, selbst wenn sie nach Eintragung in die Blockchain nachweislich fälschungsfrei sind.

Der tendenziell positive Einfluss von einer privaten Blockchain auf die Erfüllung der Fehlerfreiheit wird u. a. durch den hohen Grad der Fehlerüberprüfung begründet. Durch einen hohen Grad der Überprüfbarkeit könnten Informationslieferanten bei der Eintragung allerdings sorgloser werden, da sie sich darauf verlassen, dass Informationen noch im Rahmen des Konsensmechanismus überprüft und validiert werden. Die Validierer könnten ihrerseits darauf vertrauen, dass die Informationen im Vorfeld sorgfältig eingetragen und zur Validierung freigegeben wurden oder durch andere Validatoren hinsichtlich ihrer Fehlerfreiheit überprüft werden. Zudem könnten Fälle eintreten, in denen die Validierer nicht über das notwendige Wissen verfügen oder sich Informationen nicht hinreichend überprüfen lassen. Beispielsweise dürfte es für Validatoren schwierig sein, über die genaue Auslastung oder Absatzprognosen des abnehmenden Bereichs zu urteilen, wenn sie selbst nicht über die notwendige Kenntnis aller Aufträge oder Verkaufsopportunitäten aus dem Bereich verfügen.

Der auf Basis der vorangegangenen Analyse abgeleitete Einfluss einer privaten Blockchain auf die Erfüllung der Nachprüfbarkeit einer Information ist hoch und positiv. Er darf hingegen im Kontext der Verwendung von kostenorientierten Verrechnungspreisen nicht überschätzt werden. Ähnlich wie in Bezug auf die Manipulationsfreiheit beschränkt sich die Einflussnahme auf die Nachprüfbarkeit von Informationen, welche bereits in Blockchain gespeichert sind bzw. durch Blockchain erfasst wurden. So hilft Blockchain dabei, nachträgliche Manipulation von in Blockchain gespeicherten Informationen nachprüfbar zu machen und diese aufzudecken. Blockchain kann aber nicht als Tool verstanden und genutzt werden, welches Manipulationen im Rahmen gewisser Ermessensspielräume aufdeckt. Werden beispielsweise vollkostenorientierte Verrechnungspreise zu Standardkosten angesetzt, so kann der Bereichsmanager des liefernden Bereichs seine erwarteten Kosten des Betrachtungszeitraums durch seine subjektive Einschätzung bewusst zu hoch ansetzen. Einen Anreiz dazu hätte er, da er somit den Verrechnungspreis, welchen er von der abnehmenden Abteilung für seine Zwischenprodukte erhält, erhöhen könnte.[201] Sobald die geschätzten Kosten in die Blockchain eingetragen wurden, kann jederzeit überprüft werden, ob die Istkosten den erwarteten Kosten entsprechen. Zudem kann überprüft werden, ob die

---

[201] Vgl. Binder (2022), S. 73; Coenenberg / Fischer / Günther (2016), S. 752; Ossadnik (2009), S. 253.

geschätzten Kosten nachträglich verändert wurden. Sofern die Dokumentation der Ermittlung der geschätzten Kosten in Blockchain hinterlegt ist, kann auch die Berechnung überprüft werden. Blockchain wird aber nicht dabei helfen können, bewusste Verzerrungen des liefernden Bereichsmanagers zu seinen Gunsten aufzudecken, sofern es sich dabei um nachvollziehbare Schätzungen für Dritte handelt. Durch die Verwendung einer privaten Blockchain können Prozesse, die direkt über die Blockchain abgewickelt werden, transparenter gestaltet werden. Sie eignet sich allerdings nicht zur Schaffung von Transparenz, wenn Bereiche eigenverantwortlich relevante Informationen in der Blockchain speichern sollen.

Verrechnungspreise werden in der Regel einmal jährlich festgelegt, können jedoch auch häufiger angepasst werden.[202] Vor diesem Hintergrund muss der festgestellte, tendenziell negative Einfluss von Blockchain auf die Erfüllung der Zeitnähe relativiert werden. Der negative Einfluss beziffert sich je nach Art der Blockchain sowie des verwendeten Konsensmechanismus und der zu vergleichenden andersartigen Datenbanktechnologie auf wenige Sekunden bis hin zu mehreren Minuten. Informationen, deren verlässliche Speicherung bspw. ca. zehn Minuten Zeit zwischen Entstehung und Verfügbarkeit in Anspruch nehmen, werden in den meisten Fällen keinen großen Einfluss auf die Entscheidungsfindung ausüben. Es ist unwahrscheinlich (wenn auch nicht ausgeschlossen), dass eine Information mit erheblichem Einfluss durch die Verzögerung um ca. zehn Minuten gerade zu spät verfügbar ist, um für die jährliche Festlegung des Verrechnungspreises berücksichtigt zu werden. Zudem dürfte in einem solch unwahrscheinlichen Fall eine zeitnahe, nachträgliche Anpassung auf Basis einer neuen Information stets möglich sein. Die Gefahr, dass eine durch die Blockchain verschuldete „Verspätung" zu einem erheblich verfälschten Verrechnungspreis führt, dürfte somit für die Praxis von nachrangiger Bedeutung sein.

Die beispielhaft ausgeführten Detailprobleme zeigen, dass stets eine unternehmensindividuelle und fallspezifische Betrachtungsweise zur Beurteilung der Nützlichkeit einer privaten Blockchain im Rahmen der Festlegung von kostenorientierten Verrechnungspreisen notwendig ist. Die geschilderten Probleme zeigen auch, dass die Erfolgsermittlung und Koordination durch Verrechnungspreise nicht zwingend durch die Verwendung Blockchain-basierter Informationen verbessert wird. Darüber hinaus kann Blockchain klassische Problematiken der Verrechnungspreis-Bildung (z. B. Hold-Up-Problem, Problem der verursachungsgerechten Erfolgszuweisung oder Bereichsegoismen) nicht beheben.

Zusammenfassend kann festgehalten werden, dass eine private Blockchain das Potenzial bietet, nützlichere Informationen zur Festlegung kostenorientierter

---

[202] Vgl. Hanken / Kleinhietpaß / Lagarden (2017), S. 44.

Verrechnungspreise im Kontext der Erfolgsermittlung und Koordination bereitzustellen. Bei Betrachtung der Detailprobleme fällt allerdings auf, dass die vollen Potenziale nur in bestimmten Fällen voll ausgeschöpft werden können. Die potenziellen wichtigsten Vorteile, die eine private Blockchain bietet, insb. im Hinblick auf die Manipulationsfreiheit und Fehlerfreiheit von Informationen, kommen erst zum Tragen, wenn die Informationsbeschaffung weitreichend digitalisiert und automatisiert ist und keine *off-chain* Prozessschritte im weiteren Verlauf des Informationsprozesses möglich sind. Die Nützlichkeit von Informationen durch die Verwendung von einer privaten Blockchain steht und fällt demnach mit dem Digitalisierungs- und Automatisierungsgrad der relevanten Informationsbeschaffungsprozesse. Daher lassen sich keine allgemeingültigen Schlüsse hinsichtlich der Beantwortung der *Forschungsfrage 3* festhalten.

Diskussion & Fazit

6

6.1 Diskussion der Analyse-Ergebnisse aus 5.2 und 5.3

Die Untersuchungen in den Abschnitten 5.2 und 5.3 haben wesentliche Erkenntnisse über den Einfluss einer privaten Blockchain auf Informationen im Controlling im Allgemeinen und bei Verrechnungspreisen im Speziellen geliefert. Es wurde aufgezeigt, dass die Blockchain-Technologie verschiedenartige und unterschiedlich starke Auswirkungen auf die Erfüllung spezifischer Informationsanforderungen haben kann. Insgesamt bieten die Ergebnisse die Grundlage zur Ableitung spezifischer Nutzenpotenziale für die jeweiligen Anwendungsbereiche. Unternehmen können diese Potenziale stärker ausschöpfen, wenn ihre Informationsbeschaffungsprozesse weitgehend digitalisiert sowie automatisiert sind und die Informationsadressaten vollständig an das Blockchain-Netzwerk angebunden werden. Dadurch lassen sich u. a. Manipulationsmöglichkeiten und Fehlerquellen reduzieren sowie Transparenz und Nachvollziehbarkeit zuverlässig steigern. Die Untersuchung stützt sich auf zweckmäßige Annahmen, um präzise Ergebnisse zu erzielen. Dennoch ist es im Rahmen dieser Diskussion lohnend, die Übertragbarkeit der Ergebnisse auf andere Verrechnungspreisarten und das Controlling im weiteren Sinne zu prüfen.

Der Schwerpunkt der Arbeit lag auf kostenorientierten Verrechnungspreisen, während verhandlungsbasierte Verrechnungspreise aufgrund ihrer Komplexität zunächst ausgeklammert wurden. Die Ergebnisse könnten jedoch auch auf verhandlungsbasierte Verrechnungspreise übertragen werden, da Blockchain eine vertrauenswürdigere und verlässlichere Informationsgrundlage schaffen und somit Informationsasymmetrien zwischen Verhandlungspartnern abbauen könnte. Dies

T. Strathmann, *Blockchain-Technologie für Controlling-Informationen*, https://doi.org/10.1007/978-3-658-49477-3_6

könnte dazu beitragen, Verrechnungspreise zu vereinbaren, die von beiden Parteien akzeptiert werden und zugleich den Unternehmenszielen entsprechen. Allerdings bleibt fraglich, ob involvierte Abteilungen und die Unternehmensleitung eine derart transparente Verhandlungsbasis tatsächlich begrüßen würden. Eine Übertragung der Ergebnisse auf marktpreisorientierte Verrechnungspreise erscheint hingegen weniger sinnvoll, da Blockchain hier mutmaßlich keinen nennenswerten Mehrwert bietet (s. Abschnitt 2.2.5).

Darüber hinaus bietet Blockchain Potenziale im Hinblick auf die steuerliche Gestaltung von Verrechnungspreisen. Die hohen Anforderungen an Nachweis- und Dokumentationspflichten bei grenzüberschreitenden Konzernprozessen könnten durch die unveränderliche und verschlüsselte Datenkette der Blockchain erfüllt werden, die eine manipulationssichere und nachvollziehbare Darstellung steuerrelevanter Vorgänge ermöglicht.[1]

Die Untersuchungsergebnisse verdeutlichen ferner, dass die Nutzung der Blockchain-Technologie im erweiterten Controlling-Kontext mit spezifischen Potenzialen, aber auch klaren Einschränkungen verbunden ist. Eine uneingeschränkte Empfehlung lässt sich daher nicht ableiten. Vielmehr sollten Unternehmen spezifische Anwendungsfälle unter Berücksichtigung ihrer Rahmenbedingungen gezielt prüfen. Der Manipulationsschutz, den eine private Blockchain bietet, ist besonders in Szenarien von Vorteil, in denen unterschiedliche Parteien mit potenziell gegensätzlichen Interessen beteiligt sind. Dennoch zeigt sich, dass Blockchain nicht universell einsetzbar ist: Anwendungen, die auf Echtzeit-Informationen oder extrem hohe Transaktionsraten angewiesen sind, überschreiten häufig die technischen Möglichkeiten privater Blockchains. Private Blockchains können zudem zur Verringerung von Informationsasymmetrien beitragen, indem sie Transparenz und Nachvollziehbarkeit fördern. Eine wesentliche Voraussetzung hierfür ist, dass die relevanten Informationen in der Blockchain gespeichert und die Zugriffsrechte sinnvoll verteilt werden. Dabei ist zu beachten, dass diese Vorteile nicht exklusiv für Blockchains gelten, sondern auch durch traditionelle Datenbanken erreicht werden können. Der besondere Vorteil von Blockchains liegt jedoch in der erhöhten Manipulationsresistenz und dem damit einhergehenden Vertrauen in die gespeicherten Informationen.

Besondere Potenziale eröffnen sich durch die Kombination von Blockchain mit Technologien wie dem Internet of Things (IoT) und Blockchain-basierten Smart Contracts. Diese ermöglichen eine automatisierte und manipulationssichere Datenerfassung, die die Vollständigkeit von Informationen fördern kann. Allerdings sind diese Anwendungsfälle stark spezialisiert und nicht auf alle

---

[1] Vgl. Fatz / Hake / Fettke (2020), S. 149; Tönnissen / Beinke / Teuteberg (2020), S. 104.

Unternehmen übertragbar. Zudem beschränkt sich die Wirksamkeit auf Kontexte, in denen die relevanten Informationen grundsätzlich verfügbar und erschließbar sind. Für die Gewinnung verschiedenartiger externer Daten bleiben zusätzliche Technologien notwendig. Ein potenzieller Use Case könnte in der Kostenkontrolle für Produktionsprozesse liegen, wobei IoT-Sensoren Produktionsdaten in Echtzeit in die Blockchain einspielen können, die dann durch Smart Contracts automatisiert auf Einhaltung bestimmter Grenzwerte geprüft werden.[2] Durch ihre dezentrale Struktur bieten private Blockchains darüber hinaus eine hohe Ausfallsicherheit, die die Verfügbarkeit von Daten sicherstellt, selbst wenn einzelne Netzwerk-Teilnehmer ausfallen. Diese Robustheit kann insbesondere bei sensiblen Unternehmensdaten von Vorteil sein, da sie einen Schutz vor technischen Störungen und Hackerangriffen gewährleistet. Gleichzeitig ermöglichen sie eine gezielte Vergabe von Zugriffsrechten, wodurch vertrauliche Informationen beispielsweise nur der Geschäftsführung zugänglich gemacht werden können. So könnte eine private Blockchain beispielsweise in der internen Berichterstattung verwendet werden, da für Vorstände sensible Informationen, wie z. B. über laufende Projekte, sicher in einer Blockchain gespeichert und nur für autorisierte Personen zugänglich gemacht werden können.

Trotz der aufgezeigten Möglichkeiten bleibt Blockchain ein komplexes und sich dynamisch entwickelndes Thema. Die fehlende Standardisierung und der oft inflationäre und undifferenzierte Gebrauch des Begriffs „Blockchain" erschweren die praktische Anwendung.[3] Regulatorische Anforderungen, wie das in der Datenschutz-Grundverordnung (DSGVO) verankerte Recht auf Vergessenwerden, stehen zudem in Konflikt mit der irreversiblen Datenspeicherung in Blockchains, was bestimmte Einsatzbereiche einschränken könnte.[4]

Die Diskussion verdeutlicht, dass die Blockchain-Technologie ein wertvolles Werkzeug sein kann, sofern ihre Stärken mit den spezifischen Anforderungen und Rahmenbedingungen eines Unternehmens übereinstimmen. Gleichzeitig ist es wichtig, alternative Technologien auf ihre Effektivität und Kosteneffizienz in den jeweiligen Anwendungsfällen hin zu prüfen. Eine Entscheidung für den Einsatz einer Blockchain sollte daher auf einer fundierten Bewertung der potenziellen Vorteile, der Kosten und der technischen Anforderungen basieren. Private Blockchains können insbesondere durch ihren Manipulationsschutz, ihre hohe Verfügbarkeit und die Schaffung von Transparenz einen erheblichen

---

[2] S. dazu u. a. Beiträge von Ng Chi Hung / Ho To Sum / Wu Chun Ho (2023) und Sasikumar et al. (2023).

[3] Vgl. Calleja (2019).

[4] Vgl. Tönnissen / Teuteberg (2020), S. 325, 327; Erbguth (2019a).

Mehrwert bieten. Unternehmen sollten den Einsatz von Blockchain gezielt auf die Anforderungen ihrer Controlling-Prozesse zuschneiden und mögliche Alternativen gründlich prüfen, um sicherzustellen, dass der Nutzen den Aufwand rechtfertigt. Jedes Unternehmen, welches sich mit der Integration von Blockchain auseinandersetzt, muss daher individuell prüfen, wie Blockchain in das eigene Geschäftsmodell eingebunden werden kann, um gezielt Nutzenpotenziale zu erschließen. Die Ergebnisse dieser Arbeit sollen als Entscheidungshilfe dienen und zugleich eine Grundlage für weiterführende Forschung bieten.

6.2   Limitationen

Die vorliegende Arbeit liefert wertvolle Erkenntnisse sowohl für die wissenschaftliche Forschung als auch für die unternehmerische Praxis. Gleichwohl unterliegt sie bestimmten Limitationen, die aus dem gewählten Untersuchungsrahmen resultieren. Ein zentraler Aspekt ist, dass die Arbeit auf der Analyse bestehender Literatur und theoretisch abgeleiteten Schlussfolgerungen basiert. Aufgrund des derzeit noch begrenzten Einsatzes von Blockchain-Technologien in der Controlling-Praxis steht nur eine eingeschränkte Anzahl von Best-Practice-Beispielen oder konkreten Handlungsempfehlungen zur Verfügung, die in die Analyse integriert werden konnten. Zudem stützt sich die Untersuchung auf spezifische theoretische Rahmenbedingungen sowie zweckmäßige Annahmen, die im Kontext dieser Arbeit getroffen wurden. Eine universelle Übertragbarkeit der Ergebnisse auf andere Kontexte oder Rahmenbedingungen kann daher nicht ohne weiteres sichergestellt werden. Schließlich ist das Themenfeld der Blockchain-Technologie – wie viele Bereiche der Digitalisierung – durch eine hohe Dynamik und Schnelllebigkeit geprägt. Die in dieser Arbeit getroffenen Aussagen und Schlussfolgerungen basieren auf dem Wissensstand zum Zeitpunkt der Einreichung. Zukünftige Entwicklungen oder neue wissenschaftliche Erkenntnisse, die zum jetzigen Zeitpunkt nicht vorhersehbar sind, könnten die betrachteten Zusammenhänge beeinflussen und zu einer Neubewertung führen.

6.3   Ausblick auf weitere Forschung

Die in dieser Arbeit identifizierten Limitationen eröffnen mehrere Ansatzpunkte für weiterführende Forschung. Ein zentraler Forschungsbedarf besteht in der empirischen Validierung der theoretisch abgeleiteten Ergebnisse. Praxisorientierte Studien könnten die Anwendungsmöglichkeiten der Blockchain-Technologie im

Controlling anhand konkreter Fallstudien oder Pilotprojekte untersuchen und so die Praxistauglichkeit der theoretischen Konzepte bewerten. Darüber hinaus sollten die in dieser Arbeit getroffenen Annahmen und theoretischen Rahmenbedingungen gezielt erweitert oder angepasst werden, um die Übertragbarkeit der Ergebnisse auf unterschiedliche unternehmerische Kontexte zu evaluieren. Ein möglicher Forschungsansatz wäre dabei die Untersuchung des Einsatzes konsortialer Blockchains sowie innovativer Konsensmechanismen. Zudem könnte künftige Forschung den Fokus auf weitere Controlling-Instrumente ausweiten. Während diese Arbeit den Einsatz von Blockchain in Bezug auf Controlling-Informationen allgemein und insbesondere im Kontext innerbetrieblicher Verrechnungspreise untersucht, könnten in Zukunft auch andere Instrumente wie die Budgetierung oder die Kostenrechnung analysiert werden, um ein breiteres Spektrum an Anwendungsmöglichkeiten zu identifizieren. Durch diese weiterführenden Forschungsarbeiten ließe sich ein vertieftes und praxisorientiertes Verständnis für die Einsatzmöglichkeiten von Blockchain-Technologien im Controlling gewinnen. Die daraus gewonnenen Erkenntnisse könnten sowohl die wissenschaftliche Diskussion bereichern als auch Unternehmen fundierte Entscheidungsgrundlagen für die Implementierung dieser Technologien bieten.

6.4   Fazit der Arbeit

Das übergeordnete Ziel dieser Arbeit war es, den Einfluss der Verwendung von Blockchain auf Controlling-Informationen zu untersuchen. Insbesondere sollten die Nutzungspotenziale von Blockchain im unternehmensinternen Informationsprozess aufgezeigt, Auswirkungen der Verwendung von Blockchain auf Anforderungen an Controlling-Informationen untersucht und praxisorientierte Schlussfolgerungen für die Verwendung Blockchain-basierter Informationen zur Verrechnungspreisfestlegung abgeleitet werden. Zur Erreichung der Zielsetzung wurden drei Forschungsfragen beantwortet:

Forschungsfrage 1: *Welche Einsatzpotenziale bietet die Blockchain-Technologie entlang eines ganzheitlichen, unternehmensinternen Informationsprozesses und wie kann der Informationsprozess durch den Einsatz von Blockchain beeinflusst werden?*

Forschungsfrage 2: *Welche Anforderungen sind aus Sicht des Controllings an die Nützlichkeit von Informationen zu stellen und wie beeinflusst die Verwendung von Blockchain die Erfüllung dieser Controlling-spezifischen Anforderungen?*

Forschungsfrage 3: *Inwiefern lassen sich die Anforderungen an die Nützlichkeit von Informationen aus Sicht des Controllings auf die Nützlichkeit von Informationen im Rahmen ihrer Verwendung zur Verrechnungspreisfestlegung übertragen und welche Auswirkungen hat der Einsatz von Blockchain-basierten Informationen auf die Festlegung kostenorientierter Verrechnungspreise?*

Hinsichtlich der *ersten Forschungsfrage* bestand das Ziel darin, die Einsatzpotenziale der Blockchain-Technologie entlang eines unternehmensinternen Informationsprozesses systematisch zu identifizieren und zu analysieren. Konkret wurde untersucht, inwiefern spezifische Phasen des Informationsprozesses durch die Nutzung der Blockchain-Technologie beeinflusst werden können. Der Fokus lag dabei auf der Frage, in welchen Phasen des Informationsprozesses eine private Blockchain sinnvoll integriert werden kann. Im Rahmen der Analyse wurde deutlich, dass private Blockchains insbesondere in den Phasen der *Informationsbeschaffung*, *Informationsbereitstellung* und *Informationsspeicherung* wertvolle Einsatzpotenziale bieten. In der Phase der **Informationsbeschaffung** ermöglichen Blockchain-basierte Smart Contracts und die Anbindung von Blockchain an IoT-Anwendungen eine automatisierte und sichere Erfassung von Daten. Smart Contracts können hierbei Transaktionen automatisch initiieren und abschließen, sobald vordefinierte Bedingungen erfüllt sind. Diese Prozesse tragen zur Gewinnung neuer Datenquellen bei und bieten durch den Ausschluss menschlicher Interaktionen erhöhte Transparenz und Manipulationssicherheit. IoT-Geräte können zusätzlich eine kontinuierliche und transparente Datenübertragung sicherstellen, die ohne direkte menschliche Eingriffe in einer privaten Blockchain gespeichert wird. Im Bereich der **Informationsbereitstellung** ermöglicht eine private Blockchain, eine Vielzahl unterschiedlicher Informationsarten sicher zu speichern und gezielt für unternehmensinterne Adressaten verfügbar zu machen. Durch die gezielte Vergabe von Zugriffsrechten können berechtigte Nutzer auf bestimmte Informationen innerhalb der Blockchain zugreifen, was eine kontrollierte und zugleich dezentrale Bereitstellung sicherstellt. Zusätzlich lässt sich die Blockchain flexibel mit bestehenden ERP- und Business-Intelligence-Anwendungen verknüpfen, sodass Blockchain-basierte Informationen effizient in die bestehende IT-Infrastruktur integriert und für weiterführende Analysen genutzt werden können. Die **Informationsspeicherung** stellt einen weiteren bedeutenden Anwendungsbereich dar, da Blockchain als manipulationssicherer Datenspeicher fungiert, der entlang des Informationsprozesses zwischen und innerhalb verschiedener Phasen eingesetzt werden kann. Daten, die im Verlauf der Informationsbeschaffung oder -bereitstellung erfasst wurden, können durch die Speicherung in der Blockchain dauerhaft und unveränderbar

gesichert werden. Diese Nutzungsmöglichkeit erhöht die Integrität und Nachvollziehbarkeit der Informationen erheblich und ermöglicht eine verlässliche
Dokumentation für die interne Entscheidungsfindung. Für die übrigen Phasen
des Informationsprozesses – die Ermittlung des Informationsbedarfs, die Informationsaufbereitung und die Informationsverwendung – zeigte die Untersuchung
jedoch keine wesentlichen Potenziale. Diese Phasen sind typischerweise durch
individuelle, überwiegend nicht-automatisierbare Aufgaben geprägt, die sich nicht
sinnvoll durch Blockchain unterstützen lassen.

Zusammenfassend leistet die Untersuchung einen wertvollen Beitrag zur Literatur, indem sie die spezifischen Anwendungsbereiche einer privaten Blockchain
entlang des unternehmensinternen Informationsprozesses beleuchtet und aufzeigt,
dass insbesondere in den Phasen der Informationsbeschaffung, -bereitstellung
und -speicherung durch den Einsatz von Blockchain Automatisierungspotenziale
ausgeschöpft und Manipulationssicherheit erzielt werden können.

Die *zweite Forschungsfrage* zielte darauf ab, Anforderungen an die Nütz-
lichkeit von Informationen aus Sicht des Controllings zu identifizieren und
zu analysieren, wie eine private Blockchain die Erfüllung dieser spezifischen
Anforderungen beeinflussen kann. Das Vorgehen umfasste zwei wesentliche
Schritte: zunächst die Entwicklung eines präzisierten Anforderungskatalogs für
Controlling-Informationen vor dem Hintergrund der Controlling-Zwecke und
anschließend die Untersuchung des Einflusses der Verwendung einer privaten
Blockchain auf die Erfüllung dieser Anforderungen.

Im ersten Schritt wurde in Abschnitt 4.1 ein Anforderungskatalog an Informationen erarbeitet, der auf die Besonderheiten der Controlling-Zwecke zugeschnitten ist. Die Untersuchung der einschlägigen Controlling-Literatur ergab, dass ein
klar definierter und detaillierter Anforderungskatalog an die Nützlichkeit von
Informationen für interne Rechnungszwecke bislang fehlte. Wissenschaftliche
Beiträge, die sich mit der Konvergenz des internen und externen Rechnungswesens befassen, greifen jedoch die im IFRS-Framework formulierten qualitativen
Anforderungen an entscheidungsnützliche Informationen im Kontext der Finanzberichterstattung auf. Angesichts der unterschiedlichen Zielsetzungen und Adressaten von internem und externem Rechnungswesen war eine sorgfältige Prüfung
dieser Anforderungen erforderlich. Im Rahmen dieser Untersuchung wurde
gezeigt, dass die qualitativen Anforderungen des IFRS-Frameworks grundsätzlich
als Grundlage für die Entscheidungsunterstützung im Controlling herangezogen
werden können. Jedoch stehen diese Anforderungen aufgrund ihrer Zweckabhängigkeit nicht immer im Einklang mit den Zielen der Verhaltenssteuerung.
Daher wurde in dieser Arbeit ein spezifischer Anforderungskatalog für interne
Controlling-Zwecke entwickelt, der an den IASB-Katalog angelehnt ist. Dieser

berücksichtigt insbesondere den zentralen Aspekt der Manipulationsfreiheit, um die in der Controlling-Literatur verwendeten Begrifflichkeiten konsistent zu integrieren. Zusätzlich wurde die Nebenbedingung der Verfügbarkeit ergänzt, um die praktische Abrufbarkeit von Informationen sicherzustellen. Konflikte zwischen Anforderungen, wie etwa zwischen der Zeitnähe und der Vollständigkeit oder zwischen der Vollständigkeit und der Verständlichkeit, wurden ebenfalls herausgestellt. Mit diesem Ansatz leistet die Arbeit einen Beitrag zur Spezifizierung von Anforderungen an entscheidungsnützliche Informationen im Controlling.

Weiterhin stellte dieser modifizierte Anforderungskatalog die Grundlage für den zweiten Teil der Beantwortung der *Forschungsfrage 2* dar. Hierzu wurde in Abschnitt 5.2 unter Einbezug der Erkenntnisse aus den Kapiteln 2, 3 und 4 eine theoretische, literaturbasierte Analyse des Einflusses der Verwendung einer privaten Blockchain auf die Erfüllung der jeweiligen Controlling-spezifischen Anforderungen durchgeführt. Dabei wurde aufgezeigt, dass die möglichen Einflüsse stark heterogen sein können und ebenso unterschiedliche Folgen nach sich ziehen. Dennoch konnten die Potenziale von Blockchain im Rahmen der Anforderungen aufgezeigt und Einflusstendenzen deutlich gemacht werden. Die Verwendung einer privaten Blockchain beeinflusst die *grundlegenden Anforderungen* an Informationen im Controlling auf unterschiedliche Weise. Die Relevanz von Informationen wird nicht direkt durch Blockchain beeinflusst, sondern lediglich indirekt durch andere Anforderungen. Private Blockchains haben jedoch überwiegend positive Auswirkungen auf die Vollständigkeit, Manipulationsfreiheit und Fehlerfreiheit, wobei der Grad der Einflussnahme stark vom gewählten Konsensmechanismus abhängt. Die *unterstützenden Anforderungen* der Vergleichbarkeit und der Verständlichkeit bleiben durch den Einsatz von Blockchain unbeeinflusst. Im Gegensatz dazu wird die Nachprüfbarkeit von Informationen durch Blockchain erheblich gestärkt. Hinsichtlich der Zeitnähe zeigen sich gemischte Effekte: Während Automatisierungspotenziale einen positiven Einfluss haben können, führen aufwendige Konsensmechanismen und geringe Transaktionsraten zu einem tendenziell negativen Gesamteffekt auf diese Anforderung. Ein hoher Einfluss der Blockchain ist auch in Bezug auf die *Nebenbedingung* erkennbar. Die Nutzung von Blockchain bringt vielfältige Kosten- und Nutzeneffekte mit sich, die im Hinblick auf die Wirtschaftlichkeit zu berücksichtigen sind. Ob der Nutzen einer Information die Kosten des Blockchain-Einsatzes rechtfertigt, muss jedoch im Einzelfall geprüft werden, sodass eine pauschale Bewertung nicht möglich ist. Die Blockchain schränkt die Verfügbarkeit von Informationen im Regelfall nicht ein und unterstützt sie zusätzlich, beispielsweise durch die hohe Ausfallsicherheit des Netzwerks. Insgesamt lässt sich festhalten, dass die

Blockchain-Technologie das Potenzial bietet, die Nützlichkeit von Controlling-Informationen zu steigern, was insbesondere durch die positiven Effekte auf die Anforderungen der Manipulationsfreiheit, Fehlerfreiheit und Nachprüfbarkeit von Informationen begründet wird. Für die Verhaltenssteuerung erweist sich dies u. a. durch das hohe Bedeutungsgewicht der Manipulationsfreiheit als besonders wertvoll, während die Nutzung Blockchain-basierter Informationen im Rahmen der Entscheidungsunterstützung zu einem weniger stark ausgeprägten, aber dennoch positiven Beitrag führen kann.

Im Rahmen dieser Arbeit wurde somit erstmals eine ausführliche Analyse der Einflüsse einer Verwendung von Blockchain auf Controlling-Informationen durchgeführt. Die Ergebnisse bieten eine wichtige Grundlage zur Anknüpfung für weitere Untersuchungen hinsichtlich der Verwendung Blockchain-basierter Informationen im Rahmen des Controllings.

Zur Beantwortung der *dritten Forschungsfrage* wurde ebenfalls ein zweistufiges Vorgehen gewählt. In einem ersten Schritt wurde der Anforderungskatalog an die Nützlichkeit von Informationen im Controlling für die Zwecke der Entscheidungsunterstützung und Verhaltenssteuerung herangezogen und auf eine potenzielle Anwendbarkeit für den Kontext der Verrechnungspreisfestlegung hin überprüft. Dabei konnte aufgezeigt werden, dass die im Rahmen der Erfolgsermittlung festgestellten Bereichserfolge, welche auf Verrechnungspreisen basieren, als Entscheidungsgrundlage für das Bereichsmanagement und die Unternehmensleitung verwendet werden können und demnach der Entscheidungsunterstützungsfunktion des Controllings zuträglich sind. Durch die Verwendung der Bereichserfolge im Rahmen der Leistungsbeurteilung sowie durch eine Verknüpfung an ein finanzielles Anreizsystem enthält die Erfolgsermittlungsfunktion zudem Elemente, welche der Verhaltenssteuerungsfunktion des Controllings zuzuordnen sind. Außerdem werden Verrechnungspreise im Rahmen ihrer Koordinationsfunktion insbesondere für Zwecke der Verhaltenssteuerung eingesetzt. Somit konnte aufgezeigt werden, dass sich die Funktionen von Verrechnungspreisen mit den Zwecken des Controllings vereinbaren lassen. Schlussendlich konnte festgestellt werden, dass die Anforderungen, welche an Informationen im Rahmen ihrer Verwendung im Controlling gestellt werden, daher auch zur Bewertung von Informationen im Rahmen der Verrechnungspreisbildung herangezogen werden können. Hinsichtlich der Bedeutungsgewichte ergab die Untersuchung eine besondere Rolle der Manipulationsfreiheit. Sie besitzt sowohl für die Erfolgsermittlung als auch für die Koordinationsfunktion ein hohes Bedeutungsgewicht. In Bezug auf die anderen Anforderungen wurde kein weiterer Anpassungsbedarf der Bedeutungsgewichte festgestellt, die somit für die Controlling- und die Verrechnungspreisfunktionen gleich sind.

In einem zweiten Schritt konnten daraufhin die Analyseergebnisse aus Abschnitt 5.2, welche auf die Beantwortung der *Forschungsfrage 2* abzielten (s. o.), auf den Kontext von kostenorientierten Verrechnungspreisen übertragen werden. Dabei konnte zunächst gezeigt werden, dass der potenziell positive Einfluss der Verwendung einer privaten Blockchain auf die Erfüllung der Anforderungen an Informationen dazu beiträgt, dass eine aus Sicht des Controllings bessere Informationsgrundlage zur Verrechnungspreisbildung vorliegt und somit die kostenorientierten Verrechnungspreise eine bessere Koordination und Erfolgsermittlung der Bereiche ermöglichen sollten. Bei einer differenzierten Betrachtung ausgewählter Detailprobleme wurde weiterhin festgestellt, dass die zuvor beleuchteten Ergebnisse nicht universell gelten und spezifische Besonderheiten aus der Praxis berücksichtigt werden müssen. Besonders hervorzuheben sind dabei die indirekten Auswirkungen auf die Relevanz von Informationen, ein begrenzter Einfluss von Blockchain auf die Manipulationsfreiheit von manuell erstellten und gespeicherten Informationen sowie ein wohl unkritischer negativer Effekt auf die Zeitnähe. Je digitalisierter und automatisierter die zugrundliegenden Informationsprozesse sind und desto weniger menschliche Einflussnahme zwischen Informationsentstehung und deren Speicherung in einer privaten Blockchain möglich ist, desto eher können die Potenziale der Blockchain ausgeschöpft werden. Insgesamt konnten in Bezug auf die Beantwortung der *Forschungsfrage 3* wesentliche praxisrelevante Problemfelder, die die Verwendung einer privaten Blockchain mitbringen und welche sich jedoch nicht unmittelbar in der Analyse des Einflusses auf die Anforderungen an Informationen widerspiegelten, aufgedeckt werden.

Die vorliegende Arbeit leistet insgesamt einen wesentlichen Beitrag zur bestehenden Forschung und für die betriebliche Praxis, indem sie ein vertieftes Verständnis für die Potenziale der Blockchain-Technologie im Controlling schafft. Durch eine umfassende, kritische Analyse wurden die Auswirkungen der Blockchain-Technologie auf unternehmensinterne Informationsprozesse, die Nützlichkeit von Controlling-Informationen sowie die Festlegung kostenorientierter Verrechnungspreise auf Basis Blockchain-basierter Informationen aufgezeigt. Gleichzeitig werden zentrale Herausforderungen und potenzielle Detailprobleme für Unternehmen identifiziert.

Literaturverzeichnis

Adam, Katarina (2022): Blockchain-Technologie für Unternehmensprozesse: Sinnvolle Anwendungen der neuen Technologie in Unternehmen, 2. Auflage, Berlin, 2022.

Ahmad, Ashar / Alabduljabbar, Abdulrahman / Saad, Muhammad / Nyang, DaeHun / Kim, Joongheon / Mohaisen, David (2021): Empirically comparing the performance of blockchain's consensus algorithms, in: IET Blockchain, Heft 1 (1) 2021, S. 56–64.

Alam, Tanweer (2019): Blockchain and its Role in the Internet of Things (IoT), in: International Journal of Scientific Research in Computer Science, Engineering and Information Technology, Heft 5 (1) 2019, S. 151–157.

Aleksieva, Veneta / Valchanov, Hristo / Huliyan, Anton (2020): Smart Contracts based on Private and Public Blockchains for the Purpose of Insurance Services, in: 2020 International Conference Automatics and Informatics (ICAI), Varna, Bulgaria, 2020, S. 1–4.

Alsunaidi, Shikah J. / Alhaidari, Fahd A. (2019): A Survey of Consensus Algorithms for Blockchain Technology, in: 2019 International Conference on Computer and Information Sciences (ICCIS), hrsg. v. Institute of Electrical and Electronics Engineers, Inc., Sakaka (Saudi Arabia), 2019, S. 384–389.

Ashcroft, Sean (2023): Top 10 uses of blockchain in supply chain, https://supplychaindigital.com/top10/top-10-uses-of-blockchain-in-supply-chain, abgerufen am 08.09.2023.

Aste, Tomaso / Tasca, Paolo / Di Matteo, Tiziana (2017): Blockchain Technologies: The Foreseeable Impact on Society and Industry, in: Computer, Heft 9 (50) 2017, S. 18–28.

AWS (2019): Announcing General Availability of Amazon Managed Blockchain, https://aws.amazon.com/de/about-aws/whats-new/2019/04/introducing-amazon-managed-blockchain/#:~:text=Amazon%20Web%20Services%20%28AWS%29%20announces,Hyperledger%20Fabric%20is%20available%20today., abgerufen am 31.10.2023.

Azbeg, Kebira / Ouchetto, Ouail / Andaloussi, Said Jai / Fetjah, Laila (2021): An Overview of Blockchain Consensus Algorithms: Comparison, Challenges and Future Directions, in: Advances on Smart and Soft Computing – Proceedings of ICACIn 2020, hrsg. v. Saeed, Faisal / Al-Hadhrami, Tawfik / Mohammed, Fathey / Mohammed, Errais, Singapur, 2021, S. 357–369.

Baliga, Arati (2020): Understanding Blockchain Consensus Models, Whitepaper, 2020.

Balmer, Marco (2024): Blockchain-Plattformen für die Smart-Contract-Entwicklung – der komplette Leitfaden, https://kruschecompany.com/de/blockchain-plattformen-fur-smart-contract-entwicklung/, abgerufen am 29.05.2024.

© Der/die Herausgeber bzw. der/die Autor(en), exklusiv lizenziert an Springer Fachmedien Wiesbaden GmbH, ein Teil von Springer Nature 2025
T. Strathmann, *Blockchain-Technologie für Controlling-Informationen*, https://doi.org/10.1007/978-3-658-49477-3

Baltzer, Björn (2022): Controlling-Instrumente in der Unternehmenspraxis, in: Handbuch Controlling, hrsg. v. Becker, Wolfgang / Ulrich, Patrick, 2. Auflage, Wiesbaden, 2022, S. 89–113.

Bamberger, Boas (2017): Blockchain-Technologie: Vom Hype zur Wirklichkeit, Working Paper, Frankfurt School Blockchain Center, Frankfurt School of Finance & Management, Frankfurt, 2017.

Banafa, Ahmed (2016): A Secure Model of IoT with Blockchain, https://www.bbvaopenm ind.com/en/technology/digital-world/a-secure-model-of-iot-with-blockchain/, abgerufen am 30.05.2024.

Banerjee, Aritra / Clear, Michael / Tewari, Hitesh (2021): zkHawk: Practical Private Smart Contracts from MPC-based Hawk, in: 2021 3rd Conference on Blockchain Research & Applications for Innovative Networks and Services (BRAINS), Paris, France, 2021, S. 245–248.

Banerjee, Arnab (2018a): Blockchain Technology: Supply Chain Insights from ERP, in: Advances in Computer – Blockchain Technology: Platforms, Tools and Use Cases, Vol. 111, hrsg. v. Raj, Pehuru / Deka, Ganesh Chandra, Cambridge (Massachusetts, USA) et al., 2018, S. 69–98.

Banerjee, Arnab (2018b): Integrating Blockchain With ERP For A Transparent Supply Chain, https://www.infosys.com/Oracle/white-papers/Documents/integrating-blockc hain-erp.pdf, abgerufen am 04.06.2024.

Bantz, Alexander (2019): Konvergenz von wertorientierten Kennzahlen und Informationen der IFRS-Finanzberichterstattung, Wiesbaden, 2019.

Bazzanella, Danilo / Feraud, Elisa (2023): IoT and Blockchain Integration for Optimizing Smart City Public Transport: A Feasibility Case Study, Polytechnische Universität Turin, Italien, 2023.

Bea, Franz Xaver / Haas, Jürgen (2019): Strategisches Management, 10. Auflage, München, 2019.

Beck, Roman / Müller-Bloch, Christoph (2017): Blockchain as Radical Innovation: A Framework for Engaging with Distributed Ledgers, in: Proceedings of the 50th Hawaii International Conference on System Sciences, 2017, S. 5390–5399.

Becker, Wolfgang / Ulrich, Patrick / Botzkowski, Tim (2022): Controlling im Mittelstand, in: Handbuch Controlling, hrsg. v. Becker, Wolfgang / Ulrich, Patrick, 2. Auflage, Wiesbaden, 2022, S. 453–474.

Becker, Wolfgang / Ulrich, Patrick / Ebner, Robert / Neumann, Michael (2012) – Verrechnungspreismanagement im Mittelstand – dargestellt am Beispiel der NETZSCH-Gruppe, in: Corporate Finance, Heft 6 2012, S. 300–311.

Behringer, Stefan (2021): Controlling, 2. Auflage, Wiesbaden, 2021.

Beinke, Jan Heinrich / Tönnissen, Stefan / Samuel, Julia / Teuteberg, Frank (2020): Blockchain im Bankensektor – Chancen, Herausforderungen, Handlungsempfehlungen und Vorgehensmodell, in: Blockchain – Grundlagen, Anwendungsszenarien und Nutzungspotenziale, hrsg. v. Fill, Hans-Georg / Meier, Andreas, Wiesbaden, 2020, S. 135–147.

Belotti, Marianna / Božić, Nikola / Pujolle, Guy / Secci. Stefano (2019): A Vademecum on Blockchain Technologies: When, Which and How, in: IEEE Communications Surveys & Tutorials, Heft 4 (21) 2019, S. 3796–3838.

Berens, Wolfgang / Bertelsmann, René (2002): Controlling, in: Handwörterbuch Unternehmensrechnung und Controlling, hrsg. v. Küpper, Hans-Ulrich / Wagenhofer, Alfred, 4. Aufl., Stuttgart, 2002, Sp. 280–288.

Berthel, Jürgen (1975): Betriebliche Informationssysteme, Stuttgart, 1975.

Beutelspacher, Albrecht (2015): Kryptologie: Eine Einführung in die Wissenschaft vom Verschlüsseln, Verbergern und Verheimlichen, 10 Auflage, Wiesbaden, 2015.

Bhardwaj, Diwakar (2020): Raft and Paxos: A brief Introduction to the Basic Consensus Protocols Powering the Distributed Systems Today, https://medium.com/the-sixt-india-blog/raft-and-paxos-a-brief-introduction-to-the-basic-consensus-protocols-powering-dis tributed-systems-1a0ef7ca3acb, abgerufen am 07.09.2023.

Binder, Ursula (2022): Schnelleinstieg Controlling – Verständlich und praxisnah auf den Punkt gebracht, 7. Auflage, Freiburg, München, Stuttgart, 2022.

Bitcoin Core (2023): BitcoinCore – About us, https://bitcoincore.org/en/about/, abgerufen am 31.10.2023.

BitFury Group (2015): Public versus Private Blockchains – Part 1: Permissioned Blockchains, Whitepaper, https://bitfury.com/content/downloads/public-vs-private-pt1-1.pdf, abgerufen am 29.08.2023.

Blackburn, Robert / Lurz, Kristina / Priese, Benjamin / Göbb, Rainer / Darkow, Inga-Lena (2015): A predictive analytics approach for demand forecasting in the process industry, in: International Transactions in Operational Research, Heft 3 (22) 2015, S. 407–428.

Bogensperger, Alexander / Zeselmair, Andreas / Hinterstocker, Michael (2018): Die Blockchain-Technologie: Chance zur Transformation der Energieversorgung?, https://www.ffe.de/wp-content/uploads/2017/11/Blockchain_Teilbericht_Technologiebeschrei bung.pdf, abgerufen am 06.09.2023.

Borkert, Kristian (2018): Crowdfunding goes Blockchain – Teil 1: Einordnung und rechtliche Rahmenbedingungen von Tokensales, insb. Initial Coin Offerings, in: IT-Rechtsberater, Heft 2 2018, S. 39–43.

Bosamia, Mansi / Patel, Dharmendra (2020): Comparisons of Blockchain based Consensus Algorithms for Security Aspects, in: International Journal on Emerging Technologies, Heft 3 (11) 2020, S. 427–434.

Branwen, Gwern (2017): Bitcoin is worse is better. http://www.gwern.net/Bitcoin%20is%20Worse%20is%20Better, abgerufen am 19.05.2023.

Brown, Jason / Fisher, Joseph / Peffer, Sean / Sprinkle, Geoffrey (2017): The effect of budget framing and budget-setting process on managerial reporting, in: Journal of Management Accounting Research, Heft 29 (1) 2017, S. 31–44.

Brück, Christoph / Nikiforow, Nicole / Wagener, Sebastian (2018): Neue Verkettungen im Controlling durch die Blockchain-Technologie, in: Der Betrieb, Heft 16 (71) 2018, S. 905–912.

Buchholz, Liane (2019): Strategisches Controlling – Grundlagen, Instrumente, Konzepte, 3. Auflage, Münster, Wiesbaden, 2019.

Budman, Matthew / Bordoloi, Sayanika / Gangopadhyay, Narita / Bhat, Rupesh (2021): Deloitte's 2021 Global Blockchain Survey: A new age of digital assets, https://www2.del oitte.com/content/dam/insights/articles/US144337_Blockchain-survey/DI_Blockchain-survey.pdf, abgerufen am 26.11.2024.

Bundesamt für Sicherheit in der Informationstechnik (BSI) (2019): Blockchain sicher gestalten: Konzepte, Anforderungen, Bewertungen, https://www.bsi.bund.de/SharedDocs/Dow nloads/DE/BSI/Krypto/Blockchain_Analyse.pdf?__blob=publicationFile&v=3, abgerufen am 21.08.2023.

Bundesministerium für Wirtschaft und Klimaschutz (BMWK) (2022): Digitalisierung: Den digitalen Wandel gestalten, https://www.bmwk.de/Redaktion/DE/Dossier/digitalisierung. html, abgerufen am 26.11.2024.

Bundesnetzagentur (2016): Maschine-zu-Maschine (M2M), https://www.bundesnetzag entur.de/DE/Fachthemen/Telekommunikation/Technik/Standardisierung_alt/Funkanwen dungen/M2M/m2m-node.html, abgerufen am 30.05.2024.

Bundesnetzagentur (2021): Die Blockchain-Technologie: Grundlagen, Potenziale und Her-ausforderungen, https://www.bundesnetzagentur.de/DE/Fachthemen/Digitalisierung/Tec hnologien/Blockchain/Links_Dokumente/einfuehrung_bc.pdf?__blob=publicationFile &v=1, abgerufen am 01.09.2023.

Burkhardt, Daniel / Werling, Maximilian / Lasi, Heiner (2018): Distributed Ledger, in: Pro-ceedings of the 2018 IEEE International Conference on Engineering, Technology and Innovation, 2018, S. 1–9.

Buterin, Vitalik (2015): On Public and Private Blockchains, https://blog.ethereum.org/2015/ 08/07/on-public-and-private-blockchains, abgerufen am 02.08.2023.

Buterin, Vitalik (2017): The Meaning of Decentralization, https://medium.com/@VitalikBu terin/the-meaning-of-decentralization-a0c92b76a274, abgerufen am 28.09.2024.

Cachin, Christian / Vukolić, Marko (2017): Blockchain Consensus Protocols in the Wild, https://arxiv.org/abs/1707.01873, abgerufen am 28.09.2024.

Cakirkaya, Dursun Ozgur (2023): Blockchain Fees Comparison Guide: All You Need to Know, https://tatum.io/blog/blockchain-fees-comparison-guide, abgerufen am 31.10.2023.

Cao, Bin / Wang, Xuesong / Zhang, Weizheng / Song, Houbing / Lv, Zhihan (2020): A Many-Objective Optimization Model of Industrial Internet of Things Based on Private Blockchain, in: IEEE Network, Heft 34 (5) 2020, S. 78–83.

Capocasale, Vittorio / Gotta, Danilo / Perboli, Guido (2023): Comparative analysis of per-missioned blockchain frameworks for industrial applications, in: Blockchain: Research and Applications, Heft 1 (4) 2023, S. 1–13.

Carson, Brant / Romanelli, Giulio / Walsh, Patricia / Zhumaev, Askhat (2018): Blockchain beyond the hype: What is the strategic business value?, https://www.mckinsey.com/cap abilities/mckinsey-digital/our-insights/blockchain-beyond-the-hype-what-is-the-strate gic-business-value/, abgerufen am 19.05.2023.

Castro, Miguel / Liskov, Barbara (1999): Practical Byzantine Fault Tolerance, in: OSDI '99: Proceedings of the third symposium on Operating systems design and implementation, hrsg. v. Seltzer, Margo / Leach, Paul, Louisiana (New Orleans, USA), 1999, S. 173–186.

Celleja, Michael (2019): Erste Erfahrungen mit Blockchain-Gesetzen in Malta, https://www. drwerner.com/de/erste-erfahrungen-mit-blockchain-gesetzen-in-malta/, abgerufen am 22.11.2024.

Chalaemwongwan, Nutthakorn / Kurutach, Werasak (2018): State of the Art and Challen-ges Facing Consensus Protocols on Blockchain, in: Proceedings of the 2018 International Conference on Information Networking (ICOIN), 2018, S. 957–962.

Chaum, David Lee (1979): Computer Systems Established, Maintained, and Trusted by Mutually Suspicious Groups, https://chaum.com/wp-content/uploads/2022/02/techrep. pdf, abgerufen am 12.05.2023.

Chen, Xuan / Tian, Shujuan / Nguyen, Kien / Sekiya, Hiroo (2021): Decentralizing Private Blockchain-IoT Network with OLSR, in: Future Internet, Heft 13 (7) 2021, Artikel 168.

Chong, Vincent K. / Wang, Isabel Z. (2019): Delegation of decision rights and misreporting: The roles of incentive-based compensation schemes and responsibility rationalization, in: European Accounting Review, Heft 28 (2) 2019, S. 275–307.

Clemens, Ralf (2008): Verrechnungspreise in internationalen Konzernen – Aufgabenstellungen für das Controlling, in: Internationale Rechnungslegung und Internationales Controlling, hrsg. v. Funk, Wilfried / Rossmanith, Jonas, Wiesbaden, 2008, S. 285–318.

Coelho, Igor / Coelho, Vitor / Araujo, Rodolfo / Qiang, Wang Yong / Rhodes, Brett (2020): Challenges of PBFT-Inspired Consensus for Blockchain and Enhancements over Neo dBFT, in: Future Internet, Heft 8 (12) 2020, S. 1–20.

Coenenberg, Adolf Gerhard / Fischer, Thomas Martin / Günther, Thomas (2016): Kostenrechnung und Kostenanalyse, 9. Auflage, Stuttgart, 2016.

Czarnecki, Christian / Bensberg, Frank / Auth, Gunnar (2019): Die Rolle von Softwarerobotern für die zukünftige Arbeitswelt, in: HMD Praxis der Wirtschaftsinformatik, Heft 4 (56) 2019, S. 795–808.

Dai, Hong-Ning / Zheng, Zibin / Zhang, Yan (2019): Blockchain for Internet of Things: A Survey, in: IEEE Internet of Things Journal, Heft 5 (6) 2019, S. 8076–8094.

Davidson, Sinclair / de Filippi, Primavera / Potts, Jason (2016): Economics of Blockchain, https://papers.ssrn.com/sol3/papers.cfm?abstract_id=2744751, abgerufen am 20.05.2023.

Dawid, Roman (2022): Verrechnungspreise – Grundlagen und Praxis, 3. Auflage, Wiesbaden, 2022.

Deloitte (2016): Vorstellung der Blockchain-Technologie „Hallo, Welt!", https://www2.del oitte.com/content/dam/Deloitte/de/Documents/Innovation/Vorstellung%20der%20Bloc kchain-Technologie.pdf, abgerufen am 08.09.2023.

Demirhan, Habip (2020): The Control of Transfer Pricing of Corporations by Blockchain Technology: Challenges and Solutions, in: Handbook of Research on Strategic Fit and Design in Business Ecosystems, hrsg. v. Hacioglu, Umit, Istanbul (Türkei), 2020, S. 377–393.

Devopedia (2021): Types of Blockchains, https://devopedia.org/types-of-blockchains, abgerufen am 07.09.2023.

Dib, Omar / Brousmiche, Kei-Leo / Durand, Antoine / Thea, Eric / Ben Hamida, Elyes (2018): Consortium Blockchains: Overview, Applications and Challenges, in: International Journal on Advances in Telecommunications, Heft 1&2 (11) 2018, S. 51–64.

Diehl, Andreas (2023): Blockchain einfach erklärt – Wie funktioniert die Blockchain?, https://digitaleneuordnung.de/blog/blockchain-erklaerung/, abgerufen am 24.10.2024.

Drescher, Daniel (2017a): Blockchain Grundlagen: Eine Einführung in die elementaren Konzepte in 25 Schritten, Frechen, 2017.

Drescher, Daniel (2017b): Hash-Functions, http://blockchain-basics.com/HashFunctions. html, abgerufen am 22.09.2024.

Dziembowski, Stefan / Faust, Sebastian / Kolmogorov, Vladimir / Pietrzak, Krzysztof (2015): Proofs of Stake, in: Advances in Cryptology – CRYPTO 2015, hrsg. v. Gennaro, Rosario / Robshaw, Matthew, Band 2, Berlin, Heidelberg, 2015, S. 585–605.

Eickemeyer, Steffen / Lattemann, Christoph / Halaszovich, Tilo / Busch, Jan (2020): Wertschöpfungs- und Lieferketten am Beispiel der New Silk Road, in: Blockchain – Grundlagen, Anwendungsszenarien und Nutzungspotenziale, hrsg. v. Fill, Hans-Georg / Meier, Andreas, Wiesbaden, 2020, S. 215–233.

El Ioini, Nabil / Pahl, Claus (2018): A Review of Distributed Ledger Technologies, in: On the Move to Meaningful Internet Systems. OTM 2018 Conferences, hrsg. v. Panetto, Hervé / Debruyne, Christophe / Proper, Henderik A. / Ardagna, Claudio Agostino / Roman, Dumitru / Meersman, Robert, Cham (Schweiz), 2018, S. 277–288.

Erbguth, Jörn (2019a): Blockchain und DSGVO, https://erbguth.net/slides/JusletterBlockc hainDSGVO.pdf, abgerufen am 22.11.2024.

Erbguth, Jörn (2019b): Datenschutzkonforme Verwendung von Hashwerten auf Blockchains, in: Multimedia und Recht (MMR), Heft 10 (22) 2019, S. 654–660.

Eschenbach, Rolf / Siller, Helmut (2019): Controlling professionell – Gut gerüstet für digitale Herausforderungen, 3. Auflage, Wien, Stuttgart, 2019.

Europäische Kommission (o.J.): Was regelt die Datenschutz-Grundverordnung?, https://com mission.europa.eu/law/law-topic/data-protection/reform/what-does-general-data-protec tion-regulation-gdpr-govern_de#:~:text=Examples-,Antwort,oder%20Organisationen% 20in%20der%20EU, abgerufen am 09.11.2023.

Ewert, Ralf / Wagenhofer, Alfred (2014): Interne Unternehmensrechnung, 8. Auflage, Berlin, Heidelberg, 2014.

Ewert, Ralf / Wagenhofer, Alfred / Rohlfing-Bastian, Anna (2023): Interne Unternehmensrechnung, 9. Auflage, Berlin, Heidelberg, 2023.

Fatz, Filip / Hake, Philip / Fettke, Peter (2020): Blockchain-Nutzung im Steuerbereich, in: Blockchain – Grundlagen, Anwendungsszenarien und Nutzungspotenziale, hrsg. v. Fill, Hans-Georg / Meier, Andreas, Wiesbaden, 2020, S. 149–170.

Faupel, Benedikt / Weber, Anja (2021): Blockchain – Wo steht die deutsche Wirtschaft im Jahr 2021?, https://www.bitkom.org/sites/default/files/2021-12/16.12.21-chartbericht-blockchain-2021.pdf, abgerufen am 26.11.2024.

Faustino Bauer, Michael / Schulte, Martin / Schwab, Jakob Benjamin (2019): Was Blockchain für das Accounting bedeutet, in: Controlling & Management Review, Heft 5 (63) 2019, S. 40–46.

Fenwick, Mark / Wrbka, Stefan (2020): Rechtsfragen der digitalen Transformation, in: Blockchain – Grundlagen, Anwendungsszenarien und Nutzungspotenziale, hrsg. v. Fill, Hans-Georg / Meier, Andreas, Wiesbaden, 2020, S. 39–61.

Filipova, Nadezhda (2018): Blockchain – An opportunity for developing new business models, in: Business Management, Heft 2 (28) 2018, S. 75–92.

Fill, Hans-Georg / Härer, Felix / Meier, Andreas (2020): Wie funktioniert die Blockchain? in: Blockchain – Grundlagen, Anwendungsszenarien und Nutzungspotenziale, hrsg. v. Fill, Hans-Georg / Meier, Andreas, Wiesbaden, 2020, S. 3–19.

Fill, Hans-Georg / Meier, Andreas (2020): Blockchain kompakt: Grundlagen, Anwendungsoptionen und kritische Bewertung, Wiesbaden, 2020.

Fischer, Thomas / Möller, Klaus / Schultze, Wolfgang (2015): Controlling – Grundlagen, Instrumente und Entwicklungsperspektiven, 2. Auflage, Stuttgart, 2015.

Flick Gocke Schaumburg / Horváth (2023): Transferpreisstudie 2023: Steuerung und Besteuerung von Vertriebsgesellschaften – Empirische Erkenntnisse, Studie, 2023.

Franke, Benedikt / Gao Fritz, Qi Gao / Stenzel, André (2023): The (Limited) Power of Blockchain Networks for Information Provision, in: Management Science, Heft 2 (70), S. 971–990.

Frankenfield, Jake (2021): Blockchain-as-a-Service (BaaS) Meaning and Major Players, https://www.investopedia.com/terms/b/blockchainasaservice-baas.asp, abgerufen am 31.10.2023.

Franz, Klaus-Peter (2017): Controllingkonzeptionen – mehr Gemeinsamkeiten als Unterschiede, in: Controlling – Konzeptionen, Instrumente, Anwendungen, hrsg. v. Hoffjan, Andreas / Knauer, Thorsten / Wömpener, Andreas, Stuttgart, 2017, S. 63–77.

Franz, Klaus-Peter / Winkler, Carsten (2006): Unternehmenssteuerung nach IFRS: Grundlagen und Praxisbeispiele, München, 2006.

Frese, Erich (1990): Das Profit-Center-Konzept im Spannungsfeld von Organisation und Rechnungswesen, in: Finanz- und Rechnungswesen als Führungsinstrument, hrsg. v. Ahlert, Dirk / Franz, Klaus-Peter / Göppl, Hermann, Wiesbaden, 1990, S. 137–155.

Fridgen, Gilbert / Guggenberger, Nikolas / Hoeren, Thomas / Prinz, Wolfgang / Urbach, Nils / Baur, Johannes / Brockmeyer, Henning / Gräther, Wolfgang / Rabovskaja, Elisaweta / Schlatt, Vincent / Schweizer, André / Sedlmeir, Johannes / Wederhake, Lars (2019): Chancen und Herausforderungen von DLT (Blockchain) in Mobilität und Logistik, Berlin, 2019.

Friedl, Birgit (2013): Controlling, 2. Auflage, Konstanz, 2013.

Friedl, Gunther / Hofmann, Christian / Pedell, Burkhard (2017): Kostenrechnung: Eine entscheidungsorientierte Einführung, 3. überarbeitete Auflage, München, 2017.

Fülbier, Rolf Uwe / Seitz, Jan / Gilbert, Gilbert (2019): Blockchain im Rechnungswesen: Einige Gedanken über Möglichkeiten und Grenzen, in: Der Betrieb, Heft 24 (72) 2019, S. 1337–1344.

Furrer, Vincent / Deck, Klaus-Georg (2020): Das Potenzial von Smart Contracts an einem Beispiel aus der Finanzbranche – Smart Rating, in: Digitale Transformation und Unternehmensführung – Trends und Perspektiven für die Praxis, hrsg. v. Schellinger, Jochen / Tokarski, Kim Oliver / Kissling-Näf, Ingrid, Bern (Schweiz), Wiesbaden, 2020, S. 285–304.

Gai, Fangyu / Wang, Baosheng / Deng, Wenping / Peng, Wei (2018): Proof of Reputation: A Reputation-Based Consensus Protocol for Peer-to-Peer Network, in: Database Systems for Advanced Applications 2018, hrsg. v. Pei, Jian / Manolopoulos, Yannis / Sadiq, Shazia / Li, Jianxin Springer, Cham (Schweiz), 2018, S. 666–681.

Gandomi, Amir / Haider, Murtaza (2015): Beyond the hype: Big data concepts, methods, and analytics, in: International Journal of Information Management, Heft 2 (35) 2015, S. 137–144.

Ganne, Emmanuelle (2018): Can Blockchain revolutionize international trade?, Genf (Schweiz), 2018.

Gänßlen, Siegfried / Losbichler, Heimo / Nidermayr, Rita / Rieder, Lukas / Schäffer, Utz / Weber, Jürgen (2012): Grundsatzposition des Internationalen Controller Vereins (ICV) und der International Group of Controlling (IGC), https://www.icv-controlling.com/fileadmin/Verein/Verein_Dateien/Grundsatzpapier/Grundsatzpapier_DEUTSCH.pdf, abgerufen am 15.03.2023.

Garg, Rishabh (2023): Blockchain for Real World Applications, Hoboken, New Jersey (USA), 2023.

Gentemann, Lukas (2019): Blockchain in Deutschland – Einsatz, Potenziale, Herausforderungen (Studienbericht 2019), https://www.bitkom.org/sites/default/files/2019-06/190 613_bitkom_studie_blockchain_2019_0.pdf, abgerufen am 12.05.2023.

Ghiro, Lorenzo / Restuccia, Francesco / D'Oro, Salvatore / Basagni, Stefnao / Melodia, Tommaso / Maccari, Leonardo / Lo Cigno, Renato (2021): A Blockchain Definition to Clarify its Role for the Internet of Things, in: 19th Mediterranean Communication and Computer Networking Conference (MedComNet), Ibiza, Spanien, 2021, S. 1–8.

Gilbert, Henri / Handschuh, Helena (2004): Security Analysis of SHA-256 and Sisters, in: Selected Areas in Cryptography, 10th Annual International Workshop, SAC 2003, Ottawa, Canada, August 14–15, 2003, Revised Papers, hrsg. v. Matsui, Mitsuru / Zuccherato, Robert, Berlin, Heidelberg, New York, 2004, S. 175–193.

GoChainGo (2018): Proof of Reputation, https://medium.com/gochain/proof-of-reputation-e37432420712, abgerufen am 29.08.2023.

Gou, Huaqun / Yu, Xingjie (2022): A survey on blockchain technology and its security, in: Blockchain: Research and Applications, Heft 2 (3) 2022, S. 1–15.

Graf, Hagen (2017): Zentrale, dezentrale und verteilte Systeme, https://blog.novatrend.ch/2017/12/25/zentrale-dezentrale-und-verteilte-systeme/, abgerufen am 20.09.2024.

Gray, Marley (2015): Ethereum Blockchain as a Service now on Azure, https://azure.microsoft.com/en-us/blog/ethereum-blockchain-as-a-service-now-on-azure/, abgerufen am 31.10.2023.

Große, Nick / Gürpinar, Tan / Henke, Michael (2021): Blockchain-Enabled Trust in Intercompany Networks Applying the Agency Theory, in: Proceedings of the 2021 3rd Blockchain and Internet of Things Conference, hrsg. v. Association for Computing Machinery, Hi Chi Minh City (Vietnam), 2021, S. 8–14.

Gschwend, Walter (1987): Die Zielproblematik des Verrechnungspreises – Eine kritische Analyse der verschiedenen Verrechnungspreisfunktionen. St. Gallen, 1987.

Gunning, David / Stefik, Mark / Choi, Jaesik / Miller, Timothy / Stumpf, Simone / Yang, Guang-Zhong (2019): XAI-Explainable artificial intelligence, in: Science robotics, Heft 37 (4) 2019.

Guo, Fengyang / Xiao, Xun / Hecker, Artur / Dustdar, Schahram (2023): A Theoretical Model Characterizing Tangle Evolution in IOTA Blockchain Network, in: IEEE Internet of Things Journal, Heft 2 (10) 2023, S. 1259–1273.

Gurtu, Amulya / Johny, Jestin (2019): Potential of blockchain technology in supply chain management: a literature review, in: International Journal of Physical Distribution & Logistics Management, Heft 9 (49) 2019, S. 881–900.

Hacker, Winfried / Pietrzyk, Ulrike / Günther, Thomas / Kirsch, Tim Lukas (2019): Gesundes Arbeiten mit vernetzten digitalen Arbeitsmitteln, in: Arbeit in der digitalisierten Welt – Stand der Forschung und Anwendung im BMBF-Förderschwerpunkt, hrsg. v. Bauer, Wilhelm / Stowasser, Sascha / Mütze-Niewöhner, Susanne / Zanker, Claus / Brandl, Karl-Heinz, Stuttgart et al., 2019, S. 98–105.

Hädicke, Tim (2023): Innovative Wissenstransferformate für den Mittelstand, https://www.mittelstand-digital-wertnetzwerke.de/blog/wissensmanagement-innovative-wissenstransferformate-fuer-den-mittelstand/, abgerufen am 26.11.2024.

Hahn, Dietger / Hungenberg, Harald (2001): PuK: Planung und Kontrolle: Wertorientierte Controlling-Konzepte, 6. Auflage, Wiesbaden, 2001.

Hanken, Jörg (2017): Neue Regeln für Verrechnungspreise, in: Controlling & Management Review, Heft 6 (61) 2017, S. 54–59.

Hanken, Jörg (2020): Verrechnungspreise: Neue Pflichten durch die BEPS-Regelungen, Country-by-Country-Reporting und andere Dokumentationspflichten, in: Konzerncontrolling 2020, hrsg. v. Gleich, Ronald / Grönke, Kai / Kirchmann, Markus / Leyk, Jörg (2020), Freiburg, München, 2020, S. 99–122.

Hanken, Jörg / Kleinhietpaß, Guido / Lagarden, Martin (2017): Verrechnungspreise: Praxisleitfaden für Controller und Steuerexperten, 2. Auflage, Freiburg, München, Stuttgart, 2017.

Hannan, R. Lynn / Rankin, Frederick W. / Towry, Kristy L. (2006): The effect of information systems on honesty in managerial reporting: A behavioral perspective, in: Contemporary Accounting Research, Heft 23 (4) 2006, S. 885–918.

Hasenfratz, Jérémy (2021): ERP-System: Definition, Funktionalitäten... Alles über ERPst, https://www.appvizer.de/magazin/organisation-planung/erp/erp-system-definition#:~: text=ERP)%20Software%20ansehen-,Was%20ist%20ERP%3F,operativen%20Dienste% 20eines%20Unternehmens%20erm%C3%B6glicht., abgerufen am 07.11.2024.

Hebertinger, Martin (2002): Wertsteigerungsmaße: Eine kritische Analyse, Frankfurt am Main, 2002.

Heckmann, Dirk / Schmid, Alexander (2017): Blockchain und Smart Contracts – Recht und Technik im Überblick, https://www.vbw-bayern.de/Redaktion/Frei-zugaengliche-Medien/Abteilungen-GS/Wirtschaftspolitik/2019/Downloads/190509-Blockchain-und-Smart-Contracts_neu.pdf, abgerufen am 30.05.2024.

Hein, Cathrin / Wellbrock, Wanja / Hein, Christoph (2019): Rechtliche Herausforderungen von Blockchain-Anwendungen: Straf-, Datenschutz- und Zivilrecht, 2. Auflage, Wiesbaden, 2019.

Held, Andrea (2015): Hochverfügbarkeit und Downtime: Metriken, https://www.informatik-aktuell.de/betrieb/verfuegbarkeit/hochverfuegbarkeit-und-downtime-metriken.html, abgerufen am 20.09.2024.

Hellwig, Daniel / Karlic, Goran / Huchzermeier, Arnd (2021): Entwickeln Sie Ihre eigene Blockchain: Ein praktischer Leitfaden zur Distributed-Ledger-Technologie, Berlin, Heidelberg, 2021.

Hileman, Garrick / Rauchs, Michel (2017): 2017 Global Blockchain Benchmarking Study, https://papers.ssrn.com/sol3/papers.cfm?abstract_id=3040224, abgerufen am 28.09.2024.

Hirscher, Myriam Anna (2020): Goodwill-Allokation im Accounting, Wiesbaden, 2020.

Hirschfelder, Oliver / Schlecht, Laura / Buchwald, Arne (2018): Blockchain: Potenzielle Auswirkungen auf das Controlling, in: Digitalisierung & Controlling: Technologien, Instrumente, Praxisbeispiele, hrsg. v. Gleich, Roland / Tschandl, Martin, Freiburg, München, Stuttgart, 1. Auflage, 2018, S. 102–116.

Hirshleifer, Jack (1956): On the Economics of Transfer Pricing, in: The Journal of Business, Heft 3 (29) 1956, S. 172–184.

Hoops, Jan Felix (2017): An introduction to Public and Private Distributed Ledgers, in: Proceedings of the Seminars Future Internet (FI) and Innovative Internet Technologies and Mobile Communication (IITM) – Focal Topic: Advanced Persistent Threats, hrsg. v. Carle, Georg / Raumer, Daniel / Schwaighofer, Lukas, München, 2017, S. 41–48.

Horváth, Péter (1993). Controllinginstrumente, in: Handwörterbuch der Betriebswirtschaft, hrsg. v. Wittmann, Waldemar, 5. Auflage, Stuttgart, S. 669–680.

Horváth, Péter (2012): Controlling, 12. Auflage, München, 2012.

Horváth, Péter / Gleich, Roland / Seiter, Mischa (2020): Controlling, 14. Auflage, München, 2020.

Horváth, Péter / Gleich, Roland / Seiter, Mischa (2024): Controlling, 15. Auflage, München, 2024.

Horváth, Péter / Goedecke, Axel / Grönke, Kai / Jäck, Klaus Martin / Kappes, Michael / Kirchberg, Andreas / Kreuzer, Achim / Linsner, René / Palmer, Daniel / Ritzmann, Michael / Tobias, Stefan / Vocelka, Alexander / Wenning, Achim (2016): Das Controllingkonzept: Die Gestaltung eines wirkungsvollen Controllingsystems, 8. Auflage, München, 2016.

Hou, Lu / Xu, Xiaojun / Zheng, Kann / Wang, Xianbin (2021): An Intelligent Transaction Migration Scheme for RAFT-based Private Blockchain in Internet of Things Applications, in: IEEE Communications Letters, Heft 25 (8) 2021, S. 2753–2757.

Howard, Heidi (2014): ARC: Analysis of Raft Consensus, Technical Report, University of Cambridge, 2014.

Howard, Heidi / Mortier, Richard (2020): Paxos vs Raft: Have we reached consensus on distributed consensus?, in: PaPoC '20: Proceedings of the 7th Workshop on Principles and Practice of Consistency for Distributed Data, hrsg. v. Fakete, Alan / Kleppmann, Martin, New York (USA), 2020, Artikel 8, S. 1–9.

Hubert, Boris (2018): Controlling-Konzeptionen: Ein schneller Einstieg in Theorie und Praxis, 2. Auflage, Wiesbaden, 2018.

Hyperledger Performance and Scale Working Group (2018): Hyperledger Blockchain Performance Metrics, https://8112310.fs1.hubspotusercontent-na1.net/hubfs/8112310/Hyperledger/Printables/HL_Whitepaper_Metrics_PDF_V1.01.pdf, abgerufen am 05.11.2024.

Iablokov, Artur (2019): Kostenanalyse einer Blockchain-basierten IoT-Infrastruktur mit Ethereum und Swarm, https://reposit.haw-hamburg.de/bitstream/20.500.12738/9127/1/BA_Artur_Iablokov.pdf, abgerufen am 30.05.2024.

Iansiti, Marco / Lakhani, Karim R. (2017): The Truth About Blockchain, in: Harvard Business Review, Heft 1 (95) 2017, S. 118–127.

IBM (o.J.): Was sind Smart Contracts in einer Blockchain?, https://www.ibm.com/de-de/topics/smart-contracts, abgerufen am 29.05.2024.

ICV (2013): Was macht Controller erfolgreich(er)? – Auf das Verhalten kommt es an!, https://www.icv-controlling.com/fileadmin/Wissen/Frei_f%C3%BCr_alle__Controller_Magazin_Statement__White_Paper__Schriftenreihe__Dream_Car_Bericht/ICV_Statement_Was_macht_Controller_erfolgreich_er__NICHTMITGLIEDER_G4.pdf, abgerufen am 15.03.2023.

Informatik Aktuell / Sandner, Philipp (2017): Blockchain und IoT: Neue Technologien, neue Produkte, neue Geschäftsmodelle, https://www.youtube.com/watch?v=cQV_iC6Uy-s, abgerufen am 03.11.2024.

Ingelheim, Alexander (2019): Das erste Jahr DSGVO – Eine Bestandsaufnahme, in: Controlling & Management Review, Heft 4 (63) 2019, S. 68–71.

Ionescu, Laurentiu-Mihai / Mazare, Alin-Gheorghita / Ionescu, Nadia / Lita, Adrian Ioan (2022): Energy consumption monitoring using private blockchain network based on Ethereum smart contracts, in: 2022 IEEE 28th International Symposium for Design and Technology in Electronic Packaging (SIITME), Bucharest, Romania, 2022, S. 132–135.

IWD (2024): Datenmenge wächst rasant, https://www.iwd.de/artikel/datenmenge-explodiert-431851/, abgerufen am 26.11.2024.

Jakob, Sabine / Schulte, Axel T. / Sparer, Dominik / Koller, Roman / Henke, Michael (2018): Blockchain und Smart Contracts: Effiziente und sichere Wertschöpfungsnetzwerke, in: Future Challenges in Logistics and Supply Chain Management, hrsg. v. ten Hompel, Michael / Henke, Michael / Clausen, Uwe, Ausgabe 10, Dortmund, 2018.

Jo, Minho / Hu, Kai / Yu, Richard / Sun, Li / Conti, Mauro / Du, Qinghe (2020): Private Blockchain in Industrial IoT, in: IEEE Network, Heft 34 (5) 2020, S. 76–77.

Joshi, Shashank (2021): Feasibility of Proof of Authority as a Consensus Protocol Model, https://arxiv.org/abs/2109.02480, abgerufen am 23.10.2024.

Jumaa, Maral Hassan / Shakir, Ahmed Chalak (2022): Iraqi E-Voting System Based on Smart Contract Using Private Blockchain Technology, in: Informatica, Heft 6 (46) 2022, S. 87–94.

Jung, Reinhard (2019): Informationsangebot, https://wi-lex.de/index.php/lexikon/informations-daten-und-wissensmanagement/grundlagen-der-informationsversorgung/informationsangebot/, abgerufen am 31.05.2024.

Kahn, Beverly K. / Strong, Diane M. / Wang, Richard Y. (2002): Information quality benchmarks: product and service performance, in: Communications of the ACM, Heft 4 (45) 2002, S. 184–192.

Karnowsky, Lars (2019): Die Rolle von Beratern bei der Verbreitung neuer Controlling-Instrumente – Contra: Warum Unternehmen keine Controlling-Beratung brauchen, in: Controlling, Heft S (31) 2019, S. 116.

Kaulartz, Markus / Heckmann, Jörn (2016): Smart Contracts – Anwendungen der Blockchain-Technologie, in: Computer und Recht, Heft 9 (32) 2016, S. 618–624.

Keimer, Imke / Egle, Ulrich (2018): Die Treiber der Digitalisierung im Controlling, in: Controlling & Management Review, Heft 4 (62) 2018, S. 62–67.

Kirkland, Rik (2016): How blockchains could change the world, https://www.mckinsey.com/industries/technology-media-and-telecommunications/our-insights/how-blockchains-could-change-the-world/, abgerufen am 31.10.2024.

Kleinrock, Leonard / Ostrovsky, Rafail / Zikas, Vassilis (2020): Proof-of-Reputation Blockchain with Nakamoto Fallback, in: Progress in Cryptology – INDOCRYPT 2020, hrsg. v. Bhargavan, Karthikeyan / Oswald, Elisabeth / Prabhakaran, Manoj, Cham (Schweiz), 2020, S. 16–38.

Klingebiel, Johannes (2019): Kritische Notizen zur Blockchain, in: Medienwandel kompakt 2017–2019: Schlaglichter der Veränderung in Kommunikation, Medienwirtschaft, Medienpolitik und Medienrecht – Ausgewählte Netzveröffentlichungen, hrsg. v. Krone, Jan, Sankt Plöten (Österreich), Wiesbaden, 2019, S. 31–40.

Knauer, Thorsten / Nuss, Alexander / Wömpener, Andreas (2012). Der instrumentelle Kern des Controllings, in: Controller Magazin, Heft 1 (37) 2012, S. 6–73.

Kosiol, Erich (1968): Einführung in die Betriebswirtschaftslehre: Die Unternehmung als wirtschaftliches Aktionszentrum, Wiesbaden, 1968.

KPMG (2023): Digitalisierung im Rechnungswesen: Ausgabe 2022/2023 (Studie), https://hub.kpmg.de/hubfs/KPMG%20Studie%20Digitalisierung%20im%20Rechnungswesen%202022-2023_sec.pdf?utm_campaign=AUDIT%20-%20Studie%20-%20Digitalisierung%20im%20Rechnungswesen%202022&utm_medium=email&_hsenc=p2ANqtz-9vlMyxrGVGDJapHaZiv80u31uf7vomKGPsALfqcNBMiLqNQGM2AnsAfl2mObL9hI486HRepB2XD358afmeIGjRoMA1vmtvT7gH5rw6n2OATHASsDY&_hsmi=232809725&utm_content=232809725&utm_source=hs_automation, abgerufen am 26.11.2024.

KPMG (2024): Digitalisierung im Rechnungswesen: Studienausgabe 2023/2024, https:// hub.kpmg.de/hubfs/LandingPages-PDF/KPMG-Digitalisierung-im-Rechnungswesen-23-24.pdf?utm_campaign=AUDIT%20-%20Studie%20Digitalisierung%20im%20R echnungswesen%202023%2F2024&utm_medium=email&_hsenc=p2ANqtz-_Kan_JVi 4MZZpp3IlkaUt9_CK_217YFoMHfqYIOlV7IZ8LHoVRMuhuIwIeI7Iln-owd3BWwRu 4zsQbqXpHOGVIfTw49tsfjiDZ2OpdyIXk2mumy60&_hsmi=294063582&utm_con tent=294063582&utm_source=hs_automation, abgerufen am 26.11.2024.

Krcmar, Helmut (2015): Informationsmanagement, 6. Auflage, Berlin, Heidelberg, 2015.

Kremer, Marlen (2022): Private Blockchains: Ein Widerspruch in sich?, https://www. btc-echo.de/news/private-blockchains-ein-widerspruch-in-sich-149136/, abgerufen am 26.09.2024.

Kunde, Elke / Kaulartz, Markus / Ben Naceur, Med Ridha / Liban, Samater / Kunz, Matthias / Skwarek, Volker / Adam, Katarina / Weiß, Rebekka / Liesenjohann, Marco (2017): Blockchain und Datenschutz – Faktenpapier, https://www.bitkom.org/sites/default/ files/file/import/180502-Faktenpapier-Blockchain-und-Datenschutz.pdf, abgerufen am 12.05.2023.

Kunduru, Arjun Reddy (2023): Blockchain Technology for ERP Systems: A Review, in: AMERICAN Journal of Engineering, Mechanics and Architecture, Heft 7 (1) 2023, S. 56–63.

Küpper, Hans-Ulrich / Friedl, Gunther / Hofmann, Christian / Hofmann, Yvette / Pedell, Burkhard (2013): Controlling: Konzeption, Aufgaben, Instrumente, 6. Auflage, Stuttgart, 2013.

Lamport, Leslie (1998): The Part-Time Parliament, in: ACM Transactions on Computer Systems, Heft 2 (16) 1998, S. 133–169.

Lamport, Leslie / Shostak, Robert / Pease, Marshall (1982): The Byzantine Generals Pro-blem, in: ACM Transactions on Programming Languages and Systems (TOPLAS), Heft 3 (4) 1982, S. 382–401.

Langfield-Smith, Kim / Smith, David / Andon, Paul / Thorne, Helen / Hilton, Ronald (2018): Management Accounting: Information for Creating and Managing Value, 8. Auflage, Sydney, 2018.

Lautwein, Michael (2021): IoT, KI, Blockchain und Quantencomputer – Transformationen durch Technologiekonvergenzen, in: Informationen zur Raumentwicklung, Heft 3 2021, S. 102–115.

Lawrence, Damilola (2023): Dezentrale vs. verteilte Blockchain-Netzwerke, welches ist bes-ser?, https://www.cryptopolitan.com/de/dezentrale-vs.-verteilte-blockchain/#The_Role_ of_Decentralization_and_Distribution_in_Blockchain, abgerufen am 20.09.2024.

Lawrenz, Sebastian / Fischer, Helge (2023): Daten und Informationen – Das Geschäft mit dem Öl des 21. Jahrhunderts, in: Entrepreneurship der Zukunft: Voraussetzung, Implementierung und Anwendung von Künstlicher Intelligenz im Rahmen datenbasierter Geschäftsmodelle, hrsg. v. Heim, Lars / Gerth, Sebastian, Wiesbaden, 2023, S. 35–58.

Lehner, Johannes / Schützeneder, Philipp / Sametinger, Johannes (2020): Custom Tokens und Smart Contracts zur Projektsteuerung, in: Blockchain – Grundlagen, Anwendungssze-narien und Nutzungspotenziale, hrsg. v. Fill, Hans-Georg / Meier, Andreas, Wiesbaden, 2020, S. 65–85.

Leibfried, Peter / Petry, Heiko (2019): Potenzielle Auswirkungen der Blockchain-Technologie auf die Wertschöpfungskette der Finanzberichterstattung, in: Controlling & Innovation 2019, hrsg. v. Kümpel, Thomas / Schlenkrich, Kay / Heupel, Thomas, Essen, Düsseldorf, Wiesbaden, 2019, S. 188–198.

Li, Daming / Deng, Lianbing / Cai, Zhiming / Souri, Alizera (2020): Blockchain as a service models in the Internet of Things management: Systematic review, in: Transactions on Emerging Telecommunications Technologies, Heft 4 (33) 2020, S. 1–17.

Liechtenstein Cryptoassets Exchange (2023): Proof-of-Authority explained, https://www.lcx.com/proof-of-authority-explained/, abgerufen am 23.10.2024.

Linke, Daniel / Strahringer, Susanne (2020): Blockchain-Integration in ERP-Systeme – Fallbeispiel Daimler AG, in: Blockchain – Grundlagen, Anwendungsszenarien und Nutzungspotenziale, hrsg. v. Fill, Hans-Georg / Meier, Andreas, Wiesbaden, 2020, S. 173–193.

Louw, Liz (2024): The rise of blockchain in business intelligence applications: A beginner's guide, https://www.bsvblockchain.org/news/the-rise-of-blockchain-in-business-intelligence-applications-a-beginner-guide, abgerufen am 04.06.2024.

Majaski, Christina (2023): Distributed Ledgers: Definition, How They're Used, and Potential, https://www.investopedia.com/terms/d/distributed-ledgers.asp, abgerufen am 20.09.2024.

Marchesi, Lodovia / Marchesi, Michele / Tonelli, Roberto / Lunescu, Maria Ilaria (2022): A blockchain architecture for industrial applications, in: Blockchain: Research and Applications, Heft 4 (3) 2022, S. 1–13.

Martini, Jan Thomas (2007): Verrechnungspreise zur Koordination und Erfolgsermittlung, Dissertation, Bielefeld, 2007.

Mateo-Cortés, José / Arias-Antúnez, Enrique / Cazorala-López, Diego (2023): Impact of Blockchain Technology for Business and Information Systems: Automation of Inter-Company Debt Compensation Case Study, in: Applied Sciences, Heft 8 (13) 2023, S. 1–14.

Mattila, Juri (2016): The Blockchain Phenomenon: The Disruptive Potential of Distributed Consensus Architectures, Working Paper, The Berkeley Roundtable on the International Economy, University of California, Berkeley (Kalifornien, USA), 2016.

Mazières, David (2016): The Stellar Consensus Protocol: A Federated Model for Internet-level Consensus, https://stellar.org/papers/stellar-consensus-protocol, abgerufen am 06.09.2023.

Meier, Andreas / Stormer, Henrik (2018): Blockchain = Distributed Ledger + Consensus, in: HMD Praxis der Wirtschaftsinformatik, Heft 6 (55) 2018, S. 1139–1154.

Meinel, Christoph / Gayvoronskaya, Tatiana / Schnjakin, Maxim (2018): Blockchain: Hype oder Innovation, Technische Berichte Nr. 113, Hasso-Plattner-Institut für Digital Engineering, Universität Potsdam, 2018.

Mendoza-Tello, Julio C. / Mora, Higinio / Pujol-López, Francisco A. / Lytras, Miltiadis D. (2019): Disruptive innovation of cryptocurrencies in consumer acceptance and trust, in: Information Systems and e-Business Management, Heft 2–4 (17) 2019, S. 195–222.

Merkle, Ralph C (1980): Protocols for Public Key Cryptosystems, in: 1980 IEEE Symposium on Security and Privacy, 1980, S. 122–134.

Meyer, Dominik (2008): Digitale Signaturen in der Prüfungsorganisation, Diplomarbeit, Christian-Albrechts-Universität zu Kiel, 2008.

Mielebacher, Jörg (2024): Datenbanken für Nichtinformatiker: Eine praxisnahe Einführung, Wiesbaden, 2024.

Minoli, Daniel / Occhiogrosso, Benedict (2018): Blockchain mechanisms for IoT security, in: Internet of Things, Heft 1–2 (1) 2018, S. 1–13.

Moalagh, Moretza / Ghadi, Amin Ebrahimi (2022): Blockchain-Based ERP System: Architecture and Opportunities for Future, in: Journal of Information Technology Management, Spezialausgabe 2022, S. 211–243.

Monrat, Ahmed Afif / Schelén, Olov / Andersson, Karl (2019): A Survey of Blockchain From the Perspectives of Applications, Challenges, and Opportunities, in: IEEE Access, (7) 2019, S. 117134–117151.

Müller, René (o.J.): Ethereum und Smart Contracts, https://www.h-brs.de/sites/default/files/seminararbeit_rene_mueller_final.pdf, abgerufen am 29.05.2024.

Mullins, Craig S. (2017): Was man über Datenbank-Performance-Software wissen sollte, https://www.computerweekly.com/de/ratgeber/Was-man-ueber-Datenbank-Performance-Software-wissen-sollte, abgerufen am 20.09.2024.

Murray, Meg Coffin (2019): Tutorial: A Descriptive Introduction to the Blockchain, in: Communications of the Association for Information Systems, Vol 45 2019, Artikel 25, S. 464–487.

Musienko, Yuri (2023): What is the Difference Between Hedera Hashgraph vs Blockchain vs Tangle, https://merehead.com/blog/difference-hedera-hashgraph-vs-blockchain-vs-tangle/, abgerufen am 19.09.2024.

Nakamoto, Satoshi (2008): Bitcoin: A Peer-to-Peer Electronic Cash System, Whitepaper, 2008.

Nazzini, Renato (2019): The Blockchain (R)evolution and the Role of Antitrust, Research Paper Nr. 2019–20, King's College London The Dickson Poon School of Law, 2019.

Neo (2020): Neo White Paper, https://whitepaper.io/document/613/neo-whitepaper, abgerufen am 07.09.2024.

Neo (o.J.a): Neo Consensus Mechanism: Consensus Nodes Election, https://developers.neo.org/docs/n3/foundation/consensus/vote_validator, abgerufen am 29.09.2024.

Neo (o.J.b): Neo Consensus Mechanism: Consensus Protocol, https://developers.neo.org/docs/n3/foundation/consensus/consensus_protocol, abgerufen am 29.09.2024.

Neo (o.J.c): Neo Consensus Mechanism: Overview, https://developers.neo.org/docs/n3/foundation/consensus/dbft, abgerufen am 29.09.2024.

Ng Chi Hung, Stephen / Ho To Sum, George / Wu Chun Ho, Jack (2023): Blockchain-IIoT-big data aided process control and quality analytics, in: International Journal of Production Economics, Heft 261 2023, S. 1–18.

Nguyen, Giang-Troung / Kim, Kyungbaek (2018): A Survey about Consensus Algorithms Used in Blockchain, in: Journal of Information Processing Systems (JIPS), Heft 1 (14) 2018, S. 101–128.

Nofer, Michael / Gomber, Peter / Hinz, Oliver / Schiereck, Dirk (2017): Blockchain, in: Business & Information Systems Engineering, Heft 3 (59) 2017, S. 183–187.

o.V. (2018): NEM: Technical Reference, Version 1.2.1, https://docs.nem.io/pages/Whitepapers/NEM_techRef.pdf, abgerufen am 29.08.2023.

o.V. (2022): Gruppe der Zwanzig (G20), https://www.bundesfinanzministerium.de/Content/DE/Standardartikel/Themen/Internationales_Finanzmarkt/G7-G20/G20-7292.html, abgerufen am 23.02.2023.

o.V. (2023a): Blockchain Consensus Mechanisms Beyond PoW and PoS, https://www. gemini.com/cryptopedia/blockchain-consensus-mechanism-types-of-algorithm, abgerufen am 29.08.2023.

o.V. (2023b): Wofür steht eigentlich „GPT" in Chat GPT?, https://www.businessinsider.de/ wirtschaft/chat-gpt-wofuer-steht-eigentlich-gpt-in-chat-gpt, abgerufen am 12.05.2023.

o.V. (2024a): All Cryptocurrencies, https://www.investing.com/crypto/currencies, abgerufen am 18.09.2024.

o.V. (2024b): Today's Cryptocurrency Prices by Market Cap, https://coinmarketcap.com/, abgerufen am 18.09.2024.

o.V. (o.J.a): Eine kurze Geschichte der Blockchain-Technologie, die jeder lesen sollte, https://kriptomat.io/de/blockchain/geschichte-der-blockchain/, abgerufen am 13.05.2023.

o.V. (o.J.b): Quantencomputer: Eine Gefahr für Bitcoin und andere Kryptowährungen?, https://coin-ratgeber.de/quantencomputer-eine-gefahr-fuer-bitcoin-und-andere-krypto waehrungen/, abgerufen am 17.06.2024.

o.V. (o.J.c): Satoshi Nakamoto: Wer ist Satoshi Nakamoto?, https://www.btc-echo.de/aca demy/bibliothek/wer-ist-satoshi-nakamoto/, abgerufen am 19.05.2023.

OECD (2022): OECD Transfer Pricing Guidelines for Multinational Enterprises and Tax Administrations 2022, Paris, 2022.

Olson, Kelly / Bowman, Mic / Mitchell, James / Amundson, Shwan / Middleton, Dan / Montgomery, Cian (2018): Sawtooth: An Introduction, https://8112310.fs1.hubspotuserc ontent-na1.net/hubfs/8112310/Hyperledger/Offers/Hyperledger_Sawtooth_WhitePaper. pdf, abgerufen am 29.08.2023.

Ongaro, Diego / Ousterhout, John (2014): In Search of an Understandable Consensus Algo-rithm, in: Proceedings of the 2014 USENIX conference on USENIX Annual Technical Conference, hrsg. v. Gibson, Gareth / Zeldovich, Nickolai, Berkeley (Kalifornien, USA), 2014, S. 305–319.

Ossadnik, Wolfang (2009): Controlling, 4. Auflage, München, 2009.

Osuolale, Festus A. / Okorie, David C. / Ogunwale, Yetunde E. (2024): Modeling of a Blockchain-based Cross-Border Payment System in a Secured Cloud Environment, in: International Journal of Applied Information Systems, Heft 44 (12) 2024, S. 1–9.

Ozcan, Sercan / Unalan, Serhan (2022): Blockchain as a General-Purpose Technology – Patentometric Evidence of Science, Technologies, and Actors, in: IEEE Transactions on Engineering Management, Heft 3 (69) 2022, S. 792–809.

Pahlajani, Sunny / Kshirsagar, Avinash / Pachghare, Vinod (2019): Survey on Private Block-chain Consensus Algorithms, in: 2019 1st International Conference on Innovations in Information and Communication Technology (ICIICT), Chennai, Indien, 2019, S. 1–6.

Pandea, Radu-Mihnea (o.J.), Whitepaper: BI-Tool oder dediziertes Data Warehouse – Was ist für Ihr Unternehmen sinnvoll?, https://www.biteam.de/fileadmin/portfolio/Data_Inte lligence/Whitepaper-BI-Tool-vs-Data-Warehouse.final.pdf, abgerufen am 04.06.2024.

Pass, Rafael / Seeman, Lior / Shelate, Abhi (2016): Analysis of the Blockchain Protocol in Asynchronous Networks, https://eprint.iacr.org/2016/454, abgerufen am 28.09.2024.

Pass, Rafael / Shi, Elaine (2017): The Sleepy Model of Consensus, https://eprint.iacr.org/ 2016/918.pdf, abgerufen am 28.09.2024.

Pelger, Christoph (2008): Ansatzpunkte und zweifelhafte Anreizwirkungen: Entwicklungen in den IFRS und der Zusammenhang zur Unternehmenssteuerung, in: Kapitalmarktorientierte Rechnungslegung (KoR), Heft 9 (8) 2008, S. 565–574.

Pelger, Christoph (2011): Rechnungslegungszweck und qualitative Anforderungen im Conceptual Framework for Financial Reporting (2010): Der erste Stein im neuen Fundament der internationalen Rechnungslegung, in: Die Wirtschaftsprüfung, Heft 19 (64) 2011, S. 908–916.

Pelger, Christoph (2020): The Return of Stewardship, Reliability and Prudence – A Commentary on the IASB's New Conceptual Framework, in: Accounting in Europe, Heft 1 (17) 2020, S. 33–51.

Pelzl, Jan (2019): Digitale Signaturen, in: WISU, Heft 10 2019, S. 1124–1128.

Perrigo, Billy (2023): The A to Z of Artificial Intelligence, https://time.com/6271657/a-to-z-of-artificial-intelligence/, abgerufen am 12.05.2023.

Peters, Gareth / Panayi, Efstathios (2015): Understanding Modern Banking Ledgers Through Blockchain Technologies: Future of Transaction Processing and Smart Contracts on the Internet of Money, https://papers.ssrn.com/sol3/papers.cfm?abstract_id=2692487, abgerufen am 02.08.2023.

Petterson, Ray (2015): Alternatives for Proof of Work, Part 2: Proof of Activity, Proof of Burn, Proof of Capacity, and Byzantine Generals, https://web.archive.org/web/201603 04055454/https://bytecoin.org/blog/proof-of-activity-proof-of-burn-proof-of-capacity/, abgerufen am 29.08.2023.

Pfaff, Dieter / Pfeiffer, Thomas (2004): Verrechnungspreise und ihre formaltheoretische Analyse: Zum State oft the Art. Ist das Dilemma der pretialen Lenkung wirklich ein Dilemma?, in: Die Betriebswirtschaft, Heft 3 (64) 2004, S. 296–319.

Pfaff, Dieter / Stefani, Ulrike (2006): Verrechnungspreise in der Unternehmenspraxis – Eine Bestandaufnahme zu Zwecken und Methoden, in: Controlling – Zeitschrift für erfolgsorientierte Unternehmenssteuerung, Heft 10 (18) 2006, S. 517–524.

Pincheira, Miguel / Vecchio, Massimo / Giaffreda, Raffaele / Kanhere, Salil S. (2021): Cost-effective IoT devices as trustworthy data sources for a blockchain-based water management system in precision agriculture, in: Computers and Electronics in Agriculture, Heft 1 (180) 2021, S. 105889–105898.

Pistorius, Johannes (2020): Industrie 4.0 – Schlüsseltechnologien für die Produktion, Berlin, Heidelberg, 2020.

Porkodi, S. / Kesavaraja, Duraipandi (2020): Integration of Blockchain and Internet of Things, in: Handbook of Research on Blockchain Technology, hrsg. v. Krishnan, Saravanan / Balas, Valentina / Julie, Golden / Robinson, Harold / Balaji S. / Kumar, Raghvendra, London et al., 2020, S. 61–94.

Portmann, Edy (2020): Geleitwort, in: Blockchain – Grundlagen, Anwendungsszenarien und Nutzungspotenziale, hrsg. v. Fill, Hans-Georg / Meier, Andreas, Wiesbaden, 2020, S. V-VIII.

Preißler, Peter R. (2020): Controlling, 15. Auflage, München, 2020.

Prinz, Wolfgang / Rose, Thomas / Osterland, Thomas / Putschli, Clemens (2018): Blockchain: Verlässliche Transaktionen, in: Digitalisierung: Schlüsseltechnologien für Wirtschaft & Gesellschaft, hrsg. v. Neugebauer, Reimund, München, 2018, S. 311–319.

Rama, Ranjith Kumar (2021): Overview of Blockchain Technology: Consensus Algorithms, Applications, https://www.researchgate.net/publication/350727529, abgerufen am 07.09.2023.

Rasch, Stephan / Ilgner, Dominik / Koch, Tanja (2016): Verrechnungspreismanagement in der Unternehmenspraxis, in: Handbuch Controlling, hrsg. v. Becker, Wolfgang / Ulrich, Patrick, Wiesbaden, 2016, S. 345–364.

Rauscher, Andreas / Cupic, Zoran (2018): Blockchain bassierte Smart Contracts: Grundlagen, Prozessunterstützung und Bewertung, https://www.syntax-solution.de/wp-content/uploads/sites/7/2018/02/Blockhain-bassierte-Smart-Contract-Andreas-Rauscher-Zoran-Cupic.pdf, abgerufen am 29.05.2024.

Rawat, Abhimanyu / Daza, Vanesa / Signori, Matteo (2022): Offline Scaling of IoT Devices in IOTA Blockchain, in: Sensors, Heft 22 (4) 2022, S. 1–17.

Reichmann, Thomas / Kißler, Martin / Baumöl, Ulrike (2017): Controlling mit Kennzahlen: Die systemgestützte Controlling-Konzeption, 9. Auflage, München, 2017.

Reid, Fergal / Harrigan, Martin (2013): An Analysis of Anonymity in the Bitcoin System, in: Security and Privacy in Social Networks, hrsg. v. Altshuler, Yaniv / Elovici Yuval / Cremers, Armin Bernd / Aharony, Nadav / Pentland, Alex, New York et al., 2013, S. 197–224.

Reindl, Josef / Stadlinger, Jörg / Nies, Sarah / Casas, Beatriz (2019): Das Echtzeit-Dilemma – Transparenz und Aktivierung in der digitalisierten Organisation, in: Arbeit in der digitalisierten Welt – Stand der Forschung und Anwendung im BMBF-Förderschwerpunkt, hrsg. v. Bauer, Wilhelm / Stowasser, Sascha / Mütze-Niewöhner, Susanne / Zanker, Claus / Brandl, Karl-Heinz, Stuttgart et al., 2019, S. 106–111.

Rentrop, Christian (2017): Was ist ein Smart Contract?, https://www.dev-insider.de/was-ist-ein-smart-contract-a-a80794963bc94c337137c1c4e4a90995/, abgerufen am 29.05.2024.

Riess, Victoria (2023): Quantencomputing, Kryptowährungen und Cybersicherheit – Steht Quantencomputing davor Kryptowährungen zu hacken?, https://www.security-insider.de/steht-quantencomputing-davor-kryptowaehrungen-zu-hacken-a-6ea60088d920e90 6657786df1d53cc41/, abgerufen am 17.06.2024.

Roberts, Jon / Karras, John (2019): What Is Blockchain?, in: Economic Development Journal, Heft 4 (18) 2019, S. 5–10.

Rodeck, David / Schmidt, John (2023): What Is Blockchain?, https://www.forbes.com/advisor/in/investing/cryptocurrency/what-is-blockchain/, abgerufen am 19.05.2023.

Rohweder, Jan P. / Kasten, Gerhard / Malzahn, Dirk / Piro, Andrea / Schmid, Joachim (2021): Informationsqualität – Definitionen, Dimensionen und Begriffe, in: Daten- und Informationsqualität, hrsg. v. Hildebrand, Knut / Gebauer, Marcus / Mielke, Michael, Wiesbaden, 2021, S. 23–43.

Rosen, Phil (2023): Who is Satoshi Nakamoto? Crypto fans just celebrated the bitcoin inventor's birthday and his legend is as mysterious as ever., https://markets.businessinsider.com/news/currencies/who-is-satoshi-nakamoto-bitcoin-inventor-crypto-steve-jobs-apple-2023-4, abgerufen am 19.05.2023.

Roßbach, Peter (2016): Blockchain-Technologien und ihre Implikationen – Teil 1: Was verbirgt sich hinter der Blockchain-Technologie?, https://blog.frankfurt-school.de/wp-content/uploads/2016/01/Blockchain_FSBlog_part1.pdf, abgerufen am 12.05.2023.

Rübe, Ingo (2018): Smart Contracts und die deutsche Rechtsordnung – Schriftliche Stellungnahme zur öffentlichen Anhörung zu dem Antrag der Fraktion der FDP „Zukunftsfähige Rahmenbedingungen für die Distributed-Ledger-Technologie im Finanzmarkt zu schaffen" (BT-Drucksache 19/4217), https://www.bundestag.de/resource/blob/627992/62298d 2fd5b3497f5fca4d248c5078e2/03-BOTLabs-GmbH-data.pdf, abgerufen am 29.05.2024.

Ruoti, Scott Isaac / Kaiser, Ben / Yerukhimovich, Arkady / Clark, Jeremy / Cunningham, Robert (2020): Blockchain technology: what is it good for?, in: Communications of the ACM, Heft 1 (63) 2020, S. 46–53.

Sasikumar, A. / Vairavasundaram, Subramaniyaswamy / Kotecha, Ketan / Indragandhi, V. / Ravi, Logesh / Selvachandran, Ganeshsree / Abraham, Ajith (2023): Blockchain-based trust mechanism for digital twin empowered Industrial Internet of Things, in: Future Generation Computer Systems, Heft 141 2023, S. 16–27.

Satell, Greg (2011): 4 Digital Laws, https://digitaltonto.com/2011/4-digital-laws/, abgerufen am 31.10.2023.

Satyanarayana, Indigibilli / Sriramulu, P. / Praveen / Kumar, Vinay / Sai, Amruth / Srinath (2020): Blockchain: A Game Changer For Securing Iot Data, in: Juni Khyat Journal, Heft 12 (10) 2020, S. 406–410.

Scardovi, Claudio (2016): Restructuring and Innovation in Banking, London, Vereinigtes Königreich, 2016.

Schabel, Matthias M. (2004): Investitionssteuerung, Periodenerfolgsrechnung und Economic Value Added, Wiesbaden, 2004.

Schaefer, Sigrid / Lange, Christoph (2004): Informationsorientierte Controllingkonzeptionen – Ein Überblick und Ansatzpunkte der Weiterentwicklung, in: Controlling. Theorien und Konzeptionen, hrsg. v. Scherm, Ewald / Pietsch, Gotthard, München, S. 103–123.

Schäffer, Utz / Plank, Philipp (2021): „So viel Blackbox ist KI eigentlich nicht", in: Controlling & Management Review, Heft 2 (65) 2021, S. 18–23.

Schäffer, Utz / Steiners, Daniel (2005): ZP-Stichwort: Controllinginstrumente, in: Zeitschrift für Planung & Unternehmenssteuerung, Heft 16 2005, S. 115–120.

Schäffer, Utz / Weber, Jürgen (2004): Thesen zum Controlling, in: Controlling. Theorien und Konzeptionen, hrsg. v. Scherm, Ewald / Pietsch, Gotthard, München, S. 459–466.-123.

Schär, Fabian / Hübner, Philipp (2020): Blockchain und Smart Contracts im Kontext der Prozessautomatisierung, in: Automatisierung und Personalisierung von Dienstleistungen: Methoden – Potenziale – Einsatzfelder, hrsg. v. Bruhn, Manfred / Hadwich, Karsten, Band 2, Wiesbaden, 2020, S. 297–316.

Scherk, Johannes / Pöchhacker-Tröscher, Gerlinde (2017): Die Blockchain – Technologiefeld und wirtschaftliche Anwendungsbereiche, https://www.bmk.gv.at/dam/bmvitgvat/content/innovation/forschungspolitik/forschungshorizont/blockchain_technologie.pdf, abgerufen am 29.05.2024.

Schlatt, Vincent / Schweizer, André / Urbach, Nils / Fridgen, Gilbert (2016): Blockchain: Grundlagen, Anwendungen und Potenziale, Whitepaper, 2016.

Schoder, Detlef / Fischbach, Kai / Schmitt, Christian (2005): Core Concepts in Peer-to-Peer Networking, in: Peer-to-Peer Computing: The Evolution of a Disruptive Technology, hrsg. v. Subramanian, Ramesh / Goodman, Brian D., Hershey, Pennsylvania, USA, 2005, S. 1–27.

Schollmeier, Rüdiger (2002): A definition of peer-to-peer networking for the classification of peer-to-peer architectures and applications, in: Proceedings First International Conference on Peer-to-Peer Computing, hrsg. v. Martin, Danielle C., Linkoping, Sweden, 2001, S. 101–102.

Schöning, Stephan / Mendel, Viktor (2021): Kompetenzentwicklung im Controlling: Mit systematischer Personalentwicklung in der Digitalisierung und Globalisierung zum Erfolg, Wiesbaden, 2021.

Schultze, Wolfgang / Weiler, Andreas (2007): Gestaltung von Verrechnungspreisen unter Beachtung von Anreiz- und Steuerungseffekten, in: Controlling und Management Review, Heft 2 (51) 2007, S. 102–108.

Schütte, Julian / Fridgen, Gilbert / Prinz, Wolfgang / Rose, Thomas / Urbach, Nils / Hoeren, Thomas / Guggenberger, Nikolas / Welzel, Christian / Holly, Steffen / Schulte, Axel / Sprenger, Philipp / Schwede, Christian / Weimert, Birgit / Otto, Boris / Dalheimer, Mathias / Wenzel, Markus / Kreutzer, Michael / Fritz, Michael / Leiner, Ulrich / Nouak, Alexander (2017): Blockchain und Smart Contracts – Technologien, Forschungsfragen und Anwendungen, https://www.sit.fraunhofer.de/fileadmin/dokumente/studien_und_technical_reports/Fraunhofer-Positionspapier_Blockchain-und-Smart-Contracts.pdf?_=1516641660, abgerufen am 29.05.2024.

Schwab, Klaus (2016): Davos 2016: Die Vierte Industrielle Revolution, https://www.handelsblatt.com/politik/international/davos-2016-die-vierte-industrielle-revolution/12836622.html, abgerufen am 02.11.2024.

Schwartz, David / Youngs, Noah / Britto, Arthur (2014): The Ripple Protocol Consensus Algorithm, https://ripple.com/files/ripple_consensus_whitepaper.pdf, abgerufen am 30.09.2024.

Sedlmeir, Johannes / Buhl, Hans Ulrich / Fridgen, Gilbert / Keller, Robert (2020): The Energy Consumption of Blockchain Technology: Beyond Myth, in: Business & Information Systems Engineering, Heft 6 (62) 2020, S. 599–608.

Shah, Akhil / Sodhia, Nishita / Saha, Shruti / Banerjee, Soumi / Chavan, Madhuri (2020): Blockchain Enabled Online-Voting System, in: ITM Web of Conferences, (32) 2020, S. 1–6.

Sharma, Sakshi / Sharma, Rohit (2021): Consensus Methods: Analyzation for Blockchain Technology, in: International Journal of Mechanical Engineering, Heft 4 (6) 2021, S. 242–246.

Sharma, Vishal / Lal, Niranjan (2020): A Novel Comparison of Consensus Algorithms in Blockchain, in: Advances and Applications in Mathematical Sciences, Heft 1 (20) 2020, S. 1–13.

Sherman, Alan T. / Javani, Farid / Zhang, Haibin / Golaszewski, Enis (2019): On the Origins and Variations of Blockchain Technologies, in: IEEE Security & Privacy, Heft 1 (17) 2019, S. 72–77.

Shifferaw, Yenatfanta / Lemma, Surafel (2021): Limitations of Proof of Stake Algorithm in Blockchain: A Review, in: Zede Journal, Heft 1 (39) 2021, S. 81–95.

Singhal, Bikramaditya / Dhameja, Gautam / Panda, Priyansu Sekhar (2018): Beginning Blockchain: A Beginner's Guide to Building Blockchain Solutions, New York (USA), 2018.

Sislian, Lucie / Jaegler, Anicia (2022): Linkage of blockchain to enterprise resource planning systems for improving sustainable performance, in: Business Strategy and the Environment, Heft 3 (31) 2022, S. 737–750.

Söbbing, Thomas (2018): Smart Contracts und Blockchain-Technologie – Definition, Arbeitsweise, Rechtsfragen, in: IT-Rechtsberater, Heft 2 2018, S. 43–46.

Sok, Kimheng / Colin, Jean Noël / Po, Kimtho (2018): Blockchain and Internet of Things Opportunities and Challenges, in: Proceedings of the 9th International Symposium on Information and Communication Technology, 2018, S. 150–154.

Spatz, Almuth C. (2008): Controllership: Messung, Wirkung und Determinanten, Wiesbaden, 2008.

Stahl, Martin / Beermann, Lars / Lachera, Alexander (2019): Verrechnungspreise in Konzernen – Handlungshilfe, in: MitbestimmungsPraxis, Heft 28 2019, S. 1–58.

Stahlbock, Robert / Heilig, Leonard / Cammin, Philip / Voß, Stefan (2020): Blockchain in der maritimen Logistik, in: Blockchain – Grundlagen, Anwendungsszenarien und Nutzungspotenziale, hrsg. v. Fill, Hans-Georg / Meier, Andreas, Wiesbaden, 2020, S. 235–256.

Statista (2024): Number of cryptocurrencies worldwide from 2013 to August 2024, https://www.statista.com/statistics/863917/number-crypto-coins-tokens/#:~:text=In%20short%2C%20there%20were%20over%209%2C000%20as%20of,most%20of%20these%20are%20either%20inactive%20or%20discontinued., abgerufen am 18.09.2024.

Stute, Andreas (2007): Konvergenz von IFRS und interner Unternehmensrechnung: Eignung der IFRS-Rechnungslegung zur Erfüllung von Funktionen und zur Substitution von Instrumenten der internen Unternehmensrechnung, Berlin, 2007.

Sunyaev, Ali (2020): Internet Computing: Principles of Distributed Systems and Emerging Internet-Based Technologies, Cham (Schweiz), 2020.

Sven (2023): Quantencomputer und Krypto: Die nächste Grenze in der Blockchain-Technologie, https://www.fazemag.de/quantencomputer-und-krypto-die-naechste-grenze-in-der-blockchain-technologie/, abgerufen am 17.06.2024.

Szabo, Nick (1996): Smart Contracts: Building Blocks for Digital Markets, https://www.fon.hum.uva.nl/rob/Courses/InformationInSpeech/CDROM/Literature/LOTwinterschool2006/szabo.best.vwh.net/smart_contracts_2.html, abgerufen am 29.05.2024.

Tallon, Paul P. (2013): Corporate Governance of Big Data: Perspectives on Value, Risk, and Cost, in: Computer, Heft 6 (46) 2013, S. 26–32.

Tang, Shuyang / Zheng, Jilai / Deng, Yao / Wand, Ziyu / Lio, Zhiqiang / Gu, Dawu / Liu, Zhen / Long, Yu (2019): Towards a Multi-chain Future of Proof-of-Space, in: Security and Privacy in Communication Networks, hrsg. v. Chen, Songqing / Choo, Kim-Kwang Raymond / Fu, Xinwen / Lou, Wenjing / Mohaisen, Aziz, Cham (Schweiz), 2019, S. 23–38.

Tapscott, Alex / Tapscott, Don (2017): How Blockchain Is Changing Finance, https://hbr.org/2017/03/how-blockchain-is-changing-finance, abgerufen am 08.09.2023.

Tapscott, Dan / Tapscott, Alex (2016): Blockchain Revolution: How the Technology Behind Bitcoin Is Changing Money, Business, and the World, New York (USA), 2016.

Tasca, Paolo / Tessone, Claudio J. (2019): A Taxonomy of Blockchain Technologies: Principles of Identification and Classification, in: Ledger, Heft 4 2019, S. 1–39.

Taschner, Andreas (2013): Management Reporting – Erfolgsfaktor internes Berichtswesen, Wiesbaden, 2013.

Temmel, Philipp (2011): Organisation des Controllings als Managementfunktion: Gestaltungsfaktoren, Erfolgsdeterminanten und Nutzungsimplikationen, Wiesbaden, 2011.

Thanujan, Thanushya / Rajapakse, Chathura / Wickramaarachchi, Dilani (2020): A Review of Blockchain Consensus Mechanisms: State of the Art and Performance Measures, in: 13th International Research Conference, General Sir John Kotelawala Defence University, 2020, S. 315–326.

The Economist (2015): The trust machine, https://www.economist.com/leaders/2015/10/31/the-trust-machine, abgerufen am 26.11.2024.

The go-ethereum Authors (2023): Getting started with Geth, https://geth.ethereum.org/docs/getting-started, abgerufen am 31.10.2023.

Thommen, Jean-Paul / Achleitner, Ann-Kristin / Gilbert, Dirk Ulrich / Hachmeister, Dirk / Jarchow, Svenja / Kaiser, Gernot (2020): Allgemeine Betriebswirtschaftslehre – Umfassende Einführung aus managementorientierter Sicht, 9. Auflage, Wiesbaden, 2020.

Thompson, Collin (2017): Private Blockchain or Database? – How to Determine the Difference, https://medium.com/blockchain-review/private-blockchain-or-database-whats-the-difference-523e7d42edc, abgerufen am 07.09.2023.

Tisson, Horst / Rieck, Sebastian (2018): Warum Controller über die Blockchain Bescheid wissen müssen, in: Controller Magazin, Heft 2 2018, S. 12–16.

Tomić, Nenad Zoran (2021): A Review of Consensus Protocols in Permissioned Blockchains, in: Journal of Computer Science Research, Heft 2 (3) 2021, S. 32–39.

Tönnissen, Stefan / Beinke, Jan Heinrich / Teuteberg, Frank (2020): Konzerninterne Verrechnung von IT-Dienstleistungen, in: Blockchain – Grundlagen, Anwendungsszenarien und Nutzungspotenziale, hrsg. v. Fill, Hans-Georg / Meier, Andreas, Wiesbaden, 2020, S. 87–107.

Tönnissen, Stefan / Teuteberg, Frank (2018): Abbildung von Intercompany-Verträgen auf der Blockchain durch Smart Contracts – eine Fallstudie am Beispiel von IT-Services, in: HMD Praxis der Wirtschaftsinformatik, Heft (55) 2018, S. 1157–1184.

Tönnissen, Stefan / Teuteberg, Frank (2020): DSGVO und die Blockchain – Die Antwort auf Zentralisierung trifft auf Dezentralisierung, in: Datenschutz und Datensicherheit, Heft 5 (44) 2020, S. 322–327.

Touron, Manfred (2019): Centralized vs Decentralized vs Distributed Systems, https://berty.tech/blog/decentralized-distributed-centralized, abgerufen am 20.09.2024.

TR Online (2019): Code-knackende Quantencomputer kommen näher, https://www.heise.de/-4441160, abgerufen am 17.06.2024.

Trapp, Rouven (2012): Konvergenz des Rechnungswesens: Eine Inhaltsanalyse der Diskussion um eine Annäherung des internen und externen Rechnungswesens in deutschsprachigen Fachzeitschriften, Wiesbaden, 2012.

Troßmann, Ernst (2013): Controlling als Führungsfunktion – Eine Einführung in die Mechanismen betrieblicher Koordination, München, 2012.

Ulbich, Hannah / Wedel, Marco (2019): Entwicklung von arbeitnehmerfreundlichem internen Crowdsourcing ist mehr als Innovationsmanagement: Erste Erkenntnisse aus der ICU Pilotanwendung, in: Arbeit in der digitalisierten Welt – Stand der Forschung und Anwendung im BMBF-Förderschwerpunkt, hrsg. v. Bauer, Wilhelm / Stowasser, Sascha / Mütze-Niewöhner, Susanne / Zanker, Claus / Brandl, Karl-Heinz, Stuttgart et al., 2019, S. 178–185.

Ullrich, Hannes / Hannane, Jonas / Duso, Tomaso / Peukert, Christian / Aguiar, Luis (2023): Daten als Wettbewerbsvorteil: Regulierer und Wettbewerbsbehörden sollten aufmerksam bleiben, in: DIW Wochenbericht, Heft 27 2023, S. 266–373.

Urban, Nicklas T. (2020): Blockchain for Business: Erfolgreiche Anwendungen und Mehrwerte für Netzwerkteilnehmer identifizieren, Wiesbaden, 2020.

Velthuis, Louis / Schmithausen, Lambert / Troßmann, Ernst und weiteren Mitgliedern des Arbeitskreises Internes Rechnungswesen der Schmalenbach-Gesellschaft (2017): Wie verrechne ich interne Leistung?, in: Säulen der Kostenrechnung, hrsg. v. Arbeitskreis Internes Rechnungswesen der Schmalenbach-Gesellschaft für Betriebswirtschaft e.V., München, 2017, S. 41–46.

Veness, Chris (o.J.): SHA-256 Cryptographic Hash Algorithm, https://www.movable-type.co.uk/scripts/sha256.html, abgerufen am 22.09.2024.

von Neuem (2022): Kommunikation 4.0: Veränderungen durch die Digitalisierung, https://vonneuem.de/kommunikation-4-0-veraenderungen-durch-die-digitalisierung/, abgerufen am 26.11.2024.

von Weizsäcker, Franz (2019): Acht Missverständnisse über Blockchain, in: Medienwandel kompakt 2017–2019: Schlaglichter der Veränderung in Kommunikation, Medienwirtschaft, Medienpolitik und Medienrecht – Ausgewählte Netzveröffentlichungen, hrsg. v. Krone, Jan, Sankt Plöten (Österreich), Wiesbaden, 2019, S. 41–48.

Vorndran, Andreas (2024): Big Data und Advanced Analytics im Controlling – Potenziale Herausforderungen und Implikationen für die Praxis, Wiesbaden, 2024.

Voshmgir, Shermin (2016): Blockchains, Smart Contracts und das Dezentrale Web, https://digital.zlb.de/viewer/resolver?urn=urn:nbn:de:kobv:109-1-8588079, abgerufen am 29.05.2024.

Wagenhofer, Alfred (1997): Kostenrechnung und Verhaltenssteuerung, in: Kostenmanagement – Aktuelle Konzepte und Anwendung, hrsg. v. Freidank, Carl-Christian / Götze, Uwe / Huch, Burkhard / Weber, Jürgen, Berlin, 1997, S. 58–78.

Wagenhofer, Alfred / Ewert, Ralf (2015): Externe Unternehmensrechnung, Berlin, Heidelberg, 2015.

Wall, Fiederike (1996): Organisation und betriebliche Informationssysteme – Elemente einer Konstruktionstheorie, Wiesbaden, 1996.

Wall, Frederike (2008): Controlling zwischen Entscheidungs- und Verhaltenssteuerungsfunktion, in: Die Betriebswirtschaft, Heft 4 (68) 2008, S. 463–482.

Walport, Mark (2015): Distributed Ledger Technology: beyond block chain, https://assets.publishing.service.gov.uk/government/uploads/system/uploads/attachment_data/file/492972/gs-16-1-distributed-ledger-technology.pdf, abgerufen am 29.08.2023.

Wang, Yonghao / Ali, Jahid / Arshad, Junaid / Liu, Yunxia (2023): A Proxy-Layer Approach to Secure Smart Contract Deployment on Private EVM-Based PoA Blockchains, in: 2023 IEEE International Conference on Blockchain (Blockchain), Danzhou, China, 2023, S. 109–112.

Wang, Frank / Liu, Yvonne / Xie, Maggie (2023): IDC Global DataSphere 2023, https://www.idc.com/getdoc.jsp?containerId=prCHC50700223, abgerufen am 26.11.2024.

Wang, Huibo / Chen, Gouxing / Zhang, Yinqian / Lin, Zhiqiang (2022): Multi-Certificate Attacks against Proof-of-Elapsed-Time and Their Countermeasures, in: Proceedings 2022 Network and Distributed System Security Symposium, 2022, S. 1–17.

Wang, Qin / Zhu, Xingi / Ni, Yiyang / Gu, Li / Zhu, Hongbo (2020): Blockchain for the IoT and industrial IoT: A review, in: Internet of Things, Heft 10 2020, S. 1–9.

Weber, Jürgen / Schäffer, Utz (1999): Sicherstellung der Rationalität von Führung als Aufgabe des Controlling?, in: Die Betriebswirtschaft, Heft 6 (59) 1999, S. 731–747.

Weber, Jürgen / Schäffer, Utz (2020): Einführung in das Controlling, 16. Auflage, Stuttgart, 2020.

Weber, Jürgen / Schäffer, Utz (2022): Einführung in das Controlling, 17. Auflage, Stuttgart, 2022.

Weißenberger, Barbara E. (2004): Theoretische Grundlagen der Erfolgsmessung im Controlling, Working Paper, Justus-Liebig-Universität, Gießen, 2004.

Weißenberger, Barbara E. (2006): Controller und IFRS: Konsequenzen für die Controlleraufgaben durch die Finanzberichterstattung nach IFRS: Weißbuch der IGC-Arbeitsgruppe „Controller und IFRS", Freiburg, Berlin, München, 2006.

Wieland, Johann E. (2007): Anforderungen an ein gesamthaftes Controllingkonzept – eine empirische Perspektive, in: ZfCM (Controlling und Management), Heft Sonderheft 3 (51) 2007, S. 101–104.

Wilkens, Robert / Falk, Richard (2019): Smart Contracts – Grundlagen, Anwendungsfelder und rechtliche Aspekte, Wiesbaden, 2019.

Wiltinger, Kai / Heupel, Thomas / Deimel, Klaus (2022): Controlling, 2. Auflage, Bonn, Siegen, Mainz, 2022.

Wimmer, Florian (2023): Krypto Wallets: Top 10 Wallet Anbieter [11/2023], https://blockpit.io/blog/krypto-wallet-vergleich/, abgerufen am 31.10.2023.

Wintergerst, Ralf (2024): Digitalisierung der Wirtschaft, https://www.bitkom.org/sites/main/files/2024-02/240229Bitkom-ChartsDigitaliserung-der-Wirtschaftfinal.pdf, abgerufen am 26.11.2024.

Wittköpper, Andreas / Strathmann, Timo (2021): Anforderungen an Informationen vor dem Hintergrund interner Rechnungszwecke, Working Paper, Johannes Gutenberg-Universität Mainz, Mainz, 2021.

Wittmann, Waldemar (1959): Unternehmung und Unvollkommene Information, Wiesbaden, 1959.

Wu, Yaqin / Song, Pengxin / Wang, Fuxin (2020): Hybrid Consensus Algorithm Optimization: A Mathematical Method Based on POS and PBFT and Its Application in Blockchain, in: Mathematical Problems in Engineering, 2020, S. 1–13.

Yao, Wei / Ye, Junyi / Murimi, Renita / Wang, Guiling (2021): A Survey on Consortium Blockchain Consensus Mechanisms, https://arxiv.org/pdf/2102.12058.pdf, abgerufen am 02.08.2023.

Yin, Maofan / Malkhi, Dahlia / Reiter, Michael K. / Gueta, Guy Golan / Abraham, Ittai (2019): HotStuff: BFT Consensus in the Lens of Blockchain, https://arxiv.org/pdf/1803.05069.pdf, abgerufen am 06.09.2023.

Zhang, Gengrui / Pan, Fei / Mao, Yunhao / Tijanic, Sofia / Dang'ana, Michael / Motepalli, Shashank / Zhang, Shiquan / Jacobsen, Hans-Arno (2024): Reaching Consensus in the Byzantine Empire: A Comprehensive Review of BFT Consensus Algorithms, in: ACM Computing Surveys, Heft 5 (56) 2024, Artikel 134, S. 1–41.

Zhang, Wenbin / Yuan, Yuan / Hu, Yanyan / Nandakumar, Karthik / Chopra, Anuj / Sima Sam / De Caro, Angelo (2019): Blockchain-Based Distributed Compliance in Multinational Corporations' Cross-Border Intercompany Transactions: A New Model for Distributed Compliance Across Subsidiaries in Different Jurisdictions, in: Advances in Information and Communication Networks – Proceedings of the 2018 Future of Information and Communication Conference (FICC), hrsg. v. Arai, Kohei / Kapoor, Supriya / Bhatia, Rahul, Band 2, Cham (Schweiz), 2019, S. 304–320.

Zhang, Wenbin / Yuan, Yuan / Hu, Yanyan / Nandakumar, Karthik / Chopra, Anuj / Sam, Sim / De Caro, Angelo (2018): Blockchain-Based Distributed Compliance in Multinational Corporations' Cross-Border Intercompany Transactions – A New Model for Distributed Compliance Across Subsidiaries in Different Jurisdictions, in: Advances in Information and Communication Networks – Proceedings of the 2018 Future of Information and Communication Conference (FICC), Band 2, hrsg. v. Arai, Kohei / Kapoor, Supriya / Bhatia, Rahul, Cham (Schweiz), 2018, S. 304–320.

Zheng, Zibin / Xie, Shaoan / Dai, Hongning / Chen, Xiangping / Wang, Huaimin (2017): An Overview of Blockchain Technology: Architecture, Consensus, and Future Trends, in: 2017 IEEE International Congress on Big Data (BigData Congress), hrsg. v. Institute of Electrical and Electronics Engineers, Inc. Honolulu (Hawaii, USA), 2017, S. 557–564.

Zhou, Ence / Sun, Haoli / Pi, Bingfeng / Sun, Jun / Yamashita, Kazugiro / Nomura, Yoshihide (2019): Ledgerdata Refiner: A Powerful Ledger Data Query Platform for Hyperledger Fabric, in: 2019 Sixth International Conference on Internet of Things: Systems, Management and Security (IOTSMS), Granada, Spanien, 2019, S. 433–440.

Zoican, Sorin / Vochin, Marius / Zoican, Roxana / Galatchi, Dan (2018): Blockchain and Consensus Algorithms in Internet of Things, in: 2018 International Symposium on Electronics and Telecommunications (ISETC), hrsg. v. Institute of Electrical and Electronics Engineers, Inc., Timisoara (Rumänien), 2018, S. 179–182.

The manufacturer's authorised representative in the EU is Springer
Nature Customer Service Centre GmbH, Europaplatz 3, 69115 Heidelberg,
Germany. If you have any concerns regarding our products, please
contact ProductSafety@springernature.com

Printed and bound by CPI Group (UK) Ltd, Croydon, CR0 4YY
28/04/2026
02098518-0001